临沂市河东区委宣传部组织编写

李　鲁 主编

沂沭烽火

郭广阔 编著

山东城市出版传媒集团·济南出版社

图书在版编目（CIP）数据

沂沭烽火 / 郭广阔编著. -- 济南 : 济南出版社, 2021.12
ISBN 978-7-5488-4900-1

Ⅰ. ①沂… Ⅱ. ①郭… Ⅲ. ①革命纪念地—临沂 Ⅳ. ①K878.2

中国版本图书馆CIP数据核字(2021)第270538号

沂沭烽火

出 版 人	崔 刚
责任编辑	张智慧
封面设计	张 倩
出版发行	济南出版社
社　　址	山东省济南市二环南路1号（250002）
印　　刷	山东临沂新华印刷物流集团有限责任公司
版　　次	2022年1月第1版
印　　次	2022年1月第1次印刷
成品尺寸	170mm × 240mm 16开
印　　张	16.25
字　　数	250千
印　　数	1—1700册
定　　价	90.00元

序 言

今年是伟大的中国共产党成立100周年，百年华诞，中华共庆。为永远缅怀和铭记革命先烈的丰功伟绩，弘扬红色传统，传承红色基因，唱响爱党、爱国、爱社会主义的主旋律，临沂市河东区委宣传部组织创作《沂沭烽火》一书，非常及时，且意义重大。

地处沂沭两河之间的河东区域是著名的革命老区，拥有丰富的红色文化遗址资源，是党领导沂蒙人民进行革命斗争和社会主义建设的历史见证，也是珍贵的文化遗产和精神财富。每一处革命遗址的背后都有很多可歌可泣、感人肺腑、催人奋进的英雄故事。从这些红色遗址和英雄故事中，广大青少年可以感受和学习革命前辈的拼搏奉献精神，更加珍惜今天的幸福生活，从而更加努力学习。广大党员干部既可以感受老一辈无产阶级革命家们的丰功伟绩，感受他们为了革命胜利而抛头颅、洒热血的不屈不挠的牺牲精神，也可以接受理想信念教育，经过思想洗礼，强化党性修养，增强责任担当，保持本色，恪守党纪国法，自觉抵制诱惑，远离腐败，更好地发挥党员干部的先锋作用。这些红色遗址资源是不可再生的文化资源，蕴含丰富的革命斗争精神和厚重的历史文化内涵，是我们不可复制的宝贵财富。保护好、开发好和利用好这些珍贵的红色资源，既是尊重历史、呼唤和平、面向未来的客观需要，又对继承和弘扬红色传统、红色基因，培育和发扬以爱国主义为核心的民族精神，建设和巩固新时代社会主义思想文化阵地，具有十分重要的意义。

历史是最好的教科书。2013年11月，习近平总书记视察山东时强调，我们不能忘记历史，不能忘记那些为新中国诞生而浴血奋斗的英雄，不能忘记为革命做出重大贡献的老区人民。保护、挖掘和弘扬红色遗址文化，不仅仅是传承红色文化的需要，更是一种政治责任和担当，是对革命先辈的最高致敬，也是对未来的最好馈赠。本书通过对河东区域众多红色革命遗址的深情回顾，从挖掘红色文化、传承红色基因、服务文旅发展的角度出发，以“扬沂蒙精神、展先烈事迹”为宗旨，回顾革命先辈的思想、生活和浴血奉献，用他们的感人事迹和成长、生活实践，以及底蕴深厚的沂蒙红色文化的观点与理论，来证明和体现沂蒙红色基因和文化传承的无限魅力。本书高度重视创作文本的政治性与艺术性的结合，力求相得益彰，实现政治、文化、史料价值的“三效合一”，期待能为广大干部群众特别是青少年了解和认识那段血与火的历史，珍惜今天来之不易的美好幸福生活，提供有益的帮助和启迪。

目 录

第一章　万古流芳的红色革命旧址

历史因铭记而永恒，精神因传承而不灭。

在河东大地上，红色革命遗址星罗棋布，当我们一次次聆听父辈们讲述那些红色英雄故事，当我们一次次捧读那段艰难而辉煌的历史，当我们一次次瞻仰那些洒满烈士鲜血的革命遗址、遗迹，无不激情澎湃，热泪盈眶。

斗转星移，中国共产党在艰难与曲折中走过了 100 个春秋。在这悠悠岁月里，中国共产党带领中华儿女书写了一幅壮丽的红色经典画卷，孕育了无数革命先烈用鲜血染成的红色基因。凝神静思，我们看到了革命先烈们为抵御外族侵略、推翻国民党反动统治、建立新中国而前仆后继、抛头颅洒热血的感人场景。

每一座建筑、每一件历史物品、每一处革命遗迹旧址，都让熟悉这段历史的人们感动不已。这是一笔无价的财富，是我们中华民族伟大复兴的宝贵历史财富。我们今天的幸福美好生活是革命先辈们用鲜血和生命换来的，国旗是革命烈士鲜血染红的，国徽是革命烈士铮铮铁骨铸成的。今天我们走进这些红色的“圣堂”，瞻仰这些遗迹，就是要知晓和明白和平幸福的代价，用红色的激情去拥抱时代，拥抱事业，拥抱人生，让红色基因代代相传，永不变色。

刘少奇沂蒙“双减”调研

1942年春，中共中央和毛泽东主席根据山东抗日根据地处于极端困难、领导人之间急需统一认识的实际情况，致电将要返回延安参加“七大”的时任中共中央华中局书记、新四军政委刘少奇，让他“经山东时请加考察予以解决”。于是，刘少奇就在途经沂蒙根据地时暂作停留，经过一番艰苦细致的工作，一举解决了山东根据地的一系列重大问题。

在沂蒙解放区工作的四个多月时间里，作为一位坚定的马克思主义者，伟大的无产阶级革命家、政治家、理论家，刘少奇不仅用他那卓越的智慧、高超的工作艺术解决了一系列事关山东根据地团结、发展的重大问题，他还十分关心沂蒙根据地的建设工作，在坚持对敌斗争、广泛发动群众等方面，都做出明确指示或具体指导，对沂蒙乃至整个山东根据地的巩固发展，起到了极其重要的指导和促进作用，取得了显著的效果。这其中，刘少奇同志途经南古庄“双减”调研的指示和实践，至今仍被沂蒙老区人民传为佳话。

一

1942年初春，乍暖还寒时。

刘少奇一行晓宿夜行，涉江渡河，机智地通过日伪军数道封锁线，穿过陇海铁路，进入山东抗日根据地滨海区。一天傍晚，他们顺利到达山东抗日根据地滨海区边沿一个叫南古庄的小镇子。这里往西几公里就是沭河，沭河以西就是敌占区。虽然紧靠敌占区，但八路军第一一五师“老四团”的“钢八连”经常在这一带活动，比较安全，群众基础也很好。于是，他们决定在这里埋锅造饭，过夜休息。连日来风餐露宿，大家太紧张、太累了，幸好这儿离中共中央山东分局、第一一五师驻地——临沭县西朱樊村只有半天的路程了。

一连马不停蹄奔波了数日的同志们听到休息的命令后，身心一下子放松下来，有的战士放下背包就睡着了，更有的连背包都没顾上解，靠在墙角上就鼾声如雷。刘少奇看到战士们疲惫不堪的样子，很是心疼，轻声对身边的同志说：“轻点儿，别吵醒了战士们，让他们好好睡一觉。”说完，他就带着几名随行警卫员向街上走去。在长期艰苦复杂的革命斗争生涯中，刘少奇同志养成了一个习惯，那就是每到一个地方，无论处境多么危险，身心多么疲惫憔悴，脸不洗，饭不吃，他也总是要先到周边观察地形，尽可能地多了解那里的风土人情、民意民生，既可防突发不测，又可尽快接触群众掌握第一手资料。随行的同志都了解他的个性，什么也没说，就跟着他一起向外走去。

这是个比较偏僻冷清、人口不多、规模较小的镇子，一条南北走向的街道贯穿全镇，行人稀疏，两旁多是一些破烂不堪、泥土墙茅草顶的民房，零星分布着几间酒坊，还有几间小店铺。作为滨海解放区的边沿地带，日伪军经常来犯，各种武装力量犬牙交错，是个典型的敌我“拉锯战”地带。

刘少奇背着双手不急不缓地在街上走着，仔细地观察着四周的环境。行走间，细心的刘少奇发现这里张贴着许多形式各异的宣传画和标语。他的视线被一张招贴画所吸引，这是一张天主教的宣传画，画的上端写着一排黑色的大字：“升天堂之路”，一行或西装革履或长袍大褂的老爷们，牵着服饰整洁的女人和孩子，正在向着这几个大字奔去；而画的下端，则正好相反，一群枯瘦如柴、衣不蔽体的穷人正凄怆惨然地向着画面的下角走去，他们前面也是五个黑黑的大字：“入地狱之门”。

站在这幅宣传画前，刘少奇的神情立时变得凝重严肃起来，他回过头说：“你们看，这样反动的画也贴到这里来了！从这张画上，可以看出他们在宣传上是挖空心思的，是穷途末路的，它的阶级性、目的性也是很明显的。”

随行的同志脸上露出了困惑的表情，没有太懂首长这番话的意思。刘少奇又进一步解释说：“你们看，这画上说的是只要信他的教，就可以上天堂。那些穿长袍马褂、衣着整洁的老爷太太们，都是些什么人呢？还不是有钱人！都是些大地主、大资产阶级。他们走的是能通向天堂的阳关大道。而不信教的，也就是反抗帝国主义、封建主义、官僚资本主义的广大劳苦大众，就要下地狱，走‘地狱之门’。”停顿了一下，刘少奇若有所思地说：“这幅画倒是给我们一些启示，那就是宣传标语（画）也是一种武器。这种方法我们可以学习借鉴，可以用它来为人民大众服务嘛！”刘少奇的一席话，使大家茅塞顿开，深为首长深刻透彻、直达问题之要害的看问题思路所折服。于是，他们小心翼翼地摘下这张画，把它保存起来。

二

刘少奇也和士兵一样，一身灰色旧军装，打绑腿，穿着布鞋。来到街上，这里的群众熟悉八路军的绿军装，看到来了一些穿着灰色军装的人，老乡们都围上来看热闹。警卫员们考虑到首长安全，都尽量地靠近环绕在刘少奇周围，以避开不熟悉的人群。可刘少奇却有意靠近老乡，并主动和大家攀谈起来：“日本鬼子和皇协军常到你们这里来吗？乡亲们怕不怕？”

“日本鬼子狗汉奸倒是常来，但有咱们的队伍撑腰打敌人，我们不怕！”一位老乡回答时，还得意地做了个“八”字手势。

“你们村里有农救会吗？”刘少奇接着问。

群众见这位大个子、高鼻梁的中年人身边有好几个挎匣子枪的警卫，料定他是个大官。本来乡里人怕官，但见他和蔼可亲没有官架子，就大胆地聊起来，有个快嘴的老乡答道：“有，有农救会。”

刘少奇又问道：“你们村里的老乡们是不是都参加了？”

“都参加了，只有地主老财不准参加，伪军家属也不能参加。”

“农救会开会不开会？”

“农救会倒是常开会，就是不怎么火热。”

“除了农救会，村里还有什么组织？”

“还有妇救会、青救会、识字班、儿童团，咱们村还有民兵游击小组呢。”有位青年得意地回答。

刘少奇听罢连连夸道：“好，好，你们村群众组织健全，特别是有民兵游击小组，这样大家团结起来，共同抗日，胜利定会早日到来！”

聊天无拘无束，刘少奇和群众互问互答，气氛十分融洽，不知不觉间就了解了许多基层的情况。这时有人提问："首长，你们穿的灰色军服，怎么和八路军不一样啊？"

"我们是新四军，新四军穿灰色军装，八路军、新四军都是抗日的队伍，现在新四军正从南方北上，来和八路军一道共同抗日，把日本鬼子赶回老家去！"刘少奇解释道。

"太好了，日本鬼子本来就怕八路，这回又来了新四军，小日本的日子是兔子尾巴——长不了。"

刘少奇笑着表示赞同，接着他的目光又落到了墙上贴的减租减息的标语上："这是你们贴的标语吗？减租减息开展得怎么样啊？"

此言一出打动了群众的心，一些本来站在远处观望的老乡也纷纷凑了过来，他们七嘴八舌地说开了：有的说我们已经减了，减租减息就是好；有的说我们村也减了，贫苦人家得到了好处；也有的说，我们村也要减，可就是雷声大雨点小，吆喝了半天，没减出什么道道。

听到这些话语，刘少奇估计这里的"双减"运动可能还没有真正轰轰烈烈搞起来，就接上问："大家对减租减息有什么想法？地主老财愿意吗？"

"我们完全拥护减租减息，可地主老财一听减租减息就跑进鬼子的据点里去了，你要减他的租，找不到人，就是找到了，他也不肯回来减啊。"

"减租减息是割地主老财的肉，可不是件容易的事啊。"

"我看，有八路军撑腰做主，只要大伙齐心，他不减也得减！"

听着乡亲们的议论，刘少奇顿时感觉浑身充满了力量。他告诉乡亲们，减租减息是党的决策，是为劳苦大众谋福利的好事，大家一定要把这个群众运动搞起来，让乡亲们得到实惠。

接着，刘少奇又向街里走去，他要多走走、多看看，尽可能多地取得基层情况的第一手资料。来到一个小街口，刘少奇看到了几幅减租减息的标语，他对随行的同志说："看来，这里的减租减息运动确实搞得不怎么样呢。"他指着"积极进行减租减息工作"和"加强减租减息工作"两幅标语，若有所思地说道："单从这些标语看，好像这里的减租减息正在搞着，又好像没搞，正在宣传，准备搞。"刘少奇此话的依据是从标语中"积极进行"和"加强"等字眼得出的。

三

刘少奇具有丰富的群众运动经验，一进入山东境内，就千方百计地接近群众。他一见农民就问：“你们村里有农救会吗？老乡是不是都参加了？农救会开不开会？减租减息减得怎么样啦？……”而且他还告诉随行的工作人员，应该找一切机会和老乡交谈，看看党的政策贯彻得怎样，群众的反应如何。通过了解，刘少奇发现各地情况差不多：农救会发挥的作用不大；减租减息的标语贴了不少，农民还没有真正尝到甜头；有的农民不相信地主老财会发慈悲，少向农民要粮食和利息。刘少奇感到山东分局工作的弱点在于：没有把群众运动摆在适当的位置上，农救会没有权威，群众腰杆子不硬，积极性受到了压抑。针对山东分局负责人忽视群众工作的实际问题，刘少奇专门做了《群众运动问题》的报告，明确指出：在当前，减租减息就是山东的中心工作，所有的工作都要围绕着这一中心来做。

5月4日，山东分局做出《关于减租减息改善雇工待遇开展群众运动的决定》，决定以认真实行减租减息、发动群众为建设山东根据地的第一位斗争任务。从5月开始，山东分局抽调300名干部组成工作团，以莒南、临沭为中心县，在9个中心区、30个中心村、120多个外围村首先展开了双减增资的群众运动。刘少奇坚持身体力行，一方面通过《大众日报》指导山东各地的减租减息运动，另一方面亲自深入东潘、夏庄、黑林子（均在现临沭县境内）等村了解情况，及时提出明晰的指导方针和切实可行的措施。在他的具体指导下，山东根据地的减租减息工作如火如荼地开展起来了。

此时再看刷满各地各村墙壁上显眼的减租减息标语，变得目标明确、口号有力、振奋人心：“除奸、反霸，减租减息！”“实行减租减息，彻底减租减息！”“减租减息，保证农民的人权、政权、地权、财权！”在党的领导下，农民群众喊着响亮的口号，积极参加减租减息运动，广大劳苦大众从如山的重负下得到了喘息，从切身利益中感到共产党、革命同他们的生存息息相关，由此产生激发了强烈的抗战热忱。到1943年，山东根据地62%的村庄建立了群众组织，有组织群众占到了根据地总人口的32%，根据地的每座村庄就变成了坚强的堡垒。据统计，从

1942 年 6 月至次年 6 月的一年间，全省（不含鲁南区和冀鲁边）减租减息的村庄有 4735 个，减租地 370057 亩，增加工资的村庄有 4435 个，增资雇工 72958 人，平均每人增加粮食工资 165 斤。

参考资料：

1. 潘兆仲：《临沭沿途故事多》，《沂蒙文史》，新星出版社，2010 年 9 月。

2. 郭广阔：《“宣传标语（画）也是一种武器”——刘少奇在沂蒙指导群众宣传工作的故事》，《临沂政协》，2019 年 2 月。

3. 唐士文：《山东抗日根据地的减租减息运动浅析》，《银雀山房文选》，天津人民出版社，1995 年 11 月。

4.《1942 年刘少奇山东之行》，山东档案信息网，2012-03-29。

5. 申春生：《1942 年刘少奇的山东之行》，《抗日战争研究》，1998 年 04 期。

6.《1942 年：刘少奇山东之行（上、下）》，《人民政协报》，2009-02-12。

7. 何立波：《1942 年刘少奇延安之行》，《文史精华》，2005 年 01 期。

中共中央华东局

中共中央华东局，是在山东分局奉命抽调大批干部和主力部队赴东北开展工作以及陈毅、饶漱石率部来山东的新形势下，于 1945 年 10 月根据中共中央的指示，由山东分局和华中局合并成立的，驻山东省临沂县城。这是中国共产党在华东地区的最高领导机关，负责统一领导华中和山东的全面工作。此时，山东解放区的胶东、渤海、鲁中、鲁南、滨海 5 个区党委和中共济南市委均直属中共中央华东局领导。其内部机构，先后设有办公厅、调研室、组织部、宣传部、社会部、统战部、人武部、民运部、华东工委、青委、支前委、整委会、财委会、清委会、

土改指挥部（后改为农民运动委员会）等。

华东局 1945 年 12 月组建时驻临沂天主教堂南堂，1946 年 6 月迁至临沂城东前河湾村，同时在临沂城南后村与军部合设秘书处办公室，借以领导鲁南前线工作和山东省政府的一些部门工作。因饶漱石在延安没有回来，其他华东局委员和各机构都在政府和总部任职，故华东局多在前河湾总部办公，华东局各机构后来迁至前河湾新四军兼山东军区总部北侧。

前河湾华东局旧址位于军部办公室北侧四合院，是丁氏家族院落。院门朝南，由大门、倒座、东厢房、西厢房、正房、院落院墙构成。当时与新四军兼山东军区政治部合用一个院落。华东局组织部、宣传部、民运部、群众工作委员会、青年工作委员会、妇女运动委员会、文化工作委员会等机构设有办公桌。

华东局的设立是情势变动的结果。中共中央为了实行“向北发展，向南防御”的战略方针，各解放区力量总体上实行战略北移，重点发展东北，在华北抽调干部和军队前往东北，同时将华中解放区力量向北移驻山东解放区，以补充山东部队抽调后的空缺。1945 年 9 月 19 日，中共中央要求“山东主力及大部分干部迅速向冀东及东北出动”，“华中新四军（除五师外）调 8 万兵力到山东和冀东，保障发展山东根据地及冀热辽地区”。10 月，山东分局书记、山东军区司令员兼政治委员罗荣桓，率大批干部和山东军区主力部队赶赴东北。同时，新四军军部及部分主力部队到达山东。此时，因华中局随新四军北上山东，山东地区出现了山东分局与华中分局并存的局面。10 月 25 日，山东分局、华中分局在临沂合并为华东局，饶漱石任书记，陈毅、黎玉任副书记，统一领导山东、华中的工作。与此同时，在苏北淮安建立华中分局，受华东局领导。1947 年 1 月下旬，华中军区与新四军军部兼山东军区合编为华东军区。在党政机构调整的同时，军队方面亦进行了整合，党政机构与军队机关平行设置，党政主要负责人多兼任军队职务。1945 年 12 月 3 日，中共中央指示，新四军军部兼山东军区领导机关。同日，中央军委命令，新四军军部兼山东军区，受中央军委和华东局双重领导。1946 年 1 月 7 日，新四军军部与山东军区机关合并。至此。华东区党、政、军实现了初步整合，形成了以华东局、华东军区为中心的统一领导，组织机构由繁化简，完成了区域集权，与后来的华东军政委员会构成了党、政、军三位一体的组织构架。

华东局的组建始于 1945 年 9 月 19 日中央文件，文件要求将山东局改为华东局，陈毅、饶漱石到山东工作，华中局改为分局，受华东局指挥，其人员另行配备。期间原山东分局书记黎玉在华东局没有组建前受华东局书记饶漱石委托处理山东党政事务。12 月 18 日中共中央确定华东局常委，由饶漱石、陈毅、张云逸、黎玉、舒同 5 人组成，自此开始执行华东中央局的常委职能，履行常委职务，统一领导山东、华中两大战略区的党政工作。同月 26 日，增补郭子化（秘书长）、李林为华东局委员。1947 年 1 月，华中分局并入华东局，增补张鼎丞（组织部部长）、邓子恢为华东局委员、常委。

华东局组建时内部分工情况为：华东局常委饶、陈、黎、张、舒，华东局组织部部长黎玉、副部长李林，宣传部部长彭康、副部长陈沂，财委会书记黎玉、副书记朱毅，城工部部长杨一辰、副部长王见欣，武委会主任朱则民，国军工作部部长舒同、副部长刘贯一、黄远。

中共中央对战争时期前后方的关系以及中央局、中央分局与军事指挥机关的关系规定：一般原则是后方指挥前方，因为后方更便于照顾与推动各方面工作，来配合前方取得战争胜利。但为了取得决定方面的军事胜利，使野战军不受后方限制，更灵活地进行机动作战，战略区主要负责人随着野战军行动，直接指挥作战是必要的。因为当时的现实情况还是敌大我小，敌强我弱，特别是技术装备与物质补充，比敌人差得很远。这就决定了我们进行正规战时，其中还包含着游击性，甚至在一个战役中有几次转移、等待、退让，寻找各种有利条件，才能取得胜利。在这样的情况下，战略区主要负责人随野战军在前方时，则后方军区机关即可受前方军区指挥。中央局、分局均不另设军分会。关于军事方针及战略方针或大的战役行动，集中在党的常委会讨论决定后交同级军事机关执行，同级军事机关负责人有责任经常向党委做军事报告，使党委了解军队中一般情形。

1949 年 3 月，中共中央华东局机关南迁上海，中共中央山东分局重新建立。

1954 年 4 月 27 日，根据中共中央政治局扩大会议《关于撤销大区一级党政机构的决定》，华东局撤销，完成其光荣的历史使命。

参考资料：

1.《全宗介绍——中共中央华东局》，山东档案信息网，2015-05-06。

2.《中共华东局旧址纪念馆讲解词》，河东区基地办提供。

山东省支前委员会

山东省支前委员会旧址原为丁锡伦家四合院，位于新四军军部旧址纪念馆二期工程红色核心区以陈毅旧居为主的旧址保护区。山东省支援前线委员会（简称山东省支前委员会）于 1946 年 9 月 2 日成立，1947 年 1 月 30 日在前河湾村扩建为新的支前委员会，1947 年 2 月 13 日支前委员会随华东局机关北移。该委员会受华东局、山东省政府直接领导，平时负责部署各级政府与支前机构的一般性支前工作，战时则负责支前的物力和人力调配工作。1948 年 11 月 4 日为支援淮海战役改编为华东支前委员会，为支援淮海战役做出了重大贡献。

解放战争开始后，中共华东中央局、山东省政府和山东军区于1946年9月2日联合发出通知，决定成立山东省支前委员会。委员会由13人组成，山东军区副参谋长袁仲贤任主任委员，省粮食总局副局长冯平和军区后勤部副部长蔡长风任副主任委员。该委员会受华东局、山东省政府直接领导，负责对下属各级政府与支前机构部署支前任务，指导支前工作。山东省支前委员会成立后，随即发布了《山东省支援前线委员会组织大纲》，规定了支前的任务、职权及工作范围。此后不久，各级党组织、政府也相继建立了支前领导机构。

“兵马未动，粮草先行”，保证前方物资供应是支前工作的主要任务之一。在解放战争中，山东党组织和各级民主政府，发动广大群众，为前方筹集、运送各种军需物资，保证了部队的物资供应，从而保证了解放战争的胜利。在莱芜战役中，地处战区的莱芜县和临战区的周围几个县的人民群众，不仅主动把自家的粮食拿出来充作军粮，而且日夜不停地碾米、磨面，做成熟食，送往前线。在刘邓大军突破黄河发动鲁西南战役期间，鲁西南广大人民筹集4327万余斤粮食。在济南战役时，山东解放区刚刚度过灾荒，群众积粮很少，而广大人民群众克服种种困难，宁愿自己少吃或不吃粮食，千方百计完成筹粮任务。鲁中南地区的泰沂山区，原定征粮200万斤，当群众听说征粮是为打济南时，自动提前两天缴粮1230万斤，超过原计划5.5倍。淮海战役期间，共筹运粮食9.6亿斤，其中，山东就占4.52亿斤（含冀鲁豫区现属山东部分），战役中实用粮4.3亿斤，山东占2.5亿斤。在渡江战役中，山东虽远离战场，仍筹粮1亿余斤。

为了保证部队的副食供应，各地普遍建立了以工商局为主的供应站。1947年初，华东野战军后勤司令部与山东支前委员会抽调100余名干部，建立了华东野战军供

应总站，并设立了直属分站、支站、小站，直接负责华野的副食供应。孟良崮战役期间，华野供应站在山东解放区采购食油 5 万斤，花生 50 万斤，从石岛、威海等地调运干鱼 15 万斤，从龙口调运大批粉条，迅速运往战区周围储备起来。在淮海战役第一阶段，鲁中南区支前委员会为部队提供食油 10.3 万余斤，食盐近 12 万斤，咸鱼 2544 斤。1949 年元旦、春节之际，鲁中南区支前委员会奉华东支前委员会之命，紧急征购 86 万余斤猪肉，出动数万名民工，日夜兼程送往前线。

山东人民不仅筹集和生产大批军用物资和武器弹药支援前线，而且发扬了艰苦奋斗、英勇顽强的革命精神，冒酷暑，战严寒，翻山越岭，长途跋涉，顶着敌人的炮火，把支前物资源源不断地运往前线。仅据济南、淮海、渡江三大战役统计，山东民工送往前线的粮食即达 7.12 亿斤。据淮海、渡江战役山东 43 个随军民工团不完全统计，往前线阵地运送弹药 9000 多万公斤，军用物资 682 万公斤。据渤海区统计，解放战争期间，仅运粮一项，就出动大车近 53 万辆，小车 2.9 万余辆，木船 1250 艘，车夫 153.3 万人。由于当时交通运输条件的限制，在解放战争中，伤员的转运主要是靠民工用担架来完成。在转运伤病员的过程中，山东人民怀着深厚的阶级感情，冒着枪林弹雨，置个人生死于不顾，而对伤病员却备加爱护。据不完全统计，整个解放战争中，山东解放区共出动 100 万民工，43.5 万副担架，把 203780 名伤病员转运到后方，有数百万人民群众参加了护理工作。在莱芜战役中，莱芜县有 10 余万名妇女战斗在伤员转运线上，她们组织了上百个伤员招待所和慰问团，为伤员准备了大量生鸡、鸡蛋、挂面、蔬菜等。为了使伤员早日恢复健康，妇女们自动组织起来，轮流到医院做饭、喂饭、洗衣、缝衣，帮助伤员洗伤口。在淮海战役中，郯城县境内设立了 14 个野战医院，接收了近两

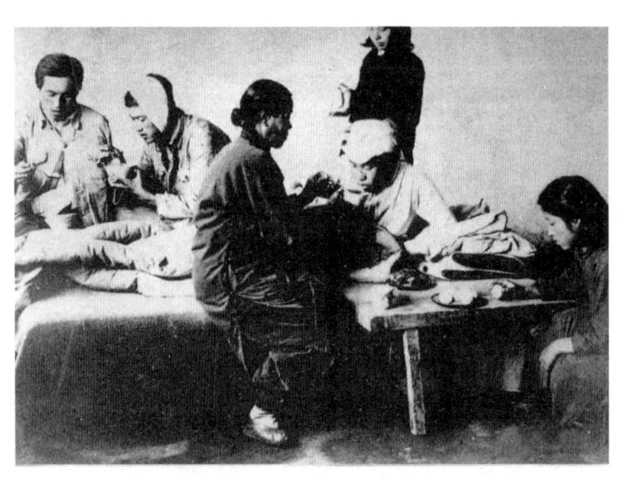

万名伤员。为了照顾南方伤员的生活习惯，他们把攻打新安镇缴获的5万斤大米、10万斤面粉全部送到医院；春节期间，各机关、团体、村庄组织从腊月初就牵着羊，带着食品，准备文艺节目，接连不断地到医院慰问。

在整个解放战争期间，为动员广大青壮年参军入伍，山东解放区发动了四次大参军热潮。第一次是1946年7月至12月。各地通过开展反奸诉苦清算运动、减租减息和土地改革，大大提高了群众的阶级觉悟，激发起了保卫胜利果实的积极性，共有11万余名青壮年入伍。第二次是1947年1月至年底。这时，人民解放军粉碎了国民党军的全面进攻和重点进攻，广大解放区普遍进行了土改复查，人民群众在“参军保田”口号的激励下，有29.5万名青年参了军。第三次是1948年1月至9月，人民解放军已进入战略反攻阶段，广大群众被解放战争的胜利推进所鼓舞，纷纷报名参军，共有1.7万名青年入伍。第四次是1948年10月至1949年3月，为实现“打过长江去，解放全中国”的目标，全省有16.8万人参军。以上四次，全省共有589979名青年参军，补充了华东、中原、东北、西北四大野战军及华东、中原、华北和东北四大军区的需求，先后组建了9个纵队和1个军，为保证和扩大人民解放军的战斗力，建设强大的人民军队做出了巨大的贡献。

山东人民对解放战争的支援，在伟大的中国人民革命战争史上占有非常重要的地位。曾经直接得到过山东人民支援的华东野战军和中原野战军的将帅们，都以自己深切的体会，对山东人民支援解放战争给予了发自内心的热情赞扬。曾在山东地区指挥了三年解放战争的华东野战军司令员兼政委陈毅曾深情地说：“淮海战役的胜利，是山东人民用小车推出来的。”“我陈毅死在棺材里，也忘不了他们对我们的支援。”多年以后，曾在山东战斗过的一些老同志，有的每年都要到山东看看；有的在外地离休后，把家安在山东；有的病故以后，嘱其家人把骨灰撒在沂蒙山区，表达了他们对山东人民的深厚感情。

参考资料：

1.《山东人民支援解放战争》，山东省情网，2012-04-05。

2.《新四军接待处》，华东野战军纪念馆公众号展馆介绍。

3. 郭广阔：《陈毅在沂蒙》，山东友谊出版社，2014 年 3 月。

4. 潘兆仲：《前河湾村新四军最后一个军部》，《沂蒙文史》，新星出版社，2010 年 9 月。

5. 丁肇铭：《新四军军部旧址与河湾丁氏》，《沂蒙党史史志》，2019 年 12 月。

中共坡埠特别支部

中共坡埠特别支部旧址位于临沂市河东区九曲街道坡埠村。

1941 年冬天，沂蒙山区特别寒冷，接连下了几场大雪，气温降到零下十几度。这年冬天，沂蒙山区抗日根据地的抗战形势异常严峻，日军华中派遣军总司令畑俊六指挥对这一区域展开“铁壁合围”大“扫荡”。日寇这次血腥残酷的“扫荡”足足持续了七十多天，沂蒙地区中共领导下的抗日根据地遭到了严重破坏。位于沂河东岸和沭河西岸之间的沂滨区、古贺区、钟山区等地，原本为敌我都在争夺的“拉锯战”地区，此时被日寇进一步伪化：敌人在这一地区修碉堡，安据点，派特务，组织新民学会、三番子，建立乡公所、连环保等，企图将该地区变成日伪“独占区”。至 1942 年初，仅在沂滨区，日寇先后在李庄、林宅子、黄庙、石村、李湖、玉皇庙、相公庄、九曲店、马石河、庄店子等村镇安上了伪据点，并时常骚扰我沭河以

东抗日根据地。

为粉碎日寇的险恶图谋，加强对沭河以西、沂河以东敌我“拉锯”地区抗日斗争的领导，1941 年 9 月，中共鲁南区第四地委决定，在沭河西部岌山、古贺、沂滨等区设立了中共沭河工委（县级），同时建立了沭河办事处，以便全力巩固沭河以东抗日根据地，武装开辟沭河以西、沂河以东游击区。同时，为落实上级战斗部署，进一步开展临沂城敌伪工作，根据八路军滨海军区的指示，中共沂滨区委将坡埠、九曲两村 11 名党员组成特别支部，张金龙任书记，李克瑜任组织委员，孙珠泉任宣传委员。起初，他们把活动的地点选在坡埠村李家的小岗楼上，大家以唱歌、唱戏、拉胡琴等为掩护，秘密开展党的活动。后来，为便于开展工作，张金龙、李克瑜、孙珠泉先后打入临沂城敌特机关内部，从事党的地下情报工作。

李克瑜（1921—1944），九曲街道九曲店村人。1935 年，李克瑜考入省立临沂简易乡村师范学校，开始接触革命思想。1938 年 4 月临沂沦陷后，他借教书为名回村开展革命活动，次年冬加入中国共产党。中共九曲店支部成立后，任支部书记。1942 年，他到玉皇庙小学教书。他主动跟与敌人关系密切和了解当地情况的教员结拜“兄弟”，通过他们了解日伪情况。1943 年初春，任中共临沂城关特支书记，年底到城内模范小学任教员，借向临沂《青年报》社投稿的机会，与办报人、日本便衣特务马福腾“结交”，巧妙地获取情报，多次受到党组织表扬。1944 年 4 月 21 日，被日本宪兵逮捕，面对酷刑，他始终只有一句话：“中国人民是治不服的，我死也不屈服！”5 月 2 日，李克瑜英勇就义。

张金龙（1914—1945），九曲街道坡埠村人。张金龙 18 岁时为生活所迫，到国民党八十一师展书堂部当兵，曾参加范筑先领导的聊城抗日自卫战。1939 年秋回到家乡，由中共党组织介绍到涌泉，后到马石河村与中共党员马思孔取得联系，加入中共党组织，随后被派回本村以小学教师的身份开展工作。同年冬，他发展了丁如茂等 3 名党员，在村里建起了青救团、农协会等组织，成立了坡埠村党支部，任书记。1941 年 6 月，由于地主告密，张金龙被王洪九逮捕入狱，他始终不承认自己中共党员的身份，后经人担保获释。1942 年，张金龙再次打入敌伪内部，在临沂城南关当“汉奸小队长”。这期间，他多次完成党组织交给的任务。1945 年 7 月，张金龙为配合解放临沂城，积极策动一个汉奸大队起义，由于消息泄露，被日本宪兵逮捕入狱。他面对严刑拷打，大义凛然，宁死不屈，最后被日军杀害于临沂城隍庙。

参考资料：

1. 临沂市兰山区地方史志编纂委员会：《临沂市志》，齐鲁书社，1999 年。

2. 陈洪涛：《长期被埋没的沂蒙革命母亲：孙凤姑》，临沂在线，2013-12-26。

3. 刘玉环：《战斗在沂滨》，天津市河北区老干部局网站， 2007-12-04。

4. 马思孔、马邦隆：《沂滨区革命斗争片段》，烽火网站，2019-08-12。

华东军事政治大学

河东区是一片红色的土地，是沂蒙山区革命老根据地之一，在现代革命史上，陈毅、粟裕、张云逸等老一辈无产阶级革命家都在此留下了光辉的足迹。河东曾是山东军区司令部、新四军军部等重要党、政、军机关驻地，是华东军区、华东野战军的诞生地，也是华东军政大学的诞生地，为中华民族解放事业的伟大胜利做出了巨大贡献和牺牲。

抗战胜利后，为推翻国民党反动派的统治，完成解放战争的伟大任务，人民解放军以各地的抗日军政大学（简称“抗大”）分校为基础，陆续组建训练和培养军队干部及地方青年学生的军事政治学校。随着形势的发展，这些军事政治学校先后扩建

为东北、华北、华东、西北、中原、中南、西南7所军事政治大学（简称“军大”）。其中，华东军事政治大学于1946年10月在临沂城东杨庄（今河东区九曲街道办事处杨庄社区）成立（《临沂地区教育志》第一卷第二十二编“大事记”336页记述了这一政治大事件）。

华东军事政治大学纪念章

1946年春，原“抗大”第四、第九分校与原华中野战军随营干部学校合并组成“华中雪枫大学”，粟裕兼任校长，张崇文任副校长。10月25日，华中雪枫大学、山东军区军政学校、东江纵队以及淮南随营学校和山东军区通信学校5个单位在临沂城东杨庄统一改编为华东军事政治大学。中央军委任命华东军区副司令张云逸兼任校长，余立金、曾生任副校长，在此举行了第一期开学典礼，陈毅、张云逸在开学典礼上分别做了讲话。学校的教学内容主要有马克思列宁主义哲学、政治经济学和科学社会主义、毛泽东军事思想等基础理论；解放战争的作战方针和作战原则；国内外形势和中国共产党的路线、方针、政策；攻防战术和射击、刺杀、投弹等。教学中注重思想政治教育，强调理论联系实际，学以致用。华东军政大学培养了大批的党政军高级干部，对华东的土地改革、局势稳定、加强对敌斗争等工作起到了重要作用。

华东军事政治大学汇聚了从珠江、长江到黄河广大地区的教育资源，形成了一支强大的教学力量，在以后短短的3年时间内，先后培养输送了2万多名包括师级干部在内的各级军政干部，为解放战争的全面胜利提供了宝贵的人才支持。

1947年2月，华东军政大学随华东党、政、军领导机关迁离临沂。

1949年7月，我军胜利结束渡江战役，宁、沪、杭等大城市迅速解放，新中国的诞生指日可待。为了加速我军的干部队伍建设，中央军委决定，将前华东军事政治大学与三野军政干校合并，正式成立新的华东军事政治大学，并任命陈毅兼任校长和政治委员，陈士榘任副校长，钟期光任副政治委员，下设山东、浙江、福建3个分校。10月18日，在南京孝陵卫（今南京理工大学）举行第一期开学典礼。全校教职员工达3.7万余人，先后为国家输送近5万名军政干部，此时是学院历史上办学规模最大、培训学员最多的一个时期。学校的建设和发展，受到了党中央、毛主席的充分肯定。

1950年，华东军事政治大学改建为中国人民解放军第三高级步兵学校。1952年，华东军政大学由刘伯承元帅任院长的中国人民解放军军事学院（现为中国国防大学）所承接。

参考资料：

1.《东岳军苑——解放战争时期华东军政大学》，黄河出版社，1989年。

2. 郑玉强：《山东抗日军政干校的改编与合并》。

3. 田茹、房霞、蒋杨：《“传承抗大基因、弘扬沂蒙精神”研讨会在临沂大学举行》，《大众日报》，2018-11-22。

4.《抗日军政大学：为抗战而生》，《光明日报》2015-08-25。

5. 临沂市地方志编纂委员会办公室：《临沂市大事记（公元1911年—1985年）》。

6.《临沂地区教育志》第一卷第二十二编“大事记”。

华东军政大学与华东党校办公室

华东军政大学与华东党校办公室设在前河湾丁氏家族院内。其正厅是华东军大办公室，东厢是华东党校办公室，西厢则是两广纵队教导队办公室和临时教室。

华东军政大学前身华东军事政治学校从1946年1月开始筹建，1946年3月与党校合办于河东区杨庄村，1946 年 8 月与华东通讯学校、淮南随营学校合并，改称为华东军政大学。1946 年 10 月初东江纵队干部编成东江纵队教导团进入军大学习，11 月初开始离开河东到大店与华中雪枫军政大学会合，仍称为华东军政大学，并在莒南举行开学典礼。

1946 年 1 月 12 日，饶漱石、张云逸、陈毅、黎玉、陈士榘致电毛泽东、朱德、刘少奇："为今后培养干部，特别是技术干部，华东拟建立军政学校，在华中、胶东 (包括供给渤海)、鲁南 (包括供给鲁中、滨海) 各设分校，拟请由中央军委统一规定名称及指示。如何，盼复。"

1946 年 1 月 18 日午时中共军委致电陈毅、饶漱石、张云逸、黎玉："一、文电悉。同意办军事政治学校，其名称暂为八路军华东军事政治学校，至于何地设分校由你们决定，如苏北不适用八路军名义时，用新四军名义亦可。二、顽伪如不遵守停战命令，继续向我进攻者，应坚决给以打击，但必须坚持自卫原则。对枣庄伪据点，不宜进占，因我方已向军调处执行部及重庆提出，十四日一时以后国共两军双方所占之地，均退回原防，此一交涉，可能获得马歇尔同意。"

从 1946 年 1 月始张云逸开始筹建华东军事政治学校，1946 年 3 月华东军事政治学校和华东党校设在河东区杨庄的礼堂内。党校校长为陈毅（时饶漱石入北平参与军调部），常务副校长为温仰春，华东军事学校校长为张云逸，常务副校长为余立金。两所学校实质成为一所学校，当时人们称为华东军政干校。

1946 年 7 月，学校北迁至独树头村的大庙（前河湾村东南）和柳杭头村的庙内（后河湾村后），而办公室设在前河湾丁氏家族院内。华东通讯学校、淮南随营学校并入华东军政学校后，张云逸等就已确定将校名改为华东军政大学。1946 年 9 月东江纵队来到临沂，在前河湾附近整休。9 月 10 日，华东局常委会议决定，为贯彻中央关于东纵北撤部队"保存骨干、培训干部、以利将来发展"的战略方针，对东纵的培训使用做了一系列有计划有步骤的安排。经请示中央决定：东江纵队名义保留；战斗部队编成东纵教导团，仍由东纵司政机关统率；地方干部、技术人员分别送入党校及侦听、卫生、通讯学校学习；军队干部编成一个队在军政学校学习；东纵教导团统归华东军政大学统一指挥教育。据曾生回忆，1946 年 10 月 1 日，北撤部队从烟台到达临沂城以北地区，进行入学人员的分配和学习动员。

此时东江纵队干部编为教导队进入军政大学学习，地点在柳杭头村大庙中。11月初华东军政大学学员到大店与华中雪枫军政大学会合，并正式举行开学典礼，此后东江纵队教导团则回到临沂河东区，并驻扎在甘屯村。1947年1月23日，学校由莒南县大店迁至莒县梁家春生村，4月初迁五莲县于里沟地区；4月29日开始转移，5月22日学校又转移至掖县吕村。1949年7月，华东军政大学大部南下，组成新的华东军区军事政治大学，留下的部分组建山东军政干部学校。

华东军政大学共举办四期。第一期（1946年11月—1947年3月31日）地点：临沂前河湾、莒南大店，学员5000人，编为7个大队和一个教导团。第二期（1947年6月1日）地点：掖县吕村，招学员3200余人，共有一个军事研究班和5个大队。第三期（1948年3月）地点：阳信县溜坡坞，共招学员2560人，编为一个高级研究班、5个大队和1个教导队。第四期（1948年11月—1949年5月）地点：济南，共接收起义和解放的国民党军官6500人，招收学员1700人。

1945年8月山东分局党校停办，中共中央华东局于1946年3月组建中共华东局党校，陈毅兼校长，余立金、温仰春为副校长，温仰春同志全面负责主持党校的领导工作。校址位于今河东区九曲街道杨庄社区，1946年8月迁到前河湾附近的庙中。华东局党校在临沂期间培养了一大批党政军高级领导干部，对解放战争的胜利产生了深远的影响。1947年2月，华东局党校随华东局、华野总部北撤。1955年5月，随中共中央华东局撤销，改为中共中央第三中级党校，上海市委党校由其发展而来。

参考资料：

1. 新四军军部暨华东野战军纪念馆旧址、旧居介绍，河东区基地办提供资料。

2. 郭广阔：《陈毅在沂蒙》，山东友谊出版社，2014年3月。

3. 丁肇铭：《新四军军部旧址与河湾丁氏》，《沂蒙党史史志》，2019-12-27。

临郯青救团十九分团

丁梦孙

1938年4月21日，临沂城沦陷前后，在中国共产党的带领下，临沂各抗日救亡团体相继成立，它们当中以临郯青年救国团（简称“青救团”）的群众性最为广泛，事迹也最为突出。为了挽救祖国的危亡，青年救国团的成员们在陇海路北东起苍山、马陵山，西至抱犊崮的广大地区内，宣传发动群众，同反动势力进行了不屈不挠的斗争，为创建鲁南抗日根据地做出了重要贡献。

1938年初，临沂城南三重村、丁庄（今分别属罗庄区傅庄街道、汤庄街道）一带抗日救亡工作搞得热火朝天。这年3月，中国共产党党员丁梦孙以国民党第五战区民众总动员委员会副主任的身份从济南来到三重村、丁庄一带宣传，发动群众组织起来，开展抗日救国斗争。

1938年5月，丁梦孙在丁庄召开临郯青年救国团县团部成立大会。临郯青年救国团（青救团），是共产党在临郯地区第一次公开组织成立的抗日救亡群众团体，影响颇大。“苍山浮着白云，沂河流着黄金。我们为了生存，下定了抗战的决心。我们活泼勇敢、朴实坚定，更有牺牲的精神。团结临郯的青年，大家一条心……临郯的青年，青年！向前进！进！”在《临郯青救团团歌》的鼓舞下，青救团抗日工作如火如荼地展开。

青救团的建立，有力地推动了青救分团的发展。县团部成立前，基础好的村庄已经建立了几个分团。形势发展很快，各地不断派代表到县团部汇报情况。截至1938年7月，所属分团发展了37个，成为临郯敌后群众基础最为广泛的抗日组织。

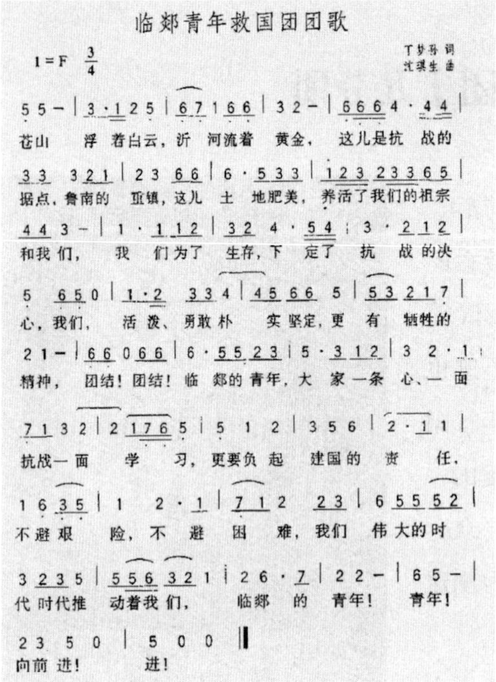

临郯青年救国团团歌

1=F 3/4

丁梦孙 词
沈淇生 曲

苍山 浮着白云，沂 河流着 黄金， 这儿是抗 战的
据点，鲁南的 重镇，这儿 土 地肥美，养活了我们的祖宗
和我们， 我 们为了 生存，下 定了 抗 战的决
心，我们， 活泼、勇敢朴 实坚定，更 有 牺牲的
精神， 团结！团结！临 郯的青年，大 家一条 心、一 面
抗战一面 学 习，更要负起 建国的 责 任，
不避艰 险，不 避 困 难，我们 伟大的时
代时代推 动着我们， 临郯 的 青年！ 青年！
向前 进！ 进！

1938年5月，临郯青年救国团第十九分团成立大会在马家石河小学召开，县总团派来第十九分团担任常务主任的马祥符主持大会，参加会议的有王桥村的马润生，马家石河村的马子方、马思孔、马邦龙，石家村的石金芝，王家埠前村的朱化石，王坊头村的孟政甫等。分团成立后，团员们在当地积极宣传抗日，发动群众，同日伪顽展开了不屈不挠的斗争。当时，日寇在李庄安设的警察局经常四处骚扰，乱抓无辜，敲诈勒索，周边百姓对他们恨之入骨。1939年春的一天，伪警察出动30余人，到王桥、马家石河村抓人，回去的路上，在姜墩子村被十九分团截击，退缩到了路旁的一个窑洞里。青救团成员及越聚越多的老百姓把窑洞团团围住，他们用土枪土炮加上青救团的十几支枪，向敌人发起猛烈进攻。战至太阳快落山时，伪警察拼死突围，抱头鼠窜，向西北过沂河逃遁而去。这是第十九分团成立后第一次真刀真枪的对敌武装斗争，首战就取得了打死打伤十余名敌人的大胜利，极大鼓舞和振奋了乡村民众的抗日救亡决心和信心。很快，十九分团就发展到500多人，团员都来自附近的村庄，他们广泛深入发动组织群众，一边生产，一边开展武装斗争，为沂滨区的抗日救亡斗争做出了积极贡献。

1940年，临沂县抗日民主政府宣告成立，这时的临郯地区也已建立了郯东北办事处、郯城和临沂3个县级政权机构，武装斗争的组织力量和民间团体的组织形式都发生了变化。至此，青救团这一抗日群众团体完成了光荣历史使命。尽管这一组织形式不存在了，但是青救团团员们无论身处何地，换了什么岗位，都以青救团的战斗姿态继续创造着新的功绩。

参考资料：

1. 车少远、陈牛：《临郯青救团：临郯的青年，青年！向前进！》，临沂文明网，2015-07-15。

2. 唐士文：《临郯青年救国团始末》，《银雀山房文选》，天津人民出版社，1995 年 11 月。

3. 马邦隆口述，马玲整理：《马家石河抗日斗争》，《河东文史（第一辑）》，河东区政协文史资料委员会，1999 年 9 月。

4. 韩去非、王子通：《八路军临郯独立团成立前后》，《郯城县党史资料第三辑》。

5. 王晓华：《抗战词曲家沈肇华在鲁南》，《沂蒙党史史志》，2019-06-05。

李家石河完全小学

1930 年，有一群刚毕业的学生怀揣着满腔的救国热情，兴学办校，期许以此破除民众陈旧观念，解放被封建礼教禁锢的公民之自由思想，李家石河完全小学由此成立了。

李家石河完全小学位于沂河东岸临沂古城东南方向，沂河之滨的李家石河村（今临沂市河东区芝麻墩街道办事处），创建于 1930 年，1937 年 7 月停办。

20 世纪二三十年代，李家石河村属于郯城县第五区石河乡，抗日战争时期属临沭县沂滨区，解放战争时期划归临沂县沂滨区，全村不足 200 户，800 多人口。当时，这里教育水平非常落后，没有一家像样的学堂，只有几处大户人家办的私塾。人们思想陈腐落后，被封建思想所禁锢，不知外面的世界所发生的或即将发生的变化。新文化运动的兴起使得这片文化贫瘠的土壤孕育了希望的种子，当时李家石河村走出了一批受过高等教育的青年。村里李敬三、朱广居、庄梦生等人毕业于省立临沂第五中学，他们认为只有发展教育，才能唤起民众觉醒，铲除民

李家石河完全小学师生合影

族的劣根和痼疾，实现民主、自由和平等。

于是，1929 年冬，李敬三、朱广居、庄梦生等人开始筹划创办李家石河完全小学。在一无所有的情况下，老师由他们几个毕业回村的学生担任就能解决，但校舍怎么办？众人首先想到村里的庙堂。庙堂历来都是人们祈福祷告的圣地，搬走神像变庙堂为学堂，势必会冲击长期禁锢在封建礼教下的村民思想。为了改变村民们的认识，这些老师到处做工作，宣传办学的好处，宣传时代发展的现状，宣传民主、自由和平等的思想。

青年们的做法得到了乡里开明人士的支持和资助。老中医、时任县政府议员的李益谦先生，卖掉了自己赖以生存的 20 亩土地，所得款项全部捐给学校，并积极帮助筹备建校事宜。王家店村有个叫苏洪瑞的老人，在石河乡办团练，特意将打算买洋枪的钱捐给学校。

1930 年春，老师们搬走了三间庙里的神像，又在庙东盖起了三间草屋做教室，新添置了几十套桌椅板凳；在庙西侧建了四间小屋，作为办公室和教师宿舍；把打更用的三层哨楼改造成学生宿舍。学校没有操场，李敬三把自家在学校东北角的 5 亩场地捐给学校做运动场。这样，一个初具规模的村级小学就建成了，并招收了第一批高级小学一个班的学生，报请郯城县政府教育科批准，命名为“郯城县第五区立第一小学”，李敬三为校长，刘毅斋任总务主任，朱仁甫任庶务长，庄梦生、刘月溪、王抱真等为教员。招收的高级小学第一届学生，修业年限为3年，学生30余名，都是来自周围十几个村庄的孩子，年龄从10岁到16岁不等。附近几个村子的学生回家吃住，远道的学生就在学校吃住，星期六回家拿煎饼，星期天回校用开水泡着吃。学校开设了国语、社会自然常识、美术、体育、音乐、算术、历史、地理等课程。

建校初期，经费匮乏，师生的生活十分艰苦。老师们每月只有几元钱的补贴，教学几乎是义务劳动，但是老师们有着火一样的热情，共同的心愿就是发展教育事业，清除愚昧与落后。为了改善师生们的生活，李敬三在任校长期间，把李公河与沂河交汇处的近300亩自家树林地，无偿捐给学校。师生们把它作为勤工俭学的基地，栽植上果树，种上蔬菜。在师生的辛勤耕耘下，贫瘠的鹅卵石地变成了丛林茂密、果树飘香、蔬菜常绿的聚宝盆，也成了师生们生活补助的主要来源之一。

1932年至1936年，小学发展到鼎盛时期。当时郯城县三井村有个叫徐联五的人，毕业于省立临沂第五中学，受五四运动的影响，思想进步，在临沂五中党支部的组织领导下参加了一系列游行、示威等抗日宣传活动，并秘密加入了中国共产党。1932年，徐联五受组织委派到李家石河小学以教师身份为掩护，从事党的活动。徐联五到李家石河报到时正赶上学校招高级小学第二届学生，在当时人们观念比较落后的情况下，他提出“教育上人人机会均等，男女劳动者均有受教育机会”的主张，动员了一批女学生入校接受教育。

这年冬，老中医李益谦为支援学校建设，再次将自己靠近学校的南园10余亩地捐给学校。第二年开春，学校新建了两间教室和一座两层小楼。根据现在老人的回忆，“小楼的一楼作为校门和传达室，二楼用来存放图书和生物标本”。李家石河的学校建设也得到了郯城县文教馆的支持，他们委派图书管理员、体育老师，拨款给学校购置篮球架、跷跷板、单双杠、滑梯、秋千等体育设施；在校内打了一眼深水井，安装上搅水车。此时的李家石河小学已经有教职工10人，在校学生70余人，房屋20余间、两层小楼一座，劳动基地百余亩，学校教学设施一应俱全。

范筑先任临沂县县长时，十分重视国民教育，他认为只有把青年一代培养好，唤起民众的觉悟，国家才有希望。上任伊始，范筑先便身着便装，带着一名随从到李家石河完全小学视察。他看到小学的发展规模、办学条件，了解了办学方向后，非常高兴，欣然为小学题写了“以德育人，报效国家”八个大字。此时的李敬三组织学生演排《义勇军进行曲》《五月的鲜花》《大刀进行曲》等节目，他先教学生唱，再让学生带着歌词单到村里教老百姓唱，有时还组织宣传队到村里演出。

1937年卢沟桥七七事变后，中国全面抗战爆发，国难当头之际，李家石河小学停办，解散学生全面投入抗日救国。李家石河完全小学从筹办到停办，经历了7个年头，共培养了4届400多名学生。小学出来的这些学生，接受了党的教育，又有一定的知识，分赴全国各地投身轰轰烈烈的抗日斗争中去后，很快成为各级各类组织的骨干。他们在中国共产党的领导下，转战南北，驰骋沙场，为中华民族的解放和新中国的建立做出了积极贡献。学生中涌现出了李士奇、白文华、李敬三、李少言、庞士泽、刘昌、李乐、陈乐善、刘西九、李范、李肃、李恒、苏绍言等一批国家干部和文艺家，李鸣嵩、李鸣华、刘旭、高从云、李少荣、马志乾、朱暄、连思敬、李信等一批革命烈士。

参考资料：

1. 黄耀华：《李家石河完全小学》，《河东文史（第一辑）》，1999年9月。

2. 车少远：《临沂李家石河小学：一座学校的光荣与梦想》，《沂蒙晚报》，2012-05-28。

汤河大队

1940 年 3 月中旬，临沂县抗日民主政府成立，同时成立了临沂游击总队，各地亦相继建立了抗日群众武装。同年，汤河区禹屋、前后东庄、曲坊村群众在刘炳芝的带领下，组织了一支 13 人的抗日武装队伍，刘炳芝自任队长。这支队伍以汤河区管家岭村为落脚点，自购枪支弹药，分赴各村发动群众，开展对日、伪的武装斗争。

1941 年 3 月下旬至 1942 年 7 月，日寇连续五次在山东解放区根据地推行“治安强化”运动，对抗日根据地进行“铁壁合围”的残酷扫荡，所到之处实行杀光、烧光、抢光的“三光政策”，妄图彻底消灭共产党领导的抗日革命力量，中国共产党领导的抗日根据地党组织和群众武装组织遭到严重破坏，沂蒙根据地的抗日斗争进入了最艰苦的时期。

面对血腥严峻的抗日斗争形势，沂蒙根据地各级中共党组织前仆后继，从血泊中站起来，继续组织和领导人民群众抗日救国，广大人民群众的抗日救国热情也再次空前高涨起来。日寇的疯狂扫荡过后，发展壮大革命武装力量已成为当务之急。1942 年冬，沭水县汤河区委派助理员刘炳之以沭河以西禹屋村为中心，汤河沿岸地带各村抗日骨干为主，重新组织地方人民武装自卫队，打击日本侵略者及汉奸伪政权，周边乡村群众积极响应，争相报名加入。翌年春，自卫队就发展到 200 余人，经滨海军区批准并命名，正式组建起“汤河大队”。刘炳之出任大队长，闫守福任指导员，下设三个分队。随后又将汤河区中队 40 余人编成两个排，收入该大队。大队部设在朱井寺庙，此庙系唐朝重修，颇具规模，有后殿、前殿、大殿、东殿及配房数十间，十分宽敞。院中有千年古银杏树一株，树高叶茂，遮天蔽日，树上可站岗放哨，树下可练兵休整。庙前后是前后朱井寺村，多为贫民，庙东面 1 公里处是沂河，庙西面 1 公里处是汤河，两河内芦苇茂密，树木参天，既可藏兵又可用兵。

汤河大队成立仅二年，就参加了小南庄、相公庄、常家庄、胡家庄、团林、田黑墩等战斗，有力打击了日、伪反动势力。1945 年，汤河大队参加了攻克临沂城的战斗，前后围困攻打战斗了 28 天，为临沂城的解放做出了重要贡献。同年 9 月，能征善战的汤河大队升级离开了家乡，被山东省军区吸收编入了八路军第一一五师六八四团，跨入主力部队的行列。

抗日战争胜利后，国民党蒋介石反动派发动内战，刚刚迎来和平曙光的广大人民群众又遭劫难。1947 年 10 月，临沂县汤河、临东（今相公街道）、洪瑞（今郑旺镇）三个区的村干部和民兵，以汤河区武工中队为基础，再次重建汤河大队，迅速组织起 73 人的队伍。仍由刘炳之任大队长，教导员由王铁英出任，李会巨任副大队长，周万成任副指导员。大队后方指挥部仍设在汤河东岸、沭河西岸的朱井寺大庙，前沿指挥部设于汤河区小南庄村。至 1948 年 1 月，队伍发展到近 400 人，编成了三个连，同时在各大村庄建立民兵大队，由汤河大队发给部分枪支弹药，配合大队对敌作战。

重建的汤河大队坚持就地斗争，广泛开展游击战争，牵制打击敌人，配合正面战场主力部队歼敌。短短一年不到的时间里，汤河大队共参加战斗 13 次，毙伤敌人 44 人，俘虏“还乡团”196 人。在勇敢对敌作战的同时，汤河大队还积极配合建设地方人民政权工作，在土改复查运动中，深入各村发动群众，把恶霸地主、“还乡团”从群众手中抢夺的财物退还给农民。被派到汤河楼子、王家岭村一带汤河大队的工作队员在组织领导土地复查工作时，先是召开群众大会，将广大群众发动起来，然后开仓济贫，审讯处理了张洪非等 23 名地主恶霸，勒令其退还给人民群众“反攻倒算”的果实，并将敌伪所存之粮三千余斤、花生油两千余斤，全部分给了贫苦农民，赢得了广大人民群众的坚决拥护和支持。

1948 年 10 月，该大队升级为华东野战军第七纵队。

参考资料：

1. 黄耀华：《汤河大队》，《河东文史（第二辑）》，2000 年 12 月。

2. 李浩源、李鹏程：《河东军民的抗日斗争》，《河东红色文化》，济南出版社，2019 年 9 月。

临沂县城市工作委员会

1944 年 6 月 5 日中共中央发出《关于城市工作的指示》，要求各地党的组织必须把城市工作与根据地工作作为同等重要的两大任务，一俟时机成熟，就可使二者结合，里应外合地进攻日本侵略者，夺取大城市与交通要道。9 月 4 日，中共中央发出《关于建立城市工作部门的指示》，要求地委以上各级党部必须建立城市工作部。

为迅速贯彻落实党中央指示，同年 10 月，滨海区党委发出了《关于执行中央及分局关于城市工作指示的指示》，决定在沂滨区李家石河村成立中共临沂县城市工作委员会，刘炬任书记，吕剑光、庞世泽任副书记，马思孔负责统战工作，李鸣嵩担任敌工组组长。工委下设两个工作组和两个武工队，主要任务是开展临沂城内的各项工作，为解放临沂城做好一切战斗准备，同时也为解放后接管临沂城做好各方面准备。

1940 年 10 月，因苍马地区根据地斗争需要，成立了沭水县沂滨区，区划范围东至沭河，西至沂河，北到临沂城东至相公庄，向南延伸至李庄（今郯城县李庄镇）。李石河村位于沂河之滨，西靠沂河，北与临沂县接壤，距临沂城不足十公里，是山东滨海抗日根据地有名的“抗日堡垒”村。将临沂县城市工作委员会设在这里，有着诸多方面的优势。

临沂城市工作委员会的工作是全方位的、多方面的，其中重要的工作之一是通过结交各阶层人士，了解城里的敌人各方面情况，为解放临沂城做好准备；同时，对敌伪内部人员开展“红黑点”争取工作，孤立临沂城，为解放临沂城扫清外围障碍。据时任中共临沂县城市工作委员会副书记庞世泽的回忆录记述：点红黑点，记录善恶行为，是一种向伪军进行教育的有效办法。谁做了一点对人民有利的事，他们就给记上一个红点，谁要是做了坏事，就给记上一个黑点。红点多的可以赎罪，黑点多的给予惩罚。对于记了黑点的伪军人员，他们就向伪军、伪属和敌占区群众广泛宣传，揭露他们的罪恶，发出警告；对于那些屡教不改、仍做坏事的就予以镇压。临沂城南马石河有个据点，里面有一个名叫刘清臣的汉奸特务，经常和日寇勾结在一起，残害群众，虽经几次警告，但是毫无悔改之意。一天晚上，临沂县工作委员会敌工组设伏将他抓住，架到两村中间的一座小桥上枪决了，并把写有“汉奸刘清臣作恶多端，八路军代表人民处决”的纸条贴到刘的身上。这种做法起到了杀一儆百的作用，从此，各据点的伪军就老实多了。

临沂城北有祊河、涑河环绕，东临沂河，既是陇海路以北的军事要地，亦是滨海、鲁中、鲁南三大战略区联系的枢纽，战略地位十分重要。日本宣布无条件投降后，盘踞临沂城的日军于 1945 年 8 月 16 日逃往枣庄。城内伪临沂第八保安大队许兰笙部和伪费县保安大队邵子厚部，秘密将王洪九部一部接入城内，企图凭借坚固的城壕工事和日军留下的几十万发子弹、几十万斤粮食固守。

为解放临沂城，山东军区罗荣桓司令命李作鹏、罗华生、吴瑞林等组成临沂战役指挥部。8 月 17 日，滨海军区第四团、鲁中军区第二军分区第十一团、山东军区特务团、临沭独立团等，向临沂城发起攻击，迅速占领城东、南、西、北 4 关及其附近据点。20 至 22 日，攻城部队对龟缩城内之伪军实施两次强攻未果，被火力封锁于城下开阔地带，伤亡重大。战士们除了坚持战斗，还以多种形式向敌展开强大的政治攻势，广为传颂的“十九昼夜舌战”就发生在这次战役中。9 月初，攻城部队发扬军事民主，确定在城西北角进行坑道作业，实行大面积爆破。洪瑞区民兵中队经 8 昼夜紧张作业，挖成一条 100 多

入城部队行进在天主教堂前

米长的坑道。工兵连夜将装在棺材里的炸药从坑道内送进城墙下。9月10日晨8时，将城西北角城墙外侧炸塌30多米，但因古城墙过高过厚，墙内侧仍然屹立未倒，只形成50度斜坡。第四团第一梯队营迅速向突破口发起攻击，但遭到守敌的拼死抵抗，战斗受挫。12时，又发起第二次冲锋，亦未奏效。指挥部决定实施夜间攻击。夜9时，第四团第一营营长彭玉龙指挥爆破组在猛烈火力掩护下，把一包包几十公斤重的炸药相继送到突破口，连续爆破，扩大了突破口。同时，攻城部队全体指战员呐喊声震天，军号骤响，造成冲锋的假象，使伪军火力完全暴露。如此反复6次，守城伪军筋疲力尽。11日凌晨1时15分，彭玉龙指挥突击队秘密迅速扑向突破口，当守军发觉时，突击队已冲上城墙，排除毒气，推倒铁丝网，占领了突破口的阵地。伪军向突破口反扑，负隅顽抗的伪军施放毒气，攻城部队冒着毒气与其逐巷逐房争夺，伪军遭受重大杀伤，纷纷缴械投降。至11日7时，攻城部队全部占领临沂县城。此役中，守城伪军大部被歼，俘伪临沂县县长韩文龙、伪临沂第八保安大队长许兰笙、伪费县县长韩金声、伪费县保安大队长邵子厚、王洪九部参谋陈维章以下2000余人，缴获步枪3000余支、机枪19挺、短枪200余支、迫击炮6门、汽车11辆以及大批弹药物资。

9月13日，临沂城2万军民举行庆祝大会，参战部队举行了入城阅兵式。同日，临沂县人民政府宣告成立。14日，罗荣桓、黎玉、萧华电贺临沂解放。中共山东分局、山东省政府、山东军区及山东省临时参议会等省级机关，先后由莒南县大店镇迁驻临沂城，临沂遂成为山东解放区的首府。

战后的临沂城百废待兴，临沂县城市工作委员会也搬进城里，工作的干部越来越多了，后来又分成几个小队，分别到各镇做群众工作和接管敌伪财产武器的工作，部分同志留在城里日夜加班梳理工商、文教、卫生等方面的工作，安排部署复业复工事宜，在迅速稳定战后城市管理、维护社会秩序等方面做出了贡献。

参考资料：

1. 张剑：《沂蒙八年·六：对日反攻与解放临沂城之战》，烽火网，2018-11-07。

2. 马邦隆口述，马玲整理：《马家石河村抗日斗争》，《河东文史（第一辑）》，1999 年 9 月。
3. 车少远：《他，曾护送刘少奇离开滨海》，《沂蒙晚报》，2013-05-06。
4.《解放临沂城》，琅琊新闻网，2019-09-11。

军部直属被服厂

1945 年 10 月 25 日，新四军军部和中共中央华中局由苏北淮阴分批出发，移驻山东临沂。军部直属医院、被服厂、文工团等单位都先于军部机关北移，且直接来到临沂城东北沂河东岸的前河湾村周边安营扎寨。新四军军部直属被服厂来到前河湾村，被安排到村里一户富裕人家——丁锡伦的四合院，及院外西南方的西园。四合院中设有机房、办公室和生产车间，西园设有仓库和宿舍。被服厂当时约有工人近百人，配置了 40 台老式缝纫机，其余都是手工操作，忙时还雇佣村民做一些辅助性的工作。

现在我们看到在一些抗战影视剧中，八路军、新四军军服颜色有灰色，有土黄色，颜色杂乱，做工粗糙。当年事实就是如此，由于条件所限，八路军、新四军服装颜色和用料的差别较大。因为抗战时期环境十分艰苦，各个抗日根据地只能根据自己的条件，就地取材制作军装，而每个根据地所接触到的布料和染色剂都有区别，军服颜色、用料也都无法强求一致，一般由各大战略区决定。军服颜色以青灰色、草黄色居多。总体上看，抗战前期灰色居多，后期多改为土黄色。

1944 年山东军区后勤部《关于被服装具制度的规定》提到，“军服颜色统一，要求保护色，夏季草绿色，冬季土黄色或灰色，要看平原地、山地来分别”。军服染料主要靠就地取材，灰色多来源于橡壳、烟灰，黄色则主要来源于黄柏根、黄芹、槐子。开国上将王新亭回忆：“那时候，我们筹集到白布，但买不到染料，便采取土办法，用槐花子染布，做成军衣。虽然布匹染得黄绿不匀，但每个战士

都领到了一套新衣，整整齐齐穿起来很有精神。”

军部直属被服厂的军服用料以粗布(土布)为主，也有少部分细布(洋布)。因为手工生产效率较低，所以晚上加班加点赶任务是家常便饭，被服厂的各个车间、仓库里都用汽灯照明，几乎天天晚上灯火通明，照得半个前河湾村明晃晃的。因为条件艰苦，被服厂便因地制宜，利用简陋的工具进行生产。交通运输靠着仅有的两匹马和两头驴，战士们从南方等地运来了白布和灰色染料，有时是自制染料，用浴灶代替染缸进行布料染制。以女兵为主的上百名战士夜以继日地裁剪、缝制，以满足前线的用衣需求。一批批新制成的军装、军帽、军鞋、绑腿、皮带、棉衣、棉裤，还有毛巾、绑腿、腰带、挂包、米袋等，由战士和群众一起挑着，路远量大则用马匹或毛驴驮着，送到各个部队。

军部直属被服厂在前河湾村驻扎了一年多，在朝夕相处的日子里，战士们和村民结下了深厚的情谊。1947 年 2 月，被服厂随军部机关撤离临沂。离开时，村民们与战士们依依惜别，还帮着部队把物资挑运到了远在 80 多公里外的蒙山脚下。

参考资料：

1. 付茜、陆秋蒙：《河东投 3 亿建华东野战军总部旧址纪念馆》，临沂宣传网，2013-11-24 。

2. 郭广阔：《陈毅在沂蒙》，山东友谊出版社，2014 年 3 月。

3. 丁肇铭：《新四军军部旧址与河湾丁氏》，《沂蒙党史史志》，2019-12-27。

4. 潘兆仲：《前河湾村，新四军最后一个军部》，《沂蒙文史》，新星出版社，2010 年 9 月。

5. 徐平：《站岗时被子系上带子就当棉大衣，细看当年八路军、新四军军装》，第一军武视界公众号，2017-11-16。

军部直属野战医院

1945 年 10 月，新四军军部直属野战医院随卫生部北上临沂，1946 年 1 月进驻前河湾。因为医院有多个科室，有多种医疗器械，医护人员较多，救治的伤病员也较多，所以需要的地方也较大，当时就被安排在村民丁锡汉宽敞的四合院里安营扎寨。医院设有卫生部、医院门诊、透视室、手术室等。野战医院的大伙房设在丁氏庄园丁锡玉家四合院里。院长是个女的，姓姚，住在炮楼中。1946 年 2 月至 4 月，罗炳辉将军曾在此休养；宿北战役和鲁南战役期间有大量伤员在此处治疗。1946 年 9 月原新四军一师政委刘炎在此治疗，陈锐霆受粟裕委托特意来此看望。1947 年 1 月底，野战医院伤员开始向北迁移。

1945 年时的新四军野战医院，已拥有显微镜、X 光机和发电机，有了化验室、药房和手术室，有各种消毒器具，有医生、护士二三十人，是一个有一定规模的野战医院了。

来到前河湾村，医护人员发扬白手起家的精神，把破旧的 6 间房子修一修，在原来两家之间的界墙开一个大圆门，墙壁粉刷一下，重要的器械按科室安放进屋，门头上写上科室牌。没有病床，她们抱来稻草铺在地上，四周用砖一围，铺上白床单，标上床号，很像样的“病床”就整理好了。没有桌子，捡一些砖垒起来，刷上石灰，一张雪白干净的桌子就有了。没有痰盂，用三块砖拼一拼，里面放点灰土，就地取材，倒也很方便。医护人员们用她们的巧思和双手很快就把病房布置起来了，一座简陋而又规范的新四军野战医院就呈现在大家面前。全体医护人员有着一个坚定的共识，大家是为祖国和人民的解放事业而来，为救死扶伤而来，就不能计较条件的好坏，条件越艰苦才越光荣呢，再说，条件是可以创造的。

医院虽简陋，但制度是科学而严格的，如值班制度、巡诊制度、饮食制度等，护理、查对、发药、打针、换药和清洁卫生等都有具体细则。许多护士虽然不是共产党员，但她们满怀抗日热情和救死扶伤的人道主义精神，工作起来一丝不苟。伤员和她们的经历不同，对她们的“认真”态度甚至产生了误会。每天护士发药，规定必须看着病人服下去后才能离开。伤员却犯了嘀咕：她为什么这样严格？不会是药里有毒吧？这些小姐有不少是来自南京中央护校、中央医院，都是国民党那里来的，她们能有好心？护士们越是看着他们，他们越紧张，于是，有些伤员会把吞下去的药又吐出来，吹干后悄悄地拿给党员医生去化验；有些需要开刀动手术的病人也非要请党员在旁边看着才肯开刀。护士们哭笑不得，有的知道自己被怀疑，气得直抹眼泪。

陈毅从津浦前线回到临沂，召开党、政、军领导会议，传达了党的七大会议精神并听取了军部机关进驻沂东区前河湾、独树头等村的情况汇报，他还到军部医院看望了医护人员。

陈毅轻车简从来到前河湾村的军部野战医院。姚院长简要地向陈毅汇报了医院情况：医院是利用一个老乡的院落，医务人员自己动手，因陋就简地修缮了门诊室、化验室、病房、手术室和病人浴室。陈毅高兴地说：“你们白手起家建成这样一个医院，很不容易啊！”

接着，陈毅又参观了内外科病房、手术室和门诊室。每到一个病房，陈毅同志都亲切地和伤病员谈心，勉励他们安心休养。走进利用土地庙改建的手术室，看到那间用木板做墙，从天花板到墙的四周都用宣纸裱糊得洁白明亮的简易手术室，陈毅很高兴地说：“你们因陋就简办医院，这样做很好。”他走到旁边另一间透视室，看到50毫安小型X光机，问道：“怎么发动的？”

姚院长回答：“我们是用柴油机发动的，随时可以透视。晚上有急症手术，有电灯照明。”

陈毅点点头。他想到了自己在第二次国内革命战争期间两臂受伤的事情。一次战斗中，继左臂中弹受伤后，陈毅的右臂又负了伤，医护人员给他做了临床检查，并做透视，发现右臂尺骨与桡骨之间存留子弹，尺神经受到压迫，手指麻木。由于当时条件所限，医院还不能为他做手术取出。直到后来新四军有了自己的医院，医生才为陈毅做了手术，取出了双臂骨肉中的子弹。

陈毅同志参观后，和医务人员亲切地谈心。他关切地询问医务干部的工作、思想和生活情况，问有什么困难。姚院长汇报说：“我们这些医务干部，大部分都是党员，他们不仅思想觉悟高，而且医术精湛。但是，他们对我们部队的战士了解不够，对个别伤病员不遵守医院管理制度有些意见。”

陈毅同志语重心长地说：“医务人员大都是知识分子，他们能放弃大城市优裕的生活，到新四军参加革命，这就是思想进步的表现。你们也要看到，来后方医院治疗和休养的同志，大部分都是基层的干部战士。他们长期过着游击战争艰苦生活，现在住在医院，可能对这里的生活、管理制度不太习惯。你们要耐心地说服他们。医务人员既要精心治病，又要热情地照顾好伤病员，树立全心全意为伤病员服务的思想。”这一番真诚的谈话，使在场的每一个人都受到深刻的教育。临走的时候，大家送陈毅到门口，他亲切地和大家告别时，又关切地嘱咐姚院长说：“你们医院是办得比较好的，但全军医务力量还不够充实，可以从部队的卫生员和青年战士中，选一些同志培训培养，增添部队医务卫生力量。”

姚院长回答说：“首长，这是我们新四军野战医院的老传统了，最近我们的医务培训班就要开课了，这回我们不仅要为部队培训医院人员，还要为乡村培养医务人员，希望解决广大乡村缺医少药的局面，为贫苦的乡亲们解除病痛。”

陈毅同志满意地点点头说：“你们这样做很好，我期待着你们的好消息。”

虽然当时医疗设备简陋、条件艰苦，但新四军军部直属野战医院除做好部队医疗和伤员救治工作以外，还免费为周边的群众诊病疗伤，得到了乡亲们的一致好评，密切了军民鱼水之情。陈毅司令员房东的表叔姜木匠腿上长了个恶疮，久治不愈，实在没办法，只好来求助新四军医院。他心里不踏实，就让人用小推车推着来到表侄家，问：“表侄，听说新四军的医院也给老百姓看病，不知俺腿上的这恶疮人家能给瞧瞧不？要不你先给说说，大首长住在你家里，你说话好使。”房东宽慰表叔说：“新四军是咱老百姓的队伍，给咱老百姓治病他们分文不收，还包治包好。”说着，他就推起表叔，送到了军部医院。一个小手术后，又过了十几天，姜木匠的腿疮就好了，能下地走路了。事后，姜木匠拿上一些钱又一次来到医院，找到姚院长说：“谢谢新四军的医院治好了俺的腿，要不然也许俺就残废了。这病要是到城里去瞧，俺搭上家底子怕也治不好，凭良心俺也该交点药费什么的。”说着，他递上一沓钱，非要院长收下不可。姚院长拒绝说：“军民一家亲，给乡亲们解除病痛，是我们应该做的。”看到医院实在不收钱，姜木匠感动得热泪盈眶。还有一次，村民拴柱的媳妇要生孩子了，上午就请来了接生婆。没想到分娩中出现难产，直折腾到天黑，孩子还是没有生下来。此时，产妇已是生命危在旦夕，而接生婆也是束手无策。这时邻居们劝道：“快送新四军医院吧，人家队伍上的医院肯定有办法。”拴柱娘一听要送儿媳到医院去生孩子，就不乐意了：“听说医院里还有男人大夫接生的，不能去丢那人，咱祖祖辈辈都是在家里生孩子的，该生该死都是天注定的。”拴柱气得大叫：“娘，都什么时辰了，命都没了，还顾得上丢不丢人啊？”说完，就招呼大家抬上媳妇，不管老娘同意不同意，赶紧把产妇送到新四军医院。听说来了个难产的产妇，姚院长立即带上女护士进入产房抢救接生。两个多时辰后，产房里终于传出了一声清脆的婴儿啼哭声，拴柱媳妇顺利产下一个胖小子。

新四军野战医院是一处重要的革命遗迹，现复建位置位于军部旧址纪念馆西侧，遵循历史原貌重建，为土木草房结构，由病房、手术室等计 11 间房屋及院落组成，占地面积约 400 平方米，建筑面积约 180 平方米。遗址主要通过实物及图片、文字资料等充实展览内容，力求真实再现当年历史场景。新四军野战医院的修复，进一步丰富了整个纪念馆红色文化旅游景区的内涵，更好地展示了新四军在前河湾这一时期的历史风貌。

参考资料：

1. 付茜、陆秋蒙：《河东投 3 亿建华东野战军总部旧址纪念馆》，临沂宣传网，2013-11-24。

2. 朱剑峰：《大型电视连续剧〈沂蒙〉昨开机，新四军军部旧址暨华东军区华东野战军诞生地纪念馆同日开馆》，《沂蒙晚报》，2008-12-05。

3. 张春华、张林振、苏劲：《传承红色文化 弘扬沂蒙精神——华东野战军总部旧址暨新四军军部旧址纪念馆现为全国爱国主义教育示范基地，临沂市党员教育基地》，《山东红色旅游》，2017-07-12。

4. 郭广阔：《陈毅在沂蒙》，山东友谊出版社，2014 年 3 月。

5. 丁肇铭：《新四军军部旧址与河湾丁氏》，《沂蒙党史史志》，2019-12-27。

6. 中国青年网：新四军军部旧址暨华东军区、华东野战军诞生地纪念馆。

7. 中国临沂市委党校：新四军军部旧址暨华东军区、华东野战军诞生地纪念馆教学科研基地简介。

8. 央视网：新四军军部旧址暨华东军区华东野战军诞生地纪念馆。

9. 中国共产党新闻网：新四军军部旧址暨华东军区、华东野战军诞生地纪念馆。

鲁南战役祝捷大会

鲁南战役祝捷大会旧址位于今河东区九曲街道办事处九曲店社区。

1947 年 1 月进行的鲁南战役是全国解放战争时期山东战场上著名的战役之一。它是继宿北战役之后，山东野战军与华中野战军会合进行的第二个大歼灭战，亦称“峄枣战役”。这次战役歼敌两个整师，开创了解放战争以来，我军一个战役歼敌最多的新纪录。

此战历时 19 天，人民解放军仅以伤亡 8000 多人的代价，歼灭国民党军两个整编师师部、4 个旅又 1 个快速纵队共 53530 人，其中俘敌 36030 人，毙伤 17500 人，缴获坦克 24 辆，榴、野、山炮 89 门，汽车 474 辆以及各种火炮 200 余门（其中 105 毫米榴弹炮 48 门）。战役期间，山东各级支前机构动员、组织民工达 60 万人（其中常备民工 25 万人），大、小车 1500 余辆，担架 6000 余副支援前线，输送粮秣弹药，后运伤员，有力地保障了一线部队的作战。

鲁南大捷，是遵照中央军委和毛主席的英明决策，在陈毅、粟裕同志指挥下，山东、华中广大军民英勇奋战的结果。这次战役，创造了解放战争以来华东我军在一次战役中歼敌五万余人的新纪录；特别是干脆、彻底、迅速歼灭了全副美械装备的敌主力师和机械化部队，对国民党反动派及其军队是个极其沉重的打击，对华东乃至全国人民是个很大的鼓舞。这次大捷使山东和华中两野战军在作战思想、指挥关系和组织编制等方面实现了统一，为之后扩大胜利、进行更大规模的运动战和歼灭战奠定了基础。

1947 年 1 月 24 日，山东军区在临沂九曲店村召开鲁南战役祝捷大会，欢庆此役歼灭国民党整编第二十六师、第一快速纵队和整编第五十一师一部，共 53000 余人的重大胜利。

鲁南战役战场上我军在冲锋

开会的前一天，临沂城里里外外挂满了红旗，不少群众从几十里外赶过来，为部队和战士们送来鲜花和慰问品。当天上午，九曲店村张灯结彩，搭起了大戏台。老百姓和部队喊着口号，浩浩荡荡向会场出发，每个人脸上洋溢着胜利的喜悦，身上充满着无限活力。从四面八方赶过来的群众、小学生及刚刚迎来解放的临沂城关市民，群情激昂赶来参加庆祝大会。会场周边陈列着我军的战利品与缴获的新式武器，坦克车、速射炮、重机枪……四周人山人海，人们摸摸看看，无不啧啧称赞。

紧靠沂河的一处空旷广场上中午十点就聚集了数千人。下午 4 点钟，随着 9 声炮响，在热烈的掌声中，鲁南战役庆祝大会隆重开幕。陈毅做了讲话，他详细介绍了鲁南战役的前因后果和重要意义，号召大家继续准备积聚力量，粉碎国民党反动派的内战阴谋。接着，又有多位领导和各界代表讲话、发言，期间会场上不断爆发出震耳欲聋的口号声和热烈的掌声。

祝捷大会的第六项议程是鲁南战役中的数十名战斗英雄登台。当他们在掌声和欢呼声中走到主席台前的时候，群众代表在每一名战士胸前插上了一朵鲜花，并把巨幅红旗献给了英雄们，上面写着“人民靠山”。当鲁南战役总指挥、山东军区副司令员粟裕出现在主席台上时，全体军民沸腾起来，人们以崇敬的目光注视着这位优秀的指挥员。粟裕司令员向全体军民列举了国民党反动派及其军队的劣行，介绍了战役的过程，指出，鲁南战役的胜利告诉我们，只有坚决地自卫，消灭反动分子，和平才能得到保障，人民只有依靠共产党才能得到解放。在讲到鲁南战役胜利的因素时，他指出，一是我军英勇奋战的结果，二是前方流血后方流汗的集体创造，三是人民支援、民兵配合、军民合作的伟大成果。粟司令讲话结束时，天色逐渐暗下来，但整个会场被汽灯照得通亮，热烈的欢呼和掌声直冲云霄。

最后是精彩的军民联欢文艺演出。锣鼓敲起来，秧歌扭起来，狮子舞起来，龙灯耍起来。三官庙村的龙灯扛阁最为精彩，在喧天的锣鼓声中，10 人舞龙上下翻飞，4 人扛阁有节奏地紧紧相随。扛阁上扮演“八仙”人物的 4 名儿童，不时做出各种戏龙的动作，惊险刺激，悬念迭生，引人入胜，不由让人拍手称快。周围几十个村庄的群众都来观看，场面十分壮观，一片欢腾。

会场周围，拥来很多的小商小贩，摆出一个个花花绿绿的摊子。褚家庄的泥塑特别显眼，有猪八戒、孙悟空等生动传神的人物，有站马、卧牛、小鸟等栩栩如生的动物，还有寓意吉祥的时鲜瓜果。泥塑造型夸张，色彩明快，有的关节可以自由活动，有的还嵌有悦耳的苇哨，引得大人孩子围满了摊子。陈家湖的竹哨也出了摊，人们大老远就被它吸引了过来。竹哨用竹节刻制，安装在竹喇叭、吹笙、水画眉的尾部，吹动时，气流引起竹哨的薄片振动发音，声音清脆悦耳。城南白庄、孙家对河的套色门笺也赶来凑热闹，门笺每套五张，色彩各异，缤纷绚丽，“双喜临门”“连年有余”“吉星高照”……要过年了，满眼都是喜庆。一连几天，沂河两岸一直沉浸在欢乐的海洋中。

祝捷大会一直持续到晚上 11 点钟，欢乐的人群才慢慢散去。

参考资料：

1. 于慧铎：《鲁南战役：华东战场的转折点》，《学习时报》，2019-06-04。

2. 齐广本：《鲁南战役》，中共党史出版社，2005 年。

3. 中共沂南县委党史资料征集委员会：《中共沂南地方史（第一卷 1919 年 5 月—1949 年 10 月）》，中共党史出版社，2011 年。

鲁中南抗日子弟小学

山东党政机关移驻临沂县城后，鲁中南抗日子弟小学也跟着转移来到临沂县城沂河东岸的独树头村。这所小学是在抗战后期建立的，原名是滨海抗日子弟小学，接收滨海地区党政军群工作干部的子弟入学。后来，就学的学生越来越多，而且更多的是鲁中南地区的抗日干部子弟，发展到 200 多名小学生，遂更名为鲁中南抗日子弟小学。因战争环境残酷多变，学校也经常随部队机关转移、行动，有时甚至是整天在枪林弹雨中行动。

陈毅司令员在对华东党政军群的大政方针运筹之余，时刻把这些革命的后代挂在心上，趁新年战斗的空隙，他要把孩子接到身边，把党的温暖，把革命前辈对后代的亲切关怀和殷切希望，送给鲁中南干部子弟小学的孩子们。

1946 年春节前夕的一天，几辆大卡车从临沂城开出，一直开到鲁中南抗日干部子弟小学所在地的沂东区独树头村。这时正是隆冬季节，气温很低，寒气袭人，但鲁中南抗日子弟小学内却是热气腾腾，处处都是欢声笑语，因为孩子们知道陈毅司令员专门派车来接他们到临沂城里去做客，陈将军要亲自接待他们，全校师生都沉浸在巨大的快乐和幸福之中。

军部的周参谋事先已奉陈毅司令员之命和学校联系好了，今天来学校接孩子们到临沂城做客。因为受当时条件和环境的限制，军部没有足够的饮食和住宿条件，所以不能邀请全体小学生前往，只能在全校 200 多名同学中推选出 80 名代表出席。这 80 名小代表由几位老师带队，怀着无比喜悦的心情，乘汽车高高兴兴地来到临沂城，住进了军部招待所。

陈毅得知小客人到来后，立即放下手头的工作，喜气洋洋地来到招待所，对小客人的到来表示热烈欢迎，并即席发表了热情洋溢的讲话。他对孩子们说：“孩子们，这些年你们常年住在偏僻的乡村，还要经常随机关转移，有时甚至还要打仗，生活学习条件十分艰苦，你们受苦了，我代表你们的父母向你们道个歉。今天把你们接到临沂城来，痛痛快快地玩几天，见见世面，长长见识，给你们弄点好吃的‘打打牙祭’，代你们在前线出生入死的父母尽一点心意。”他慈祥地勉励孩子们要刻苦用功，努力学习，增长本领，健康成长，将来为和平民主的祖国竭尽所能，做出贡献。

谈话中，陈毅知道自己的四川口音很浓，孩子们可能听不大懂，就请一位同来会见客人的杨希文同志（时任山东省政府教育厅厅长）做翻译，一段一段复述自己的讲话。杨希文翻译得明明白白，孩子们听得清清楚楚，不时情不自禁地拍出热烈的掌声。陈毅还一再启发孩子们提问题，谈谈各自的见解，孩子们都争先恐后地发言，有的问一些自己不明白的问题，有的问自己何时能见到父母，有的要参军上前线杀敌。孩子们天真的话语不时逗得陈毅哈哈大笑，他认真地解答着孩子们的话题，揽过几个已是孤儿的孩子，动情地安慰他们要坚强成长，成长为像爸爸妈妈一样的英雄。谈话后，陈毅带孩子们来到饭厅，招呼上了很多菜肴招待孩子们，并谈笑风生地亲自作陪，给这个夹块肉，给那个舀个丸子，让孩子们吃得肚儿圆圆。饭后，陈毅又喊来摄影师，和高兴的孩子们合影留念，并嘱咐摄影师快快洗印出来，给孩子们每人一张留作纪念。

接下来的几天里，陈毅派人带着孩子们逛了临沂城，参观了发电厂和其他一些工厂，还看了几次文艺节目，让这些从小就饱尝生存艰辛的孩子们感受到了从未有过的幸福和安慰。在第二次宴请孩子们的饭桌上，陈毅亲切地询问孩子们有什么要求，喜欢什么东西。这些懂事的孩子们已经习惯了颠沛流离的艰苦的生活，也知道战争时期的困难，所以没有一个人提出什么要求，更没有一个人提出要什么东西。陈毅很受感动，他抚摸着孩子们的头说：“孩子们，现在我们还很困难，我没有什么值钱的东西送给你们，就送你们一架风琴、一套锣鼓家什，希望你们好好学习音乐，活跃文化生活，在艰苦的环境中快乐成长。”听到陈伯伯送他们乐器，孩子们都高兴地跳起来。

看到孩子们穿得参差不齐，有的棉袄、棉裤都磨出了洞，露出了棉花，陈毅对坐在旁边的山东军区后勤司令刘瑞龙说：“刘司令，能不能想想办法，为孩子们每人做一套新四军军服式样的衣裳，包括没能来做客的留在独树头村学校的那100多名同学，这些孩子都是我们的接班人哪。”

刘瑞龙说：“行，司令员，我立即安排后勤处的同志来量尺寸，保证让孩子们一周内穿上新衣服。”

当天，后勤处的同志就为孩子们量好了衣服和鞋子的尺寸，几天后，独树头村鲁中南抗日子弟小学的孩子们就穿上了崭新的小军装。

参考资料：

1. 潘兆仲：《陈老总请客》，《沂蒙文史》，新星出版社，2010年。

2. 郭广阔：《陈毅在沂蒙》，山东友谊出版社，2014年。

八间屋村驻军办农场

河东区太平街道办事处有个八间屋村，这是一个颇具传奇色彩的小村庄。据村史记载，八间屋村从1962年至1997年前后长达35年间，像当年迎接八路军、拥军支前一样无私奉献，先后拿出近千亩土地无偿供部队建立粮食、副食生产基地，解决了当年军粮供应短缺的难题，为军队建设和发展做出了巨大贡献。35载风雨同行民拥军、军爱民的军民鱼水情深，将永远成为八间屋村世代永流传的文化记忆和引以为豪的村庄符号。

1961年秋天，几位骑着战马的军人沿着沂河东岸的土坝一路往北，一口气走出50多里地，来到了沂河东岸当时临沂县太平区八间屋村的地界。带队的人

叫秦志国，是当地驻军6085部队的一位连长。当他们来到八间屋村头，被下地干活儿的社员叫住了，他们请亲人解放军下马来歇歇喝口水。

秦连长和战友跳下马，一边端着老乡递过来的黑瓷碗喝水，一边与社员聊起来：村里有多少户人家，有多少亩地？然后用试探的口吻问道：你们村这么多耕地，种得过来吗？我们在这里驻军好吗？当时的八间屋村四野宽阔，土地众多，人口约500多人，土地则有2000多亩，既是周边人口数得着的大村庄，也是土地数得着的大村庄。乡亲们听说解放军要来，都十分兴奋，他们当即带领秦连长找到当时的支部书记陈立玉。陈立玉也是军人出身，对秦连长的请求满口答应，他代表全村父老表示，坚决服从上级安排，热烈欢迎解放军来村里驻防搞生产。

当时，因国家正处于“三年困难”时期，全国人民都在饿肚子，军队的粮食供应也严重不足。于是，各部队积极响应党中央号召，展开“学习南泥湾精神，开荒种田，自力更生、自给自足”运动。全军部队在现有条件下，团以上的单位很快都拥有了一个规模可观的军垦农场，一边军事训练，一边从事农副业生产，训练、生产两不误。这在当时复杂困难的社会背景下，的确有着非常现实的意义。其实这也是我军的优良传统，人民军队初创时期就提倡生产自给，特别是抗日战争和解放战争时期，更是作为军队建设的重要组成部分，在敌后根据地利用战争间隙，开荒种地和生产农副产品，丰硕的劳动果实，不但改善了部队的生活，还大大地减轻了人们的负担，并且还强有力地锻炼和发展了人民武装的力量。

经军地双方友好协商，很快达成了临沂驻军部队在八间屋村驻军开办农场的决定。由此，八间屋村也成了沂蒙山区唯一一个长期留有驻军的村庄。

1962年春，6085部队部分官兵入驻八间屋村。一个营的解放军官兵骑着战马、拉着马车、拖着大炮，还开着几辆苏式汽车，浩浩荡荡开进八间屋村，乡亲们也是敲锣打鼓、鞭炮齐鸣欢迎子弟兵进驻。一开始，因为没搭建好营地，官兵们不

得不暂住在村户家里。营部设在社员孙振玉家中，参谋长王子华住在社员王敬刚老家，其他战士分散到各农户家中，每天出操训练，给老百姓挑水，打扫房屋，闲时教村中年轻人认字，军民亲如一家。

部队官兵分住在群众家里，听起来不方便，是给主人增添了麻烦，但实际情况却不是这样。解放军住在谁家，谁家光荣，住在谁家，谁家受益，乡亲们都争着抢着请解放军住自己家来。每天清晨，乡亲们还在熟睡中，战士们已经轻手轻脚起床并悄无声息出村操练了，等他们汗水淋漓返回来，房东揉着睡眼走出屋门准备烧火做饭，才发现院里院外已被打扫得干干净净，水缸里已经清水满满，杂乱的农具已经被收拾得井然有序…… 村里的孩子们喜欢解放军叔叔，年轻的小伙儿喜欢与解放军相处，老人们喜欢与解放军唠家常，一个不起眼的村庄，因为解放军来了，村貌更整洁、风气更清爽、六畜更兴旺了，整个村庄转眼间变得更美丽、更和谐了。

1964 年左右，在前期拿出 500 亩土地无偿送给部队兴建农场生产基地的基础上，八间屋村又无偿奉献 500 亩土地，供部队用于基础设施建设使用。部队迅速建起了营房、炮兵基地、马棚等军用设施。大约在 1964 年至 1965 年期间，部队在村民张风民老家处盖草房8间，在村民陈孝真老家处建马棚一座，在村民孙献立老家处建伙房一处，在郭聿清老家处挖了一口甜水井，与全村人一起饮用。在紧张的训练和生产劳动间隙，驻军官兵各尽其能，教年轻人识字，帮社员干活儿，为村里修路打井，时时处处做表率，影响了孩子，也影响着大人。八间屋人忠厚善良，邻里之间非常和睦。解放军来了，家长里短的事情更为少见，都不好意思吵吵，怕被解放军笑话。由于村里住着部队，懒人也学得勤快了，小偷不敢进村了，说那时的八间屋村路不拾遗夜不闭户，一点儿都不夸张。

每年的五六月间和秋天，一年两季的麦子和稻子成熟时，遍地金黄，一眼望不到边，处处呈现出一派丰收的繁忙景象。部队生产出的粮食，一部分交给了国家，一部分留给部队自己补贴伙食，再加上在种田的同时也养了一些猪、鸡和鱼，还种植了各种蔬菜和莲藕，基本上实现了自给自足，大大改善了官兵们的生活。生活好了，指战员们农闲时练起兵来便格外起劲。驻军在八间屋建立农场、搭设军营、开辟训练场，还把一个高射机枪连移防至该村，隐蔽驻扎。1965年春末，从台湾某空军基地起飞的一架低空侦察机，借着夜色掩护，贴着海面飞到鲁东南地区侦查我军事部署及设施情况，被驻扎在八间屋村的高射机枪连率先发现。当强烈的光柱直射机身，敌机飞行员大惊失色，仓皇逃离，飞至莱阳防空区，被当地部队击落…… 这事至今仍在八间屋村乡亲们中间传为佳话。

杨育才

1970年夏收时节，一辆当时农村十分罕见的军用吉普车一路驶进八间屋村。车到村口，从车里走下一位部队首长，他身材颀长、面色清癯，看上去四十多岁。这位首长就是驻扎在临沂的9624部队营长、著名抗美援朝战斗英雄杨育才。

1953年7月，抗美援朝战争的最后一战——金城战役打响前夜，刚刚提拔为副排长的杨育才与10位战友组成侦察分队，换上美式打扮，以朝鲜人民军侦察员为向导和翻译，借着漆黑的夜色，插入敌人纵深，任务是要在总攻发起之前，弄清敌军的前沿部署和野炮阵地方位，为后续跟进的战斗部队开路。

14 日午夜，杨育才带领小分队沿着事先侦察好的地形迅疾行进。敌人的封锁炮弹不断在身边爆炸，他们时而匍匐，时而跃进，翻过数道铁丝网，以侦察员特有的机警敏捷，顺利通过 500 米开阔地，插到敌人的 380 高地。通过对俘虏的审问，小分队获知了敌人当晚的口令，并靠着口令混过敌人岗哨，摸到了敌白虎团团部。拂晓时分，小分队发起突袭。杨育才把小分队分成三个小组分头作战，仅用 13 分钟就捣毁了敌白虎团团部，击毙机甲团团长以下 97 人，擒获军事科科长、榴弹营副营长等 19 人，缴获李承晚亲自授予白虎团的“虎头旗”以及大量物资，超出预想地完成任务，为金城反击战胜利做出了突出贡献。战后，杨育才荣立特等功，被授予一级战斗英雄称号，并被朝鲜民主主义人民共和国最高人民会议常委会授予一级国旗勋章和金星奖章。

20 世纪 60 年代初，山东省京剧团根据杨育才事迹创作了著名的现代京剧《奇袭白虎团》，引起了毛泽东主席和其他党和国家领导人的深切关注。接着，长春电影制片厂拍摄了以杨育才为原型的电影《奇袭白虎团》，在全国公映后曾引起巨大轰动。杨育才也因此成为全中国家喻户晓的战斗英雄。

英雄来到八间屋的消息像长了翅膀，正在田间干活的社员们闻讯从四面拥过来，争相一睹英雄的风采。村里的老书记拨开众人来到杨营长跟前，激动地伸出双手：“首长，欢迎您啊！”

望着众人爱戴的眼神，杨育才心里也很激动，他恭恭敬敬地向大家敬了一个军礼，然后拉着乡亲们的手，当即跟大家讲了一番话：“乡亲们好，农时不等人，大家千万别为我来耽误了夏收。我们部队常年驻在这里，给你们增添了许多麻烦，乡亲们待我们如同亲人，给我们很多支持帮助，我代表部队感谢乡亲们！”说完，他又连连给乡亲们鞠躬致谢。

杨营长的亲切话语，让社员们颇为感动，不少人眼圈红了……

据村里当年亲历欢迎英雄杨玉才现场的孙献忠等老人回忆，当时任临沂师部营长的杨育才应该是来营地指导三夏生产的，他坐帆布篷的吉普车来村，经过老生产队三队场，下车亲自和村民一起打麦子，歇息间隙，他和社员一起喝茶聊天，还与村民合影留念，可惜现在照片已经找不到了。

时隔不久，正是繁忙的插秧季节，杨营长再次来到八间屋，并带来了部队官兵家属，让她们来体验农村生产生活。看到乡亲们都在忙着插秧，杨育才脱下军装卷起裤腿就下田帮忙，发现有几个青年男女插秧时手忙脚乱，不得要领，询问后方知是城里来的下乡知识青年，没干过农活。于是他找来指导员和有经验的农民手把手教导，并鼓励他们虚心向农民学习，尽快融入火热的农村生活，在广阔天地里经风雨、见世面，做红色革命事业接班人。收工后，杨育才又到村内走访社员户，来到曾经安置老营部的孙振玉家。正到了吃晚饭的时辰，孙振玉让老婆做了一锅大米粥款待杨营长。喝着香喷喷的大米粥，大口吃着卷着咸菜棒的煎饼，杨营长赞不绝口。刚放下饭碗，一拨一拨的乡亲们都慕名来到孙振玉家与杨营长唠嗑，当晚他就在孙振玉家住了下来。第二天一大早离开时，杨育才让通讯员放下 5 斤粮票，以示感谢！

这次，杨育才一连在八间屋村住了多日，通过深入细致的观察和调研，他提出制定了成立部队养殖场、建设永久性部队营房、建设养殖种马场等建议和方案，得到了上级的肯定和支持，并很快得以落实，使部队在八间屋的农场建设迅速上了一个新台阶，走在了全军农场建设工作前列。

后来，又陆续有原中国人民解放军 9636 部队、9624 部队、54582 部队、54585 部队、54898 部队等，先后派兵驻扎，驻军在八间屋村建立农场、搭设军营、开辟训练场，一边军事训练，一边从事农副业生产，训练、生产两不误。这在当时复杂困难的社会背景下，的确有着非凡的战略意义。

从 1962 年到 1997 年的 35 年间，八间屋村的乡亲们送走又迎来了一批又一批亲人解放军，始终相处得像一家人，军民鱼水情深历久弥新，谱写出了一曲新时代沂蒙人民爱军拥军的佳话。如今，得益于 35 年间部队驻军遗留下的“青山绿水”，八间屋村的一种本地特有的珍优水稻品种“水牛皮”，因为水土没遭污染，有幸保存到今天。“国宝级”水稻专家袁隆平不仅相中了这个品种，也相中了八间屋村的环境地貌，2018 年，袁隆平工作站已经入驻八间屋村，要在这里为北方地区培植新的超级优质稻米品种。未来的八间屋村，不仅将大面积种植绿色环保的紫色小麦、晶色大米，还将把康养、军民融合、美丽乡村、智慧农业等绿色畅想一一付诸实施。八间屋村，又展开了一幅崭新的蓝图，八间屋的乡亲们将合力再造一个新时代的八间屋村。

参考资料：

1. 郭广阔、陈奎自：《八间屋村：难忘那段35载军民鱼水情》，美丽乡村八间屋公众号，2019-09-11。

2. 高明：《穿越时空的沂蒙之歌》，沂蒙老杆公众号，2017-10-31。

3. 郭广阔：《八间屋村：难忘那段35载军民鱼水情》，《凤凰乡情》，济南出版社，2019年10月。

4. 李兴杰：《英雄杨育才，情暖八间屋》，世界家苑传媒，2019-06-05。

第二章　坚如磐石的政权组织建设

艰苦卓绝的抗日战争和解放战争时期，在中国共产党的坚强组织领导下，临沂城东南部的沂沭河两岸地区，民众参与民主选举的红色革命基层政权建设如火如荼，特别是抗日根据地基层政权的选举，在当时的条件下，属于最能反映农民公意的民主实践。选举既通过国民党也无法反对的形式，摧垮了国民党原有的基层政权，建立了一种合乎中共统一战线意旨的政权结构，同时又从古代的乡村自治传统中汲取资源，实现了部分的文化复归，在乡村创造了一种最大限度合乎民意的基层政权。

正是因为有了中国共产党领导的红色革命基层政权坚如磐石的支撑和率领，才有了沂蒙人民生死与共跟党走、水乳交融一家亲、无私奉献求解放的时代壮举。为了新中国的成立，无数革命先辈不畏牺牲、挺身而出、浴血奋战，以非凡的智慧和大无畏的英雄气概，战胜千难万险，付出巨大牺牲，谱写了一曲感天动地的英雄赞歌。他们为民服务的宗旨、坚如磐石的信念、百折不挠的意志、视死如归的精神，绘就了共产党人的精神底色。

知其史方能激其志，激其志方能尽其责。我们要牢记红色政权是从哪里来，就要始终强化宗旨意识。没有一种根基，比扎根于人民更坚实；没有一种力量，比来自群众更强大。与人民群众心相连、情相系，保持同人民群众的血肉联系，是党的性质和宗旨的体现。今天，我们要弘扬革命先辈坚持立党为公、一心为民的革命精神，坚持党的群众路线，坚持以人民为中心的发展思想，始终同人民想在一起、干在一起，始终把人民放在心中的最高位置，始终把人民对美好生活的向往作为奋斗目标，始终为人民利益和幸福而努力工作，不断赢得人民群众的信任和拥护，在新时代的赶考路上不断交出优异答卷。

临沂县委、县抗日民主政府

1938年3月3日，日军进犯临沂，中国军民奋勇抗敌，浴血奋战50余天，虽取得了打死打伤日寇8000余人的辉煌战绩，但最终临沂城还是失守。4月21日，日寇占领临沂。

同年春末，随着平津流亡学生南下的共产党员杨士法等人，受上级党组织的指示，想办法来到山东临沂城南三重村（今属罗庄区傅庄街道办事处），找到丁梦孙、韩去非等人，共同研究谋划发动群众抗日救国的问题。6月下旬，杨士法到莱芜向苏鲁豫皖边区省委书记郭洪涛汇报工作。7月上旬，为开辟临沂西部地区和临费边区的工作，中共苏鲁豫皖边区省委决定由杨士法、肖方洲和兰启新组成临沂县委，扩大宣传，发动群众，广泛开展抗日民族统一战线工作，大力培养干部，发动和组织抗日武装。

临沂县委在中石埠村成立

县委驻地安在何处？几位筹备领导人一致认为，这个地点必须符合这样几个条件：首先要群众基础好、党组织活跃，便于开展工作；其次是村庄不靠大路，相对偏僻，万一出现意外，疏散方便；同时，此地的自然、人文和经济环境要相对好一些。大家充分讨论之后，权衡再三，最后决定在临沂城南中石埠村（今临沂市罗庄区罗西街道办事处）进步青年朱英家南园中的三间屋内召开会议，具体商讨县委成立事宜。会前秘密安排了岗哨，让朱英、朱殿馥及几个可靠的人在街上装作闲聊，一旦发现异常，掷石砸墙为号，疏散隐蔽。一切安排就绪，1938年7月，中共临沂县委成立会议在这里如期举行， 通过会议研究并报中共苏鲁豫皖边区省委决定：杨士法任县委书记，兰启新、肖方洲分别任组织部部长和宣传部部长。

新成立的临沂县委与同年刚刚成立的中共临郯县委关系十分密切，血肉相连，地界亦多有重合部门。中共临郯县委直属苏鲁豫皖特委领导，中共临沂县委属苏鲁豫皖边区省委领导。“特委”和“边区省委”活动于临沂城东南至西南再至西北（今苍山大部及费县南、费县东与东北），成为中共临郯县委和临沂县委连接的扇子面，在当时交通不发达的情况下，依托山区优势，发动群众、组织抗日武装，反对日本帝国主义侵略，对沂蒙根据地的创建起了重大的作用。

石埠村在古代就是战略要地，相传早在东汉末期战乱之际，曹操来琅琊招兵曾驻此一带（今有马场湖牧马场为证），并在此招募组建起一支征战雄师。据地方志载：石埠与岑石村一带统称为“十八个杏花村”，都是百花丛中山清水秀的美丽村庄，元末明初毁于兵燹，此后又重建村庄。近现代以来，在石埠村还多次发现了出土的古代文物。当年，在占据临沂城的日本鬼子眼皮下，短短的几个月时间里，“两个”县委皆选址并诞生于此，足以证明这片土地的卓尔不凡和人杰地灵。

临沂县委成立后，根据当时局势和工作需要，决定首先组建由中国共产党领导的临沂县民众总动员委员会。8 月间，临沂县第二届民众总动员委员会（简称动委会）在中石埠村召开选举大会（1938 年 1 月，经国民党第五战区司令长官李宗仁同意，临沂县民众总动员委员会在临沂城第四小学成立，国民党县长王保合兼任主任，日军占领临沂后已名存实亡），出席会议者除本地进步青年及知名人士外，还有苏北来的肖文、肖明等。会议选出委员 50 多人，推选高树屏任主任委员。动委会团结了一大批社会知名人士，如东石埠村的魏秀峰、层山的张子光等。县委通过动委会，开展热火朝天的抗日宣传工作，中石埠及附近的许多进步青年，如朱茂科、魏文彬、朱殿馥、朱英等都是活动骨干。动委会根据各界人士的思想动态，利用大会小会、传单、标语、文艺演出等多种形式，到朱隆、磊石、城前等集市上大力宣传共产党的《抗日救国十大纲领》，号召人民群众团结一致，动员起来，武装起来，有钱出钱，有力出力，有粮出粮，有枪出枪，积极投入到抗日救国洪流中去。动委会号召各界人士只要结成强大的统一战线，做到地不分南北，人不分老幼，抗日人人有责，抗日战争就一定会取得最后胜利。县委还编印了十几期不定期的油印小册子，广泛散发。通过这些宣传活动，戳穿了亲日投降派所散布的恐日思想和“唯武器论”，极大鼓舞了广大民众抗日救亡的信心和决心。

当时的县委只有三个年轻党员干部，虽有石埠村进步青年朱茂科、魏文彬、朱殿馥等帮助搞些事务性的工作，但由于缺乏干部，困难很多。县委决定利用动委会举办培训班，由杨士法兼任培训班班主任。培训班设在东石埠大圣寺，主要讲授抗日战争爆发后的形势，共产党的抗日民族统一战线政策，游击战争的战略战术和民众动员等。培训班办了两期，每期六七十人。每学期一两个月，时间虽短，却使学员们受到深刻教育。崔波、崔立美、张侠、张涛、朱英（朱佩俊）、程方德、王静炎、何奇、肖文等都是干训班的学员。后来，培训过的学员大都成为抗日中发动、组织、武装群众的骨干力量。

1939 年 2 月上旬，中共鲁南特委成立，肖方洲、兰启新调任，中共临沂县委撤销。1940 年 3 月初中共临郯中心县委撤销，接着又重新组建中共临沂县委，由刘子见任书记，王洪烈任组织部部长，赵庆升任宣传部部长，石涛任军事部部长。抗战期间，临沂县委归中共鲁南区党委所属三地委领导。到抗日战争结束时，刘子见、孙哲南、傅展如先后任书记，王洪烈、王云庆、张兆涌、张士珍、沙振乾先后任组织部部长，赵庆生、王文彬、王明池、赵进先后任宣传部部长，石涛、赵永萼、李华源先后任军事部部长，丁梦孙兼任统战部部长，孙哲南、王明池先后任民运部部长，李子敬任群委会书记，蒋镜寰任敌工部部长，赵永萼任武委会主任。

1945 年 9 月 11 日，临沂城解放，中共临沂县委在临沂城重新组建，先后归滨海区党委二地委、滨海地委领导。至 1949 年 9 月，狄生、纪华、刘炬先后任书记，刘炬、洪彦林、刘继忠先后任副书记。县委委员先后有狄生、刘炬、洪彦林、刘继忠、唐军、张华、甘霖、张云榭、秦天真、龚振华、陈思左、孙善英、林岗、陈黎（女）、游云（女）、纪华、李范、张清波、张方庚、汲子玉等人。龚振华、张剑、马绍仁先后任秘书处秘书，唐军、李范先后任组织部部长，张华、许肃先后任宣传部部长，孙松亭任城工部部长，陈思佐任民运部部长，张云榭兼任县学（党校）校长。

临沂县抗日民主政府在庄坞成立

丁梦孙

1939年9月，八路军第一一五师师部进驻临沂县老七区的大炉村（今兰陵县）。不久，陇海南进支队进军临郯中心地带的沙埠、涌泉一带，击溃了国民党临沂县县长柴子敬的一个保安团。第一一五师也相继攻克了马头、郯城，解放了沂河以西的大片地区，开辟了临郯地区根据地。在这种大好形势下，中共临郯县委根据中共中央“立即建立抗日民主政权”的指示和广大人民群众的要求，严格按照共产党员、非党左派进步分子和中间派各占三分之一的“三三制”原则，迅速展开了临沂县抗日民主政府的筹建工作。

在党的领导下，经过各界人士的积极努力，1940年3月14日，临沂县各界人士在庄坞（今兰陵县）召开民众代表大会，正式建立县政委员会，并民主选举丁梦孙为县长。1940年4月3日，《大众日报》报道了临沂县抗日民主政府成立的消息，在中共领导下的各解放区引起了强烈反响。临沂县抗日民主政府成立后，颁布了施政方针：1. 执行“三三制”原则，实行抗战救国纲领；2. 团结一切抗日阶层，开展抗日救国各项活动；3. 废除苛捐杂税，统一财政收入；4. 积极领导和发展生产，改良人民生活；5. 开展战时文化教育，举办抗日训练班，恢复发展抗日小学；6. 发展抗日武装，优待抗属。

临沂县抗日民主政府始辖原临沂县二、六、七、八区的各一半部分和郯城县二、四区的部分，建立了7个行政区并成立了区政权，后发展到庄坞、道桥、长城、磨山、二郎庙、兴明、泉源、苍山、兰陵、朱陈等区，隶属鲁南专员公署第一行署。1941年8月，隶属鲁南专员公署第三行署。

1940年8月17日，临沂县代表各界的民意机关——临沂县参议会成立，杨舒臣为参议长，付普仁、王砚初为副参议长。之后，盛清沂、郭阁臣继任县参议长。县政府下设1个处5个科：高树屏任秘书处主任，张子克任秘书；王元荣任民政科科长，王子玉任财粮科科长，纪子彬任建设科科长，张准亭任教育科科长，王献廷任武装科科长。后增设实业科、司法科、战时邮局、公安局等。危益民、侯季五先后任公安局局长。

抗日战争时期，丁梦孙、王元荣、王振南先后任县长。抗日战争胜利后，临沂县一度撤销，其辖区大部分划归赵镈县。1945年9月，重新建立了临沂县政府，隶属滨海专署，后隶属鲁中南六专署。张云榭、刘炬先后任县长。从1945年9月至1947年初，临沂县成为山东分局、山东省政府、山东军区、新四军军部的驻地。中共华东中央局、华东军区、华东野战军也在临沂成立。

从左到右：谷牧、夏征农、丁梦孙、张骏、狄井芗、张镛等

发展地方武装力量 点燃沂沭抗日烽火

1938年春，台儿庄、徐州会战以后，国民党军队全部撤离西去，日军忙于深入我国腹地，无暇后顾，此时沂河平原和全国敌后一样，群众性的抗日武装得

到了蓬勃发展。在这里，我党直接领导下的八路军抗日游击队的壮大，以及临、郯、邳三县平原抗日根据地相继建立，对敌人占领区的威胁越来越大。敌人为达到巩固其占领区、掠夺我人力物力、以战养战、以华治华的目的，从1939年下半年开始，加紧了对抗日根据地的蚕食、分割和封锁，扫荡的次数越来越频繁，扫荡的规模也逐渐加大，加上国民党反动派掀起的反共高潮的配合，沂蒙根据地抗日军民的对敌斗争日趋激烈。根据地军民经常前门赶走了扫荡我根据地的日本豺狼，又要马上准备还击乘虚从后门进来偷袭我根据地的国民党反共顽固分子。直到后来发展到敌、伪、顽、匪同流合污，相互勾结，对我抗日根据地形成了重重包围的严峻局面。

1940年3月临沂县政府成立后，建立了临沂游击总队，县长丁梦孙任总队长，县政府武装科长王献廷任副总队长，李华源任参谋主任。翌年1月，八路军临沂县大队建立后，李华源任大队长，并兼任县委军事部部长。1941年10月大“扫荡”后，临沂县大队的二百余人和枪并入了沂河支队。1942年1月，重建临沂县大队。1942年夏，县大队再次升级编入沂河支队。同年冬，县委决定重建临沂县大队，王元荣、王振南先后任大队长，付展如、刘子见先后任政委，宋殿林、赵永萼、王守拙先后任副大队长，张汉良、刘明涛先后任副政委。

日寇为巩固占领区，采取步步为营的蚕食政策，逐渐缩小对我根据地的包围圈。在一小片抗日根据地的周围，敌人修筑的碉堡成群，据点如林。越是靠近我交通干线和根据地中心的边沿地带，敌人修筑据点的密度就越大。敌人每增修一个据点，每逼向我根据地一步，都会遭到抗日军民的坚决抵抗。敌人装备优良，凭借平原交通之便，从临沂、郯城或马头据点出动，均可在1小时左右到达我根据地中心地带庄坞、涌泉等地，由此可知，我根据地军民的斗争是何等艰巨了。这里仅以敌人在我横跨临枣公路上的重要交通口后杨官庄安设伪军据点为例：敌、我在该村附近经过反复多次的争夺战后，敌人不得不改变计划，在前杨官庄安上了据点。当敌人发现虽对后杨官庄进行了几次残酷烧杀，但仍不能阻止村民掩护我们安全通过这个交通口的时候，竟气急败坏地把一个有数百户人家的村庄夷为平地。沂蒙抗日军民在长期的扫荡与反扫荡、蚕食与反蚕食、封锁与反封锁的拼搏中，经过大小数百次的浴血战斗，英勇地保卫了沂河平原抗日根据地。

敌人对沂河平原上有着大粮仓的抗日根据地，既害怕又眼红，不断地步步蚕食，到 1941 年 10 月大“扫荡”之前，以庄坞、涌泉为中心的临郯抗日根据地，仅剩下连在一起的大小村庄 30 余个。靠近我三行署和临沂县党、政、军机关驻地庄坞、涌泉两村最近的文峰山、小山子、兰山三个伪军据点，居高临下，可以清楚地看到我机关驻地。虽处在短距离的敌我对垒的斗争形势下，我驻在庄坞、涌泉一带的党、政、军、民，依然进行着正常的工作和有秩序的生产。

根据抗日斗争形势的需要，为了打击四面八方虎视眈眈并经常乘虚来犯的敌人，保卫和巩固发展抗日根据地，在成立了县大队正规地方武装的基础上，临沂县委及时采取了英明果断的措施，建立发展和充实了根据地的基层武装力量，广泛发动群众和各阶层力量，共同对敌斗争，形成了人民战争的汪洋大海。一是建立与充实了县级基干武装力量。1940 年 3 月，临沂县抗日民主政府成立后，建立了临沂县游击总队 (相当团的机构)，总队下设两个大队 (相当于营的机构)，六个步兵连，外加一个特务连 (也称中队)，共七个连队，兵力约千人。以原独立第五大队为总队的第一大队，原农抗总团的基干武装为总团的第二大队。二是建立与充实了区中队。1940 年日军占领马头并安设据点以后，在敌人的阴谋策反下，马头附近、沂河两岸数十村庄的几千人之众的大刀会组织相继附敌。自那以后，郯城县抗日民主政府所辖区，基本上被敌人全部占领。郯城县县级机关和县大队的武装暂时撤到庄坞以南、双石桥以北的武河两岸，靠拢临沂县继续坚持斗争。这时，在临沂、郯城两县平原抗日根据地范围内，主要靠临沂县的六个区中队坚持抗战。这些区中队是：庄坞区 (层山、涌泉均属该区)，区长杨舒仁，区中队长付国平；薛庄区，区长兼区中队长傅伯达；长城区，区长兼区中队长王振南；磨山区，区中队长沈汉三；褚墩区，区长兼区中队长刘永祥；加山区，区长丰父伯阳 (1941 年 10 月大“扫荡”后叛变投敌，当了临沂宪兵队长高桥手下的特务，挂名汉奸 11 大队的副大队长)，副区长孙一卿，区中队长杜成梁 (后在战斗中光荣牺牲)。上述区中队，虽都是近百人的区基干武装，但在各自为战的防地上，都发挥着有力的战斗作用。中队的领导干部都比较坚强，多数是军政兼职，他们既是抗日民主政府的行政区长，又是优秀的区中队指挥员。例如，薛庄区长兼区中队长傅伯达同志，在坚持该区的武装斗争上，机智勇敢，身先士卒，经常打得当地伪军晕头转向，致使伪匪闻风丧胆。1941 年 10 月大“扫荡”后，在沂河东泉源头重新成立郯城县抗日民主政府时，傅伯达被选为郯城县县长。三是建立与充实了村自卫团组织。在县委军事部的组织指挥下，根据地各村，特别是靠近敌占区的边沿区村庄，都普遍建立了村武装自卫团组织 (即武装民兵)。他们既是村自卫战的战斗组织，同时又是村与村之间的联防组织，一面生产，一面备战，小股伪匪来了就打，打跑了继续生产。他们白天放哨，夜间巡逻，发现敌情，鸣枪为号，枪声一响，村村备战。因此，靠近我根据地边沿区的敌伪据点，就完全置于我武装自卫团的严密监视下了。由于组织周密，训练有素，一经发现大敌来犯，根据地前后方就能在短时间内实现军民总动员。村自卫团的步枪虽不多，但梭镖大刀并举，联防各村土炮齐发，声势也是惊人的。例如 1940 年和 1941 年，我临沂游击总队和临沂县大队，在攻克西哨和兰山屯伪军据点的战斗中，各村武装自卫团便发挥了很好的战斗协同作用，让两个据点的伪军无一漏网。

参军御外侮 支前保家园

在硝烟弥漫的革命战争年代，临沂县人民无私奉献，积极参加和支援革命战争。在参军运动中，适龄青年响应共产党及其领导下的抗日组织的号召，争先恐后踊跃报名，有数以万计的热血青年参加八路军。许多村庄出现“送子参军”“送郎参军”“兄弟争相参军”“村干部带头参军”以及青年戴花跨马入伍的感人场面。在艰难困苦的战争岁月里，临沂人民无怨无悔地爱党爱军，最后一口粮当军粮、最后一块布做军装、最后一个儿子送战场……在炮火硝烟中组成浩浩荡荡的支前大军，车轮滚滚，担架如林，前送粮弹，后运伤员，放哨带路，看押俘虏……与人民军队共御外侮，为抗日战争和解放战争的胜利谱写了惊天地、泣鬼神的英雄篇章。

动员、组织广大青年参加人民军队（简称动参），是沂蒙根据地内各级地方组织，特别是县、区党委和民主政府的一项重要工作。主力部队是沂蒙地区抗日斗争的中坚力量，根据斗争形势的需要，主力部队需不断扩充，而由地方部队 (武装) 成建制地升为主力部队，是战争年代扩大主力部队的有效方法。为了确保主力部队和地方武装的兵员，需要经常不断地动员大批青年参军，因而动参就成了区内各级党政特别是县、区党委和政府在战争年代的一项重要工作。从1938年起，沂蒙解放区内青年仅参加地方政府武装者(独立团、基干团、县大队、区中队等)就达8000余人。除正常的参军外，沂蒙根据地还在抗日大反攻、解放战争初期和渡江战役之前等关键时期，掀起过数次大动参热潮。为了做好组织动员工作，省行政委员会规定：动员参军只能在群众自觉自愿的基础上进行，绝不能强迫或收买，并强调新战士的成分应主要是基本群众，但也同时欢迎各种公民特别是要求一部分青年学生参军，年龄以青壮年为主。其具体要求是，除根据军区计划充实主力兵团、扩编游击兵团外，每个区中队至少扩至60人，每县独立营扩至500人。沂蒙根据地各县、区、乡、村根据上级分配的任务和规定条件，首先从家庭兄弟多、劳力多、出身好的青壮年中预选对象，尔后进行普遍教育，在思想动员的基础上，由个人报名，领导审批，最后确定，将新兵输送到部队。在动参中，不少母亲和媳妇忠贞爱国，深明大义，毅然将自己的亲人送往部队。临沭县岌山区曹西村模范军属刘大娘，在她送去参军的第一个儿子在战场牺牲后，又将第二、第三个儿子送往前线。当得知二儿、三儿又为国捐躯后，她虽然悲痛不已，但这位母亲深知“不把日本鬼子打垮，咱老百姓就一天也没有好日子过，要打仗还得用人”的道理。于是，她擦干眼泪，又把第四、第五个儿子送到了部队。临沂县岔河区东都庄的7位母亲一起将23位青年送去参军。在抗日战争和解放战争中，沂蒙根据地先后有20多万人参加人民军队，为民族的解放和新中国的诞生做出了重大贡献。

乡亲们欢送光荣参军的青年

1946年6月，蒋介石调集军队向中原解放区大举进攻，挑起了全面内战。鲁南重镇临沂是山东解放区的门户，也是华东局和山东省党政军领导机关所在地，自然是国民党军队重点进攻的目标。鉴于当时的形势，党中央、毛主席制定了诱敌深入，在运动中消灭敌人的战略方针。华东野战军主动撤出临沂，向沂蒙山区转移。1947 年 2 月，国民党八十三师占领了临沂。为了实现对山东解放区的重点进攻，敌人在占领临沂后，下一个目标就是打通台潍公路，继续向胶东解放区进犯。这样，处在台潍公路交通要道上的独树头、太平、汤头等地相继被敌人占领。解放区沦陷后，地方上的反动势力死灰复燃，王洪九的保安团和“还乡团”等地主武装，疯狂地向解放区人民反攻倒算，气焰十分嚣张。当时，张清波在临沂县太平区工作，在主力部队转移、敌人大举进攻的形势下，区委、区政府不得不转入地下，组织群众开展对敌斗争。那时，他们的人员很少，仅有几支破旧的“汉阳造”，力量比较薄弱，只能在沭河西岸的石拉渊至洪瑞、常旺庄一带活动。因此，1947 年 5 月，临沂县委决定将太平、洪瑞两区合并为太洪区，两个区的干部混合组成一个太洪武装工作总团，张清波任团长，徐岩任指导员，薛汉忠任副团长。总团成立后，他们在临沂县委领导下，紧紧依靠广大群众，同敌人进行了艰苦卓绝的斗争，沉重打击了敌人的反攻倒算活动，保卫人民群众和胜利果实，壮大了革命力量。八间屋村处于太平、八湖、相公、汤头中间，四下不靠，地势宽阔，是南来北往、东奔西走的必经之路，交通位置十分重要，全村 300 多口人，归属太平区管辖。1946 年春，时任太平区区长的张清波来到八间屋村，动员要求村里成立担架队，支援八路军上前线，为部队运送粮食弹药等，为解放全中国出一份力。村干部殷廷如、杨玉运、陈希球、张金秀等人连夜开会发动群众，很快就成立了由 20 多名青壮年群众组成的担架队、小车队，然后编入了区里的支前排，星夜转战上了前线。

1947 年 1 月 2 日至下旬，鲁南战役中沂蒙山区各县组织了 60 多万民兵、民工支前参战。其中滨海区组织民工 52031 人，供应粮食 1200 万公斤；鲁南区组织民工 10 余万人；沂蒙区组织担架 5250 副，小车 15974 辆，挑工 2940 人。沂南县参加鲁南战役支前的民工 12624 人，其中担架 1100 副、配员 4990 人，小车 2564 辆、配员 5134 人，挑子 2500 副、配员 2500 人，人数居全区之首。临沂县组织 8000 民工、1900 架担架、1750 辆大小车，各区区长和区武装部长带领运送粮 50 多万公斤，架桥 6 座，修路 60 公里，民兵还组成护路队，守卫公路和电话线。临沂推进社组织妇女昼夜加班，半月内为鲁南前线织毛袜 4 万多双。

英雄的土地 不屈的儿女

后杨官庄地处临郯兰(陵)三县结合部，分前后两村，以李姓族人居多。从清至民国年间，该村先后隶属于郯城、兰山、临沂三县，中华人民共和国成立后，早期属临沂县朱陈区，1953年划归苍山(今兰陵)县管辖。1938年夏，李华源、李尚等人回到家乡，积极宣传党的抗日救国路线，提出“有钱出钱，有人出人，有枪出枪”的口号并成立抗日武装。一时间，全村青壮年踊跃报名，杨官庄便建立起一支拥有53支长短枪和60余人的小型武装。随后李华源即向中共临沂中心县委汇报，县委决定将后杨官庄的武装充实到八路军南进支队后方司令部的独立五营，任命李华源为该营副营长、李尚任参谋主任。从此，后杨官庄人在中国共产党的领导下走上了艰苦卓绝的抗日之路。

后杨官庄燃起的熊熊抗日烈焰，让日伪势力日夜不宁，敌人决意要把这个眼中钉肉中刺及早拔除。1939年冬天，伪乡长吴克嗣先后三次率领近千名伪军进攻后杨官庄，均遭到我方军民有力的回击，死伤400余人并丢弃大量枪支弹药溃逃。1940年1月，敌人调动大批人力物力在前杨官庄开始修筑据点。前、后杨官庄相距不过百步，其间又是平平整整的小菜园，倘若前庄安上了据点再修起炮楼，那么整个后庄都在其火力圈内。八路军独立五营决定：由李华源率该营二连火速前往，出其不意地消灭前杨官庄的汉奸！战斗打响后，如惊弓之鸟的汉奸刘兆麟父子乘夜色仓皇逃至临沂。3月9日，伪军大队长刘兆麟和临沂日本宪兵队的四名特务，趁李华源和八路军五营转战外线之际，纠集所部数百人杀入后杨官庄的东门。住在东北隅的李效言、李学宾父子和李元惠、廖纪全等近百人，早已将土炮土枪装上火药铁砂严阵以待。由于街道笔直，点着的火炮每炮都在街心开花，打得来犯之敌嗷嗷乱叫。刘兆麟见北街口被死死封锁，于是就经南街朝正西进攻，已在西南隅守候的葛秀章、周丫和老许家父子共有几十号人，有的用快枪有的用土枪，没有枪的就用铡刀和象鼻锄，同敌人展开了殊死搏斗。同时，敌人采用迂回战术，绕道包抄了李华源和连长姜善荣的家属住宅，点燃了两家房屋之后，又把李的母亲、弟弟、妹妹和姜的婶母、兄嫂、弟媳及他们的儿女共9口人，一并推入火海……当日，刘兆麟又将我军驻前杨官庄地下情报站的李锡范、李焕兴父子以及李焕兴的妻子、长女残酷杀害。

1940 年秋天，日寇着手第二次“治安”强化运动，他们除在后杨官庄周围增设了神山、青竹、汤庄、窑北头、为儿桥等伪据点外，又调集大批民工在该村北面掘出一条宽三丈、深丈余的封锁沟，在村东和村南修筑起厚三尺、高丈二的封锁墙，同时在各个路口筑起碉堡，盘查百姓，搜刮行人，使我地下交通面临着空前的威胁。为了尽早扭转我交通口所处的险恶局面，八路军临沂游击总队决定：拔除前杨官庄伪据点，消灭刘兆麟及其汉奸大队！ 11 月 27 日，李华源率领临沂游击总队一大队于深夜两点从道庄出发，到后杨官庄设伏伺机歼敌。担任主攻的二连由李华源直接指挥，潜伏在村西北沙汪东的一片草丛里；掩护主攻部队的三连埋伏在正南，透过杂草可以真切地听到前杨官庄敌人炮楼里的动静；打援的一连埋伏在村东北隅以切断敌兵的退路。早饭之后，各村的民工和监工的伪军又陆陆续续汇集到后杨官庄村北挖沟，我军诱敌便衣即开始鸣枪行动。刘兆麟在据点里听到后庄开了火，遂带上人马径直奔向挖沟地带。当伪军全部进入我伏击圈时，李华源随即一个命令，顿时枪声大作，尘土飞扬！面对突如其来的袭击，伪军个个惊慌失措四处逃窜。虽有部分伪军进行顽抗，但均未逃出死亡的下场！经过半个小时的激战，伪军死伤大半，其余没死的纷纷缴枪投降。双手沾满抗日战士和人民群众鲜血的铁杆汉奸刘兆麟，一看大事不妙，遂拔腿向燕子河西跑去。此时腹部已受重伤的李华源全然不顾剧烈的伤痛，提抢追上刘兆麟，将这个作恶多端的歹徒击毙于河西。此次战斗，我军当场击毙伪军 47 人，生俘伪军中队长以下人员 128 人，安在前杨官庄的伪军据点在为非作歹 8 个月之后被我军一举摧毁。

解放战争时期，临沂县还出了一位“刘胡兰”式的女英雄吕宝兰。1924 年，吕宝兰生于罗庄湖西崖村。1941 年的秋天，吕家逃荒来到滨海根据地解放区的沭水县兴云区 (现在莒南县) 杨家三义口村安下了家，16 岁的吕宝兰在村里参加了识字班、妇救会，并于 1943 年光荣入党，还被推选为兴云区妇救会会长。1945 年秋，吕宝兰在临沂城参加完山东省第二届妇救会代表大会后，就按组织安排回到了老家朱陈区开展工作。12 月 7 日，临沂县反奸、反霸、减租减息运动活动分子大会在临沂城召开，上级要求按照“二五减租”“分半减息”的规定，开展减租减息运动。吕宝兰主持召开了湖西崖群众诉苦清算大会，对湖西崖村的“张霸天”进行清算，共清算出多交的租粮 6097 公斤，找回工资粮 1217 公斤，霸占的土地 118 亩，抢占的大牲畜 9 头，农具 46 件套。民兵押着张霸天，潮水般拥向张家大院，佃户们抬着、扛着、拉着那些本该就属于自己的东西，一个个兴高采烈，笑逐颜开。

1947 年，国民党集中兵力对沂蒙山区实行重点进攻，华东野战军主动撤出临沂。逃亡在外的国民党临沂行政督察专员王洪九等人勾结张霸天等地主，组织“还乡团”回到了临沂城，开始对地方党组织以及老百姓进行疯狂报复。吕宝兰和区上的同志们转移到湖西崖西面约 20 里路外的山上，一边隐蔽，一边继续开展革命工作。2 月 22 日，吕宝兰和同志们一大早悄悄潜回村里收军鞋，没想到被张霸天的人给盯上了。吕宝兰被俘后，王洪九用尽各种毒辣手段审讯她：压杠子、灌辣椒水、火烧脚心、竹签钉手指……吕宝兰一次又一次昏死过去，但始终咬紧牙关不吐露一丝机密。见吕宝兰不招供，王洪九又想出了个阴招，用酷刑折磨吕宝兰的父亲、弟弟和妹妹，眼睁睁看着自己的家人被折磨得死去活来，听着亲人撕心裂肺的惨叫，吕宝兰肝肠寸断。她眼含泪水，强忍悲痛，对王洪九等人破口大骂，并不断鼓励亲人不要向敌人屈服。王洪九恼羞成怒，在吕其太、吕宝荣父子身上绑上大石头，抛进了滚滚的沂河里，紧接着又对吕宝兰下了毒手。被押赴刑场后，王洪九问吕宝兰招还是不招，吕宝兰轻蔑地笑了笑，王洪九恼羞成怒，下令将吕宝兰的双乳割掉。在行刑的一刻，吕宝兰咬紧牙关猛地举起手来，怒视着敌人的枪口，依旧昂首呼喊革命口号。一阵枪响，年仅 23 岁的吕宝兰倒在了血泊中。

解放临沂城

解放临沂城，是当时山东境内最大的一次解放战役。1945 年 8 月，山东军区抽调四个团的兵力，在 3000 多民兵、民工配合下，围困攻打临沂城，一举解放了这座沂蒙山区的中心城市。临沂城的解放，使鲁中、鲁南、滨海三大战略区连成一体，临沂城成为我党我军在华东及山东的政治中心。战役胜利后，毛泽东主席、朱德总司令和中央军委来电嘉奖所有参战部队和民兵，特许欢庆 3 天。临沂城万人空巷，欢庆胜利似过年。

临沂城解放，军民在城隍庙前举行庆祝大会

临沂城自古以来就是兵家必争之地，早在2500年前的春秋末期就修建土城围，从明朝洪武元年开始改为砖砌城池，后经历代增修，到抗日战争时期已经形成相当规模。全城围墙高15米，宽12米，上面能开汽车。城内有炮台4座，小城堡50座分布在周围，城墙上有垛口3782个，还有许许多多大大小小的掩体。城门楼有4座，南为望淮门，北为岱宗门，东为镇海门，西为瞻蒙门。四门中南门最大，被视为正门，重要活动、官员入城均从此出入。城门上为3层炮楼，其余3门为二层。各城门都可派重兵防守，南门的防守格外严密。由于临沂城防坚固，历史上曾发生几次大规模攻坚战。北伐时期，方永昌率部在临沂防守两个多月，日军打临沂时也用了50多天。所以，日军侵华总司令畑俊六非常重视临沂城防，把临沂视为山东南部战略中枢城市，不仅派几千名日伪军守城，而且在原有城池基础上增修碉堡，架设铁丝网、电网等，使临沂城防工事更加坚固。日本宣布无条件投降之后，盘踞在临沂城的日军于8月16日逃往枣庄，城内伪临沂第八保安大队长许兰笙，来此避难的费县保安大队长邵子厚，秘密将王洪九一部接入临沂，使城内伪军兵力达到4000多人。他们成立城防指挥部，负隅顽抗。

早在1945年初，鲁中军区就开始了解放临沂城的准备工作，令沂蒙军分区部队讨伐临沂城北王洪九部，扫清南进道路。日寇投降后，山东军区决定由省军区参谋处长李作鹏、鲁中第二军分区司令吴瑞林、滨海第二军分区司令罗华生组成临沂战役前线指挥部，负责指挥临沂城的解放战役。抽调山东军区特务团、老四团、鲁中军区十一团、临沭独立团4个团的兵力，同时抽调得力干部带领3000名民工、民兵支前。8月17日晚，我军全面发起进攻，当即占领城外四关。20日发起强攻，炮击十分钟后实施爆破，但由于城高墙厚，炸药量小，爆破无果。

接着在火力掩护下架云梯登城，敌人居高临下拼命顽抗，爬云梯战士一次次均被守敌打下，老四团有 5 位战士终于跃上城头，但因寡不敌众，4 位战士壮烈牺牲，一名战士毅然翻身跳下 15 米高的城墙爬回阵地。我军遂后撤休整。休整期间，群众纷纷争相慰问子弟兵，临沂县洪瑞一带的姑娘们勇敢地穿过敌人的封锁线，带着水果、鸡蛋，来到前线慰问官兵；她们还带来针线、锥子等，为战士们补衣修鞋。

24 日，指挥部决定由十一团主攻城东面，其他团佯攻配合。夜幕降临后，枪声喊声连成一片，掩护爆破。凌晨三点半，九连的爆破手们赤裸着上身抱着炸药包，一组组地奋勇冲向城墙。15 分钟后，随着一声声沉闷的爆炸声，第一组把城墙炸出来一个一丈多宽的大斜坡，第二组也炸出来一个大缺口。霎时，激昂的冲锋号响彻云霄，指战员们架着云梯拥向突破口，后续部队也呐喊着越过城壕，向缺口冲去。敌人急调兵力增援突破口，持续作战五六个小时，攻城再次失利。

为配合军事进攻，我军开展了强大的政治攻势，进行了著名的“19 昼夜舌战”，同时秘密进行坑道作业。山东军区参谋长兼滨海军区司令员陈士榘亲到临沂，并带来了滨海军区工兵营，与十一团作业连共同承担坑道作业任务。临沂县洪瑞区 80 名民兵也赶来助战。坑道入口选在城西北角护城河边，这里城墙地基高河水浅，敌人防守薄弱。沿护城河内沿开挖，挖出的土顺便倾入护城河，不易被敌人发觉。在十分艰苦的条件下，坑道以每小时一米的速度向前延伸，经过 8 昼夜的奋战，一条 100 多米长的坑道终于挖出。9 月 9 日晚，我军在坑道里面放上一口大棺材，装上 6000 斤黑色炸药，内加 300 斤 TNT 炸药。10 日上午 8 时，惊天动地一声巨响，砖石飞舞，西北角城楼上的大炮台飞上了天，城墙上被炸开了一条 30 多米宽的大豁口。四周骤然响起了密集的枪

炮声和呐喊声，主攻部队向突破口发起冲锋。敌人倾注兵力死守，第一次攻击因遭敌正面顽抗及左右两翼交叉火力封锁，未能成功。第二次进攻打响后，我军冲到突破口的一个连，因敌人火力太猛无法前进。为防敌人冲上来，几个年轻战士像离弦的箭一样向前冲去，只见他们时而迅跑时而卧倒，还不时向敌人投放手榴弹，在团团烟雾中抢占有利地形，和敌人对峙着，为夜间突击创造了有利条件。

晚 9 时，在猛烈火力掩护下，四团一营营长彭玉龙指挥几个爆破组，将一包包几十公斤重的炸药相继送到突破口，连续爆炸扩大了突破口。这时，城四周枪声大作，军号齐鸣，杀声震天，如此反复六次，迷惑麻痹了敌人。11 日 1 时左右，突然一声震天巨响，突破口附近的照明柴被炸灭了，突击队趁机冲进城内。11 日凌晨，历时 26 天的激战宣告结束。此役俘伪临沂第八保安大队长许兰笙、王洪九部参谋陈维章等以下 2000 余人，缴获步枪 3000 多只，轻重机枪十余挺，大炮 50 多门，汽车 11 辆，以及大批弹药物资等。战役胜利后，毛主席、朱总司令、中央军委以及山东党政军领导人罗荣桓、黎玉、肖华等分别来电嘉奖祝贺。9 月 13 日，我军在城南门举行盛大入城式，城门两旁张贴巨幅标语，战士们扛着长枪，头戴刚刚缴获的钢盔，迈着矫健的步伐，进入临沂城区，受到居民的热烈欢迎。下午一时，2 万居民在城隍庙举行庆祝大会，古城内外一片欢腾。

参考资料：

1. 中共临沂市委党史研究室：《沂蒙根据地组织机构通览》，济南出版社，2017 年。

2. 周文进：《烽火中诞生的临沂县委》，《双月湖》杂志， 2018 年 1 月。

3. 山东省临沂高新区管委会：《临沂高新区文史资料 · 第一辑》，世界图书出版广东有限公司，2017 年 2 月。

4. 罗庄政协：《中共临沂县委在石埠村成立》，2016 年 10 月。

5. 中共临沂市党史委：《临沂党史资料》，1986 年 1 月。

6.《吕宝兰，宁死不屈的“沂蒙山刘胡兰”》，《齐鲁晚报》，2017-11-27 。

7. 潘兆仲：《解放临沂城》，《沂蒙文史》，新星出版社，2010 年 10 月。

8. 李国华：《从抗日堡垒到无人村——记原临沂县抗日堡垒村后杨官庄》，《双月湖》杂志，2017-09-27。
9. 李华源：《战斗在沂河之滨（上）》，《双月湖》杂志，2019 年 9 月。
10. 中共临沂市党史委：《临沂党史资料 5》，《临沂县抗日民主政府的建立》，1985 年 7 月。

烽火硝烟沭水县

1937 年七七事变后，在国家存亡的危急关头，中国共产党及其领导下的抗日武装挺身而出，在敌后展开游击战争，到 1939 年，已创建了鲁中、鲁南和滨海三块互为犄角的抗日根据地，初步形成了互相联系与配合的三大抗日战略区。在日寇点线占领的情况下，为广泛发动群众，更加有力地打击敌人，我党在抗日根据地和游击区里打破原来的地域区划，建立了许多边联县，或将大县分划为若干小县，以便开展工作发动群众，开辟和巩固新的抗日根据地。当时，板泉崖（今莒南县板泉镇）、洪瑞（今河东区郑旺镇北）、朱仓（今临沭县朱仓镇）一带为临沂县的老五区。这块地区南北长近百里，东西宽亦有数十里，南有苍山，西有沭河，东、北部是丘陵地带，西部与沭河以西为平原，处于三块抗日根据地夹角地带，战略位置十分重要。同时，该地区农产丰富，交通便利，民间小商业也较发达，是一个值得争取的战略要地。

1940 年 10 月中旬，山纵二旅五团（原一支二团）团长刘涌率部队从十字路一带向临沂五区挺进。途中于家湖一战，生擒伪临沂五区反共“自卫队”总司令郑德顺，俘虏 60 余人。此役加上其他一系列战斗，使临沂东部反共势力土崩瓦解，伪县长陈冠华狼狈逃窜，临沂五区沭河两岸大片地区获得解放，广大人民群众喜庆新生。山东二纵随即派出民运科科长曹宇光为团长的工作团，协助地方进步人士发动群众，建立抗日民主区、乡政权。根据形势发展的需求，不久滨海地委做出以临沂老五区为基本区域建立临东县的决定。1940 年冬，中共临东工委建立。

翌年2月7日，临东行署在韩家村（今临沭县青云镇韩家村）成立，吴镜（吴冶山）为工委书记兼行署主任。同年6月，临东工委又正式改为中共沭水县委，吴镜任书记。县委下设秘书处、组织部、宣传部、敌工部等；临东行署改组为沭水县政府，同时召开沭水县第一届参议会，选举王子虹为沭水县县长，吴作林为县参议会参议长，周佩廉为副参议长，县政府设秘书处、民政科、财政科、粮秣科、经建科、文教科、武装科、司法科、公安局等工作部门。此时全县划为板泉、新建、兴云、青云、苍山、朱仓(后改称玉山)、石河、洪瑞等8个区。此时的沭水县，位于莒南县、临沭县和临沂县三县交界处，横跨沭河，地域包括原临沂县五区全部和三区相公庄以东地区，总面积1200平方公里，人口25万。

1943年3月，因实行一元化领导，山纵二旅五团政委李振邦调任中共沭水县委书记，兼任沭水县独立营政委，侧重领导武装斗争，吴镜任县委副书记，侧重领导地方工作。1945年5月，中共莒南县委组织部部长狄生调任沭水县委副书记兼组织部部长，8月，李振邦、吴镜调任他职，狄生任沭水县委书记。

1944年，沭水县增划汤河区，10月，相公庄以东地区解放时又增建临东区，此时沭水全县为10个区：板泉、兴云、新建、洪瑞、汤河、临东、青云、玉山、苍山、石河。

1940年12月临东工委建立时，全县党员不足百人，1942年全县党员发展到1173人，1945年抗日战争胜利前夕，全县党员达2400人，有120多个党支部和10个分区委。沭水县为滨海区西大门，沭水县人民不断打击敌人，使日本侵略军“蚕食”沭河东抗日根据地的野心不能得逞。1941年12月渊子崖保卫战中，渊子崖村自卫队员及男女老少用土枪、土炮、大刀、长矛打死打伤日伪军100余人，成为“抗日楷模村”。1944年1月，沭水县各区掀起参军热潮，县长王子虹冒着大雪亲自抬花轿迎接入伍青年，在抗日根据地内传为佳话。

于家湖一战解放了沂沭河两岸大片乡村

临沂五区的许多地主豪绅家里都豢养着护兵几十人甚至上百人，平日为非作歹，鱼肉乡里，特别是以所谓总司令郑德顺为首的反共自卫团全都驻扎在于家湖村（今板泉镇境内），他们以抗日为名到处抓人筹粮派款，敲诈勒索，无恶不作，百姓无不恨之入骨。1940 年 10 月 15 日，山东纵队二旅五团奉命解放临沂五区，他们决定首先攻打地主豪绅反共武装盘踞的于家湖村。经调查，该村有将近 20 户地主，为首的地主韩德光沿着村庄四周的土围子修建了 9 个炮楼，并在村庄中心修建了一座 3 层高的炮楼，楼门窗都用铁皮包着，各层楼四壁均建有枪眼和炮眼，每个枪眼和炮眼都装有活动铁板，枪炮抽回时，铁门自动堵住，外面的子弹根本打不进去，故这个炮楼又称“保险楼”。韩德光和 50 名护兵住在里面，他又和土顽郑德顺相勾结，共有 200 余人枪，专门对付抗日根据地和八路军。五团根据上述敌情和山纵二旅命令，于 10 月 16 日早发起攻击，五团团长刘涌亲率一营占领于家湖东岭高地，并控制南侧；二营、三营佯攻三义口，阻击柴子敬顽部的增援；时任五团独立第四营营长的纪心如带领独立第四营从北侧向于家湖进攻，并控制西侧，防止敌人逃跑，于家湖村被八路军部队四面重重包围。

战斗持续到 17 日上午 12 点多，我军对敌人展开政治攻势，纪心如喊道：“我叫纪心如，你们被八路军包围了，快投降吧！八路军优待俘虏，缴枪不杀！这是你们的唯一出路，继续顽抗，死路一条。”大约一小时后，郑德顺派人提出：“要纪心如营长从北大门进村谈判。”同志们怕出危险，都不同意纪心如前往，纪心如笑着说道：“现在我们兵临城下，敌人处在危险时刻，我进村郑德顺不敢把我怎么样；即使万一发生意外也不要紧，树倒山还在，同志们将他们消灭就是了。”说完就带着两名警卫员，叫开北大门，昂首阔步走进郑德顺的司令部。谈判中，他向郑德顺反复讲了“投降不杀，发给路费，人人可以回家”的政策，郑德顺不甘心缴枪投降，竟提出所谓和平解决，各走各的路。纪心如严正地说：“你坏事干得那么多，投降后不杀你，就给你很大面子啦！”说完带领

纪心如墓

警卫员就向外走，地主韩德光急忙跟上来，赔着笑脸小心地说道：“再谈谈行吗？”纪心如回答道：“没有什么好谈的了，既然不肯投降，咱们就走着瞧吧！”走到北大门口，韩德光叫守门兵打开大门，纪心如营长带着警卫员扬长而去，回来就向刘涌团长汇报了谈判经过，刘团长说：“不投降咱就打，要消耗敌人的火力，可采取火攻战术。”接着研究了火攻作战方案。

纪心如召集住在于家湖村东南角的20余户村民开会，动员他们把家中的重要财产转移出去，并把家中的辣椒、旧棉衣、煤油交给八路军，并明确表示，群众的一切损失，八路军会全部赔偿。天黑后，东南风越刮越大，部队先把老百姓安顿好，然后把辣椒、旧棉衣运到东南角一屋山头处，泼上煤油，点上火，霎时间，火光冲天，滚滚浓烟直向村子里卷去。同时，纪心如带领战士把围子墙扒开了一个大洞，五团的战士迅速从洞口冲进去，将“保险楼”团团围住。这时郑德顺部下早被浓烟熏得头晕眼痛，无力应战，纪心如趁机向“保险楼”内喊话：“郑德顺你看看，大街小巷全是八路军，何去何从，你自己看着办吧，八路军的政策是缴枪不杀，优待俘虏。”过了一会儿，郑德顺从楼上发话，表示愿意投降，条件是不要杀他，放他及其部下回家。纪心如请示刘涌团长后，答应了他们的条件。只见敌人从炮楼口举出了白旗，又用绳子把机枪吊了下来，接着把步枪、短枪、子弹袋等也都扔了出来，郑德顺举着双手低着头从炮楼小门走出来，率部投降。这次战役打响了解放临沂五区的第一枪，震动了整个临沂五区，孟家寨子、三义口、养鱼池等地的土顽，四散逃窜，土崩瓦解，我们很快彻底解放了反共顽固派经营盘踞多年的临沂五区。老百姓亲眼看见了八路军士气高昂，纪律严明，生活俭朴，爱护群众，主动地杀猪宰羊慰劳八路军，各村都掀起了拥军、参军的热潮。

打下于家湖，解放了临沂五区沭河两岸的大片地区，沟通了滨海和鲁南地区的联系，为建立临东行署（后改为沭水县），巩固和扩大滨海抗日根据地发挥了重要的作用。临沂五区解放后，五团和独立团第四营开到韩家村、板泉崖一带，扩军安民，山纵二旅政治部派工作团到五区开展工作，发动群众，建立抗日民主政权。11月22日，在刘庄村东岭“龙泉寺”召开大会，会上成立了板泉抗日民主区政府，公推纪心如为五区区长，王士一为副区长，会后，又发动群众选出各村村长，并领导建立了各抗日群众团体。

党的建设快速发展 武装斗争如火如荼

1940 年冬，我军打开板泉崖一带的局面，随即党组织就建立了几个点，发展了几十名党员，拉开了党组织建设和武装斗争的序幕。到 1941 年建立沭水县委时，板泉、朱仓分区委已建立，继而又建立了洪瑞、石河分区委。秋初，青云分区委建立。至此，全县党员发展到了 300 人。1942 年 5 月，鲁南区党委“关于切实以减租减息、增加工资为主要内容来发动群众运动”的指示下达后，通过结合反不良倾向，党组织发展工作有了新的起色。党组织在斗争中迅速发展壮大，建立了苍山、新建两个分区委，基层党支部建设也如雨后春笋般发展起来。为进一步做好巩固党、发展党的工作，沭水县委分期分批对所有支部和全体党员普遍进行了整理与审查，改造领导成分，系统地进行阶级、党性教育，清洗了不良分子。据 1943 年 1 月统计，共清洗投机、异己、落后分子 114 人，使全县党员质量和党的战斗力大大提高。在这一时期，党组织是个别发展秘密活动，在基层一般不发生横的关系。党组织虽不公开，但发挥了核心领导作用，如政权工作、组织游击小组、发展群众减租减息、参加民兵、上冬学等，都是通过支部讨论做出决议，然后分头组织实施落实。到 1945 年日寇投降前夕，全县已有 11 个分区委，120 多个党支部，党员 2000 多人。

1940 年冬至 1942 年底，是滨海地区抗日环境最恶劣、斗争最残酷的时期。日寇妄图摧毁我抗日军队和根据地的生存条件，实行烧光、杀光、抢光的“三光”政策，连续进行了四次大规模“扫荡”。国民党顽军李永平、张希贤及张里元、许树生、李延修等部，也纷纷走所谓“曲线救国”之路，向日寇妥协、投降，进而勾结敌军，

联合向我进攻。沭河以东虽已解放，但地方反动势力勾结土匪破坏，捣乱事件时有发生。沭河以西是敌占区，离日寇屯兵重地临沂城又近，分布在临沂各地的伪军有 18 个大队，驻临沂沭河以西的伪军是第三大队，大队长由伪临沂三区区长朱干臣兼任，他们分住在伪区、乡公所据点内。除伪军以外，该地区还有日本宪兵队和敌特便衣武装，不断捕捉和暗杀我方人员与抗日积极分子。敌人的企图是巩固沭西据点，伺机“蚕食”沭东抗日根据地。

1941 年 6 月，沭水县成立了县大队，王子虹兼任大队长，吴镜 (吴冶山) 兼任政委，李万桂任副大队长，侯润生 (次年) 任教导员。1943 年 4 月与滨海军分区第五团的一个连合编为沭水县独立营，周辉、钟贤文、朱开智先后任营长，李振邦兼任政委，李万桂、王义福任副营长，吴镜兼任副政委，杨冠五任副政委。为了粉碎敌人的“蚕食”“扫荡”，沭水县根据地党政军民进行了英勇顽强的抵抗，武装斗争如火如荼。

坊坞伏击战。1941 年 4 月 14 日，黄庙据点陈世昌部伪军 300 余人企图窜扰我滨海根据地，行至坊坞村附近，即遭我第一一五师教导团一部之伏击，狼狈溃逃。我军乘胜追击约五公里，击毙伪副团长等 50 余人，击伤伪军需官等 30 余人，俘虏伪军 10 余人，缴获轻机枪两挺，步枪 30 余支，短枪 5 支，自行车 2 辆，其他军需品一宗。

渊子崖保卫战。渊子崖村地处板泉以北的沭河东岸，离河西小梁家据点仅 6 公里，是敌我拉锯战的核心区域。该村解放得较早，群众觉悟较高，在县委、分区委的领导下，从抗粮抗捐开始，很快组织起抗日自卫军和游击小组，随时准备迎击敌人。1941 年 12 月 24 上午，当敌人“扫荡”部队进入我滨海中心区后，小梁家汉奸队长梁化轩勾结日寇步兵、骑兵 1000 余人，拉着 4 门大炮，向渊子崖村扑来。面对强敌，全村男女老少齐上阵，用猎枪、土炮、大刀、长矛、镢头、铡刀、菜刀、石块做武器，与敌血战竟日，消灭鬼子、伪军 100 多人。战至黄昏，在山纵二旅五团和县、区武装的紧急驰援下，终于打退了鬼子。战斗中，优秀共产党员赵同、刘成汉、谷洪安等人和 147 名群众壮烈牺牲。为解救渊子崖村乡亲们，沭水县委宣传部部长许坦、板泉区委书记刘新一、区长冯干三等献出了宝贵的生命。

拔除敌伪据点。小梁家伪据点与河东根据地隔河相望，伪乡长阎立山十分反动，附近老百姓吃尽了他的苦头。1943 年 8、9 月间，沭水独立营和兴云区中队配合滨海四团一个连，用军事进逼和政治攻势、内外配合的办法拔除了这个据点。秋后，独立营又消灭了日伪一个大队，并击溃了临沂增援之敌，我部士气大振，群众拍手称快。湾林乡伪乡长邵某经过我方争取，带着十几个人反正投奔过来。1944 年 6、7 月间，我军又拔掉了玉皇庙据点，除伪乡长逃跑外，其余人员全部被俘。此后，我军又把赵家庄、郭家湾、相公庄等伪据点拿下。这样就使我军在沭河以西站稳了脚跟，直逼临沂城下，彻底粉碎了敌人的“蚕食”美梦。

消灭陈世昌。原郯城县著名匪首陈世昌，投降日寇后被委任为伪郯城县伪兴亚建国军大队长，手下有三四百人，驻防郯东北黄庙一带。陈对日寇的约束感到不快，便打算另寻出路。1943 年 2、3 月间，陈通过与我有关系的人向我方试探，不久又来我驻地正式商谈，表示准备反正。5、6 月间，经上级批准，县委派敌工部部长姜子翌和李云清二同志前往郯城以北陈世昌的老家，敦促其反正。第二天，陈率部反正，把队伍带到了大官庄、何家戈一带等待点验。滨海军区派敌工科科长史甄代表军区宣布，将陈部改编为沭（河）西独立团，委任陈世昌为团长，我党派一一五师六八六团教导员左振涛任参谋长。陈部反正后，匪性不改，身穿我军军装在边沿区、敌占区绑票抢劫、强奸妇女，破坏我军之声誉。陈不但不听我方规劝，反而一意孤行，并于8月间暗杀了左振涛同志，企图再次投敌。10月间，滨海军区决定，由四团二营和沭水独立营为民除害，把陈世昌这股土匪消灭于大官庄，并当场将陈击毙。

根据地建设热火朝天

沭河以西敌占区群众因不堪忍受日伪抢掠和压榨，纷纷逃往河东解放区。沭水县抗日民主政府组织力量热情接待，给予妥善安置。为解救敌占区群众于水火，并保卫河东抗日根据地，沭水县把县公安局便衣队和独立营侦察班合组为一个武工队，插入沭西活动。第一一五师敌工部沭水敌工站站长姜子翌同志常驻大官庄、湾林一带，通过我地下党和统战关系开展工作，对敌占区社会上层人物进行统战争取，启发他们的抗日爱国思想，争取其为抗日尽力。方法一是个别拜访，给他们指明出路；再就是下请帖，开座谈会讲形势，讲我党我军的政策，对他们提出要求，效果都比较明显。对于伪村长，有目标、有针对性地把他们请来，经过训练后放回去，使他们由过去为敌办事，转为两面办事，甚至三面应酬，争取其中一部分人真心抗日，假意待敌。如大官庄伪村长李长玉，后来完全转向抗日方面，而遭敌人暗算。伪湾林乡乡长孙兴德、汤头乡乡长赵道至和伪军三中队的中、小队长，经过争取都和我方保持着直接或间接的联系。还有不少宪兵队和特务系统的分子也被争取过来为抗日提供情报。为了支持沭西斗争并慰问敌占区人员，县委决定以板泉、石河、青云、红瑞 4 个区的民兵，配合县大队一部共 500 余人，组成“河东人民慰问大队”，于 1942 年 11 月 27 日上午，浩浩荡荡地挺进沭河以西地区，进行宣传、慰问，使群众深受教育和鼓舞，而伪军则龟缩在据点里不敢轻举妄动。在我强大的政治攻势下，12 月 2 日，敌临沂宪兵队便衣李学忠假借执行任务，率驻相公庄伪县警备大队士兵 21 人，趁黑夜带枪渡过沭河投向我沭水县大队，参加到抗日的行列。在广大群众的热情支持下，加上主力部队和地方武装的有力配合，终于打开了沭西的局面，扩大了游击区。1943 年 10 月 5 日，洪瑞区公所成立，沭西 80 余村群众欢欣鼓舞，赶来庆祝民主区政府诞生。

从 1942 年下半年起，沭水县在全县范围内开展了减租减息、增加工资的群众运动，减轻了农民所受的剥削，初步改善了他们的生活，调动了大多数人参加抗日的积极性。在根据地里还普遍实行了民主建政、拥军优抗、时事文化教育等。与此同时，开展了整风运动，提高了党员干部的政治理论水平和纪律性。至此，全县已建起 8 个行政区，142 个行政村，有自然村 338 个，有组织的群众达 10 万人以上。全县还办起了初级小学 79 处，中心小学 12 处，冬学班 332 处。在巩固和发展抗日根据地的斗争中，各抗日群众团体发挥了很大的作用，尤其是民兵组织，在站岗放哨、维护治安、支前参军、反蚕食、反扫荡中的作用更为明显，涌现出了不少模范村团部和一大批民兵战斗英雄模范，像活捉鬼子、打死汉奸的谢英美；炸死两个、炸伤 1 个鬼子的甄奎甲；活捉汉奸、得钢枪一支的纪广松；打退 18 个伪军的包围，誓死不投降的民兵景长高等，均受到县武委会的表扬和奖励，成为家喻户晓的英雄模范。

1945年9月，滨海区党委决定撤销沭水县，洪瑞、汤河、临东3个区划属临沂县，青云、苍山、玉山和石河区南部划属临沭县，板泉、新建、兴云和石河区北部划属莒南县。沭水县从1940年12月建立中共临东工委至1945年9月撤销，历时4年10个月，在这段艰难岁月中，中共沭水县委和沭水县政府领导全县人民加强党的组织建设，开展边沿区对敌斗争，开展减租减息斗争，为抗日战争的胜利做出了巨大贡献。

参考资料：

1. 政协临沂县委文史资料研究委员会：《临沂文史资料》第三辑，1983年。
2. 王宗富：《一首诞生于沭河上的战歌》，中国老区网,2019-3-6。
3. 刘淮源：《抗战时期的沭水县》，《河东文史（第一辑）》，河东区政协文史资料委员会编，1999年9月。
4. 铁瑛：《关于临沭县抗战时期革命斗争情况的回忆》，烽火网站，2017-11-27。
5.《莒南这个小院，藏着一个悲壮感人的故事》，《大众日报》莒南微生活，2019-09-20。
6.《山东抗战纪念设施和遗址名录》，山东省情网，2015-10-28。

抗日烽火中的莒临县

莒临边，即抗日战争期间我党所建立根据地的莒县、临沂两县的毗邻地区。1942年9月，中共滨海（地）区委发动群众在这个地区建立了莒临边县，成立了中共莒临边工作委员会和莒临边办事处。第二年秋，正式成立了中共莒临县委和莒临县政府，团结和领导人民群众抗日反顽，开展生产运动，发展文化教育，赢得了反法西斯战争的最后胜利。

莒临县党政机构的建立

同沭水县、边区县、莒沂边县和沂东县等一样，在艰苦卓绝的14年抗战期间，我党为了自身的生存和发展，更为了发动和领导广大民众保家卫国，早日赶走日本侵略者，尽快解放全国同胞于被侵略者肆意蹂躏的水深火热之中，以民族大义为重，相继在敌占区的相邻地带建立了自己的抗日根据地，莒临边县就是其中之一。

1942年春，中共山东分局、八路军山东纵队、山东省战时工作推行委员会等领导机关转移到滨海区，莒临边地区成为鲁中、滨海及鲁南地区的重要交通线。为保证省级机关与地方党组织和人民群众的正常联系，保证这里的交通线畅通无阻，适宜在日益恶化的艰苦环境里开展抗日运动，根据山东分局“坚持边沿区的斗争，向游击区、敌占区发展”的指示，中共滨海独立地委（1940年12月成立，直属山东分局，王众音同志任书记。后于1943年4月下旬改为中共滨海区党委）决定：将莒中县的苗蒋，莒南县的许口和汀水，以及临沂县的汤头划出，建立莒临边县；建立党的莒临边工作委员会（简称莒临边工委）和县政府——莒临边办事处。

1942年9月，莒临边工委正式成立，庄华泽任书记，王均任组织部部长，唐升华任宣传部部长，范夫哉任敌伪工作部部长，丁旆三任武装科科长、武委会主任，庞桂珍任妇救会会长，李知权任各救会会长兼农救会会长，卞立宪任青救会会长。

与此同时，成立了莒临边办事处，卞子策任主任（长期患病未到职，于1943年夏病故），薛翰亭任副主任（主持办事处工作，卞病故后接任办事处主任），杨建民任民政科科长，翟焕三任财粮科科长，卞墨林任公安局局长，赵洪三任办事处秘书。

党政机构成立后，接着又建立了人民武装——莒临边游击大队，庄华泽兼任政委，徐锦波任副政委，袁子山任大队长。

莒临边县建立时，辖区面积只有苗蒋、汀水、许口、常沟（汤头一带）4个区，通过一番艰苦的努力，巩固和扩大根据地，1942 年底又建立了刘店区，两年后又开辟了汤河区，从而使全县的辖区发展到了 6 个区，266 个自然村。

1943 年秋，中共莒临边工委改为中共莒临县委，领导成员除唐升华去党校学习期间由尹仲言任宣传部部长外，另无人事调整变化。同时，莒临边办事处也改成了莒临县政府，薛翰亭任县长。

1945 年 9 月，滨海区党委决定撤销莒临县，原县委书记庄泽华任莒南县委副书记，县长薛翰亭调滨海行署工作。原莒南县的汀水、许口两区仍划归莒南县，具体村庄 (自然村) 为：大白 、艾家白、严家庄、大屯、崔家白、刘家白、聂家白、白家早丰河、权家早丰河、东早丰河、西早丰河、张家官庄 (张官庄)、梁家屯、陈家白、朱家庄、莲汪崖、燕泥子、贾吉岭、北集、陈家庄 (陈家埠)、周家庄、郝家庄、新庄、陈家湖、王家庄子 (王家屯)、西许口、东许口、李家宅子 (李家埠)、聂家庄、李家地、营子、晒衣台、泱沟、陈家宅子、沟下口、南官庄、赫家岭、马家岭、广亮门、西野埠 (以上自然村属许口区)，汀水、主家岭、沈家岭、西石杭头、东石杭头、大汪、王家沟、彭古城、高家埠、袁家官庄、西北庄、徐家河、小官庄、东夹古哨、西夹古哨、官西坡、西官庄、东官庄、杜家汀河、南石杭头、西莲花汪、东莲花汪、墩后、西劈石头、前劈石头、后劈石头、小河疃、范家柳峪、孙家柳峪、尤家柳峪、莱沟、小岭子、宣文、侯疃、大河疃、西湖北口、东湖北口 (以上自然村属汀水区)。

基层党组织建设的恢复和发展

莒临边工委建立时，环境十分恶劣，敌人大“扫荡”前，苗蒋、汀水、许口均为这一带中心根据地。当时在这里有我们很多党支部，群众基础很好，党组织工作基本上公开进行。敌人占领后，公开的机关全部转入地下活动，常沟区委、区工所和区中队都迁到了道口以东一带。我们的村干部及暴露身份的党员，有的被迫逃出，有的被残酷杀害。紧张的形势和暂时不利的局势，引起部分党员和群众思想上的一度混乱，消极、妥协、叛变投敌等现象时有发生。

面对严酷的现实和令人难以想象的艰难困苦，莒临边工委成立后，迎难而上，立即进行恢复和发展党组织工作。工委首先到汀水、许口活动，指示并支持常沟区委的工作，鼓励区委的同志放手发动群众，重新开展对敌斗争。当时，工委负责人只能分头于夜间进村庄活动，深入到群众家中做鼓动说服工作后，白天在可靠党员家里隐蔽起来。通过多种形式的宣传和做了大量深入细致的群众工作，党员和群众的情绪又逐渐高涨起来，党组织也得到了迅速恢复和发展。到1942年底，全县5个区的210个自然村中，发展了46个党支部，171个党小组，党员731人。

各级党组织的建立和发展，使广大民众又有了“主心骨”和靠山，点燃了民族对敌的燎原星火。有了党组织的领导和党员先锋模范带头，全县各项工作如火如荼地开展了起来。

常沟区公安岭村离汤头仅4公里，全村200余户人家。1943年，该村的地主、富农对抗工人（指雇农、铁匠、木工、泥水匠等手工业工人而言）增加工资的要求，工人们在区中队的武装保卫下，硬称了地主的粮食，不仅增加了工资，更有力打击了地主的嚣张气焰。在这场运动中，该村新发展了4个党员，并在全区第一个建立起了党小组，贫雇农党员积极分子刘茂被推举任党小组长。

由于增加了工资，实现了多年的愿望，群众的情绪十分高涨。党小组趁此机会，公开号召群众组织起来，打更站岗，武装保卫自己的利益，并广泛团结发动贫下中农，组织建起了农救会及村民兵队。1943年11月4日，日伪来犯该村时，工人、农民积极分子协助县独立营、区中队和其他村的民兵，打退了敌人的侵袭。刘茂在这次战斗中表现十分勇猛，他光着膀子指挥放土炮，打退了敌人的多次进攻，为战斗胜利立下了功劳。事后，县委对公安岭村抗击敌伪进犯战斗的胜利给予了表彰奖励，赠送了枪支、弹药，极大鼓舞起了群众的斗志。1944年1月3日，100多日伪军再犯该村时，全庄男女老少同仇敌忾，又一次打退了敌人，全村党员和群众也在战斗中得到了考验和锻炼。

刘店区付家赤坡村有7个党员。1944年1月23日，鬼子汉奸100多人来袭该村时，党员和民兵与敌人展开了激战，他们连续打退了敌人的三次进攻，始终没让敌人踏进村中一步，粉碎了敌人妄图血洗报复这个共产党“老窝”的阴谋。在战斗中，民兵副队长、共产党员付开勋不畏强敌，赤膊上阵，冲锋在前，不幸光荣牺牲，表现出了共产党员的勇敢精神。

武装斗争和统一战线工作齐头并进

边沿区、游击区，是敌我斗争最尖锐的地区，在这儿，当时我党的组织和武装处于弱势，对敌斗争更需要策略。因此，莒临县委、县政府坚持武装斗争和统一战线工作齐头并进的方式，该打则打，该拉则拉，用最小的代价换取了最大的胜利。为打击敌人和汉奸的嚣张气焰，顺利开展对敌斗争，从 1943 年开始，全县发动组织对叛徒、汉奸和恶霸进行了镇压。不到一年时间共斗争恶霸 4 人、地主 23 人、地痞 2 人、富农 6 人、汉奸 1 人。这些人中，罪大恶极的被公审枪毙，罪行轻微的或被判入狱，或被交于各村监督管制。通过枪打“出头鸟”，局面迅速好转，反动势力开始收敛，广大群众主动向党组织靠拢。辖区内的伪村长经过我方教育，并教给他们应付敌人的办法，基本上都成了我方的情报人员，为我们开展敌占区工作创造了非常有利的条件。

由于形势的逐步好转，党政工作人员白天分散隐蔽、夜间工作的局面，变成了白天黑夜都可以工作了。民兵组织由只能在夜间割电线、破坏公路、袭扰据点、对敌开展政治攻势，也变为公开配合县、区武装打击敌人。这时，我方便开展了敌工工作，通过村长带信给伪乡长，约定时间、地点与我们见面，主要对其进行教育，要他们留有后路，为子女后代着想，减少对人民的危害，千方百计应付敌人，从而争取了一部分敌伪人员。但也有死心塌地、口是心非、作恶多端的家伙，如新庄据点汉奸例世生，不但不按规定向我们报告敌情，反而侦察我方情报报告敌方，搞特务活动，被我方抓住枪毙了。

自 1942 年以来，日寇采取了“铁壁合围”等“扫荡”方式，同时在莒临边地区安设了马坡、横墩、辛庄、林子、汤坊崖等 14 个伪据点，对我开展抗日各项工作都是很大障碍。为扩大解放区，建设巩固的抗日根据地，必须拔除这些日伪据点。1943 年 12 月初，莒临县委指示武委会，带领汀水区中队及汀河、柳峪子一带民兵，包围横墩据点。通过对该据点夜围白撤，利用政治攻势，到包围的第三天晚上，敌人就只好弃据点逃跑了。接着，莒临县委和莒南县委商定：莒南独立营和莒临边游击大队联合攻打黑家岭、漾沟两个据点。在区中队和民兵的配合下，在群众的支援下，我迅速包围了两个据点。漾沟据点被包围四天，水尽粮绝，只好缴械投降了。黑家岭据点因此更加孤立，被困之敌于第五日黄昏突围，大部被歼。我军以迅雷不及掩耳之势，乘胜攻克了辛庄和小梁家据点。经过七天八夜的战斗，取得了我军入冬以来继赣榆大捷之后的又一重大胜利。12 月 21 日，莒南党政军 6000 人召开祝捷大会，向参战指战员赠送了“拯民水火”“子弟兵是人民的至宝”等锦旗，表达了群众对人民武装的爱戴。

减租减息和文化教育运动

随着对敌斗争的节节胜利，莒临边县也和老解放区一样，逐步把减租减息、文化教育运动先后开展起来。

在开展减租减息运动方面，县委加强了领导，开展试点，摸索经验，推广介绍。先在农村工农、青年、妇女、民兵组织中进行教育，说明为什么要实行这个政策，弄懂穷人为什么穷的道理，讲明党和政府是站在人民群众一边的。对地主也进行了教育，为了抗日救国，就应开明一些，让劳动人民有饭吃，有衣穿，才能积极开展大生产运动。生产发展，有利于支援战争，不受日寇蹂躏。政府还经常召开士绅名流座谈会，鼓励他们支援抗日救国。对顽固的地主富农，则坚持进行斗争，1943 年，全县共进行对敌斗争 9 次，反贪污斗争 7 次，反恶霸斗争 2 次，减租斗争 2 次，增加工资斗争 16 次，促进了减租减息运动的开展。

在文化教育方面，1943 年共有初小 8 处，冬学班 18 处，教师 379 人，开办了各种形式的小学。这些小学多数是季节性的，闲时教学，忙时生产。最为群众喜闻乐见的是“庄户学”，分布在田头、山坡，休息时上课，让青年及妇女组织“识字班”认字、教唱歌、进行政治教育。这些活动对发展生产、参军、拥军优属、巩固军队都起到了很大的作用。

1944 年春，经过多方工作，夏庄（今临沭县城驻地）敌伪据点的伪军准备在我攻打时反正。解决此据点，赵家岭、马坡据点的敌人就可能逃跑。为此，滨海军区部队在莒临边、莒中、莒南地方部队的配合下，经过一夜激战，攻克了赵家岭、马坡两个据点。夏庄伪军反正时，抓到一个鬼子小队长，并围攻鬼子据点一天。到第二天黄昏时，莒城日寇来援，该据点鬼子突围逃跑。继之，莒临边县、区武装和民兵，集中力量攻击林子、汤头两据点。汤头敌据点有电话，滨海军区敌工人员也派人打电话向日寇进行政治攻势，白天敌人一出据点就挨打，被搞得昼夜不安，吃喝也很困难。

是年7月间，莒南独立营、莒临边游击大队包围了林子据点，区中队和民兵一面挖地道准备爆破，一面派林子村村长进据点劝其投降。据点守敌妄想汤头日寇支援，不接受条件。汤头敌人由于在汤山上发现我们有打援部队，不敢出动，林子据点突围又被我截回。因而第三天中午，当林子村村长再进据点时，敌在绝望中接受了投降条件。10月间，滨海军区部队在莒临边游击大队配合下，歼灭了汤头伪区公所及伪军一个中队。11月14日晚，莒临边地方武装为策应莒成战役，摧毁了临沂到汤头公路之一段，汤头据点之敌成为瓮中之鳖。

由于莒临边县委工作的积极开展，民兵全部被组织起来，群众抗日热情极为高涨。1944年，在扩大主力、准备反攻的口号下，发动了大参军，群众积极踊跃参军，特别是翻身的农民与干部，出现了很多父送子、妻送郎的动人事例，一次有1000多人参军上前线。

1944年底，全县除汤河区外，各区、村政权中，有工会会长75人，农救会会长167人，青救会会长126人，妇救会会长203人，民兵队长225人，村长162人，各项工作都取得了很大成绩。这时，县委经常夜间到太平、独树头一带活动，工作一直渗入到临沂城里。据1944年3月底的统计，全县已有党员1583人。

1945年7月19日，我军收复了汤头。9月11日，解放了鲁南重镇——临沂。9月13日，临沂县民主政府正式成立。9月下旬，莒中、莒南、莒临边县撤销了建制，所辖区域分别划归临沂、莒县和莒南3县。

莒临县从1942年9月建立莒临边工委至1945年9月撤销，历时三年整。建县初，所辖4个区全为敌占区。建县后，莒临人民在中共莒临县委和县政府的领导下，积极开展对敌斗争，努力做好根据地建设的各项工作。1943年9月，莒临边与莒南县联合组织武装宣传队，共100余人，深入沭河以西敌占区进行宣传，散发宣传品，21日于新庄附近伏击伪军，伤伪军1人，俘5人，缴枪4支，粮食4车。1943年12月上旬，莒临县大队与莒南、莒中独立营共同发起向日伪据点的进攻，苦战7天8夜，先后拔除了黑家岭、泱沟、新庄、小梁家、横墩子5个日伪据点。1944年3月9日，滨海军区六团1个营和莒中县独立营、莒南县独立营、莒临县大队，奉八路军滨海军区命令，向盘踞在夏庄、赵家岭、马坡、李官庄等据点的日伪军发起总攻击，此战生俘日军小队长和伪大队长以下400余人，缴获轻机枪6挺，手炮4门，长短枪350余支，子弹2500余发。至此，莒临县大部地区获得解放，建县的初衷，即粉碎敌人对根据地的封锁，打通滨海和鲁中两根据地的交通联系的目标已实现。

参考资料：

1. 莒南县史志办：《抗日战争时期设置的涉及莒南地域的县级行政单位》，2016-03-15。

2. 中共临沂市委党史研究室：《中共莒临边工委、莒临县委》，《沂蒙根据地组织机构通览》，济南出版社，2017年12月。

临费沂边县 / 沂临县

1940年6月，为巩固临沂、费县、沂南边区平原根据地，保持沂蒙山区与鲁南、滨海根据地的联系，山东分局决定，在临沂北部的老三区、老四区的诸满、汪沟一带和沂南南部原沂水十区葛沟、阳河、左泉、张庄4个乡的平原地带边沿区，建立临沂、费县、沂南边联县工委。时任中共沂南县委委员、官庄区委书记的王介福和中共临费县委书记尚明带领一班同志，奉命来到临沂、费县和沂南三县的边缘区开展活动，组建新的领导班子和政权组织。当时，这个边缘区包括葛沟、河阳、左泉、张庄、青驼、高里、李官、茶山、汤头、汪沟和诸满一带，核心区域在青驼，王介福等领导经常活动的地点就在大山西侧的大冯家楼子村。这个村群众基础不错，1938 年秋，村民冯光正、冯其余就加入了党组织，1939 年底冯家楼党小组成立。王介福他们来到后，在村里建立了党的支部，王介福就住在村子北头的村民冯祥春家里。为了进出方便，冯家在院子里开了个小北门，遇到情况，王介福提着枪从小北门出来，顺沟底就能上东面的大山，行动隐蔽、方便。

县委成立旧址

这年 6 月的一个雨夜，在大冯家楼子村西沟崖头大白果树下的冯氏家庙里，召开了中共临费沂边区联防工委成立会议，边区办事处同时成立，王介福任工委书记，尚明为办事处主任。8 月，临费沂边区联防工委即改为县委，简称中共临费沂边联县委。王介福任县委书记，田子珍任组织部部长，刘亚明任宣传部部长，马万杰任民运部部长。

1941 年 1 月，临费沂边联县委改为沂临边联县委。1944 年 6 月，沂临边联县改为沂临县。1945 年 10 月，沂临县撤销，大部分区域划归沂南县。五年间，县委领导全县干部群众，牢牢守住沂蒙根据地南大门，突出开展有理有利有节的敌工工作，建设有特色的灰色根据地，领导艰苦卓绝的对敌斗争，培养众多的模范和英雄，对沂蒙根据地的保卫和建设做出重大贡献。

山东省战工会在这里成立

1940 年 7 月 26 日至 8 月 26 日，在临费沂边联县青驼寺（现沂南县青驼镇）大白果树下召开了山东省各界代表参加的联合大会。这相当于现在山东省的“两会”，也就是在这次联合大会上，选举产生了中国共产党历史上第一个省级人民政权组织——山东省政府，这可是了不得的大事。会上，朱瑞做了《从国际到山东》的政治报告，李澄之做了《宪政与民主》的报告，黎玉做了《论山东目前投

降与反投降的斗争》的报告。在充分讨论酝酿的基础上，先后选举产生了山东省临时参议会，山东省战时工作推行委员会及全省工、农、青、妇、文化等各界群众团体的领导机构。

早在1939年2月，中共中央指示："我党必须坚持独立自主原则，在冀、察、鲁三省放手发展与扩充武装部队，建立与扩大抗日民主政权。"遵照中央指示，山东党组织及时地总结经验教训，积极发展抗日武装和建立民主政权，先后成立省宪政委员会，举行了国大代表的预选；并在有条件的地区建立了专区、县、区的宪政委员会，成立了行政区、专区、县、区、乡参议会和抗日民主政府。为了加强对山东各级抗日民主政府的统一领导和进一步发展促进民主，调动广大人民的抗日热情，迎接更加艰苦的敌后斗争，中共山东分局决定召开这次大会，成立山东省级抗日民主政权：山东省临时参议会和山东省战时工作推行委员会。大会选举出范铭枢等81位省参议员和黎玉等23位战工会委员。战工会设政治、军事、财政经济、教育、民众动员5个组，黎玉为首席组长，李澄之为副首席组长，陈明为秘书长。

省战工会成立后，统一领导全省的抗日民主政权，各项工作有了深入的发展，战工会的威信日益提高。为此，中共山东分局于1941年4月做出决定：山东所有民政、财政、经济、地方性武装、国民教育、公安、司法等工作，统归战工会管辖；各主任公署及联合办事处、专员公署等，要向战工会做定期及经常的报告，并接受其领导，执行其一切决定。在分局的建议下，战工会各组改为各处，另设公安处和司法处，首席组长改称主任委员。战工会公推黎玉为主任委员，李澄之、陈明为副主任委员，陈明兼秘书长。

山东省战时工作推行委员会于1943年8月改称山东省战时行政委员会，1945年8月又改称山东省政府。中华人民共和国成立后，改称山东省人民政府。

本次山东省各界人民代表联合大会规模大、时间长，仅来开会的各界代表就有 300 多人，加上党政领导和负责保卫的部队，后勤供应可是个大事。那时生活条件艰难，开会自然是没有酒席宴会的，煎饼就是上等口粮，与会人员统统都是煎饼卷香椿芽，喝开水。因此，会议期间每天需要煎饼上千斤，另外需要菜及茶水等。会期一个月间，需筹集煎饼达 3 万多斤。那时候没有机器加工，3 万多斤煎饼全指望边联县各村群众用石磨推了面粉，上鏊子一张张烙，这需要大量粮食，更需要大量人工。这些任务找谁完成？主要是各村庄长。并不是所有的庄长都很积极，县、区和部队后勤干部说破嘴、跑断腿，并通过拜干娘、把兄弟等多种形式，调动一切积极因素，把粮筹到，再动员群众磨面，烙成煎饼送到会场。

石头大西瓜，一见敌人就开花

1941 年 9 月，驻山东日军集中 5 万兵力，在第十二军司令官土桥一次中将的指挥下，以多路、多梯队分进合击，形成对沂蒙山区抗日根据地的“铁壁合围”，企图封锁临沂、沂水、蒙阴三角地带。为了粉碎日寇的残酷扫荡，在武器装备极度匮乏的情况下，沂蒙民兵以非凡的智慧和勇气，自制石雷阻击日军，配合八路军主力部队英勇作战，粉碎了敌人的“扫荡”计划，“石头开花”的故事也成为沂蒙抗战史上一段精彩的传奇。

“鬼子要对咱们沂蒙山根据地进行大‘扫荡’，区里要求咱们民兵配合八路军主力进行阻击，大伙可不能当孬种，一定要让小鬼子尝尝咱们的厉害！”1941 年深秋的一天，沂临县三区红石崮民兵队长高成三急火火地从区里赶回来，立刻召集队伍传达上级指示。

“队长，俺有话说！”民兵李山跳了起来，“打鬼子咱们谁也不当缩头乌龟，可你瞅瞅，咱们八十多个人，只有不到二十条土枪，剩下的不是大刀就是红缨枪，连颗手榴弹都没有，你说这仗怎么打？”

“你不是说这次区里会给咱们一些武器吗？”副队长尹庆元问道。

高成三把放在桌子上的布搭子提起来，小心翼翼地掏出了几颗手榴弹，两颗铁地雷。“就这么点！不到一袋烟的工夫就用完了，区里也太吝惜了吧！”大家失望的眼光落到这堆铁家伙上，纷纷抱怨起来。

“嫌少不要紧，自己动手造！”高成三话锋一转，“区长说了，咱们根据地兵工厂制造的武器要优先保证主力部队，游击队和民兵要自己想办法。今天的会就是请大伙想一想，怎么解决武器的问题。”顿时，满院子的人都安静了下来，苦思冥想着自制武器的妙招良计。

“你看，它们两个是不是差不多？”年近五十的老石匠董明修捧起一个铁地雷仔细看了看，便拿来一个石头蒜臼子放在旁边。高成三眼里一下子放出了光：“大叔的意思是用石头来造炸雷？”

“对！咱这山里最不缺的就是石头，村里人又都会打石，用石头打造地雷壳不是最好的办法吗？”话音刚落，董明修就搬来一块大青石，拿起铁锤和錾子凿打了起来。不到一顿饭的工夫，一颗像模像样的石头地雷就做了出来。董明修还意犹未尽地在石头地雷上刻出了一行字：大西瓜一见敌人就开花！

短短几天之后，一百多个石头地雷就埋在了敌人进山的必经之路上，扫荡沂蒙山区的一支敌军刚踏进这片雷区，石头地雷就接连怒放，炸得鬼子人仰马翻，抱头鼠窜。经此一役，石头地雷很快在沂蒙山根据地流传推广。这种石造地雷不仅威力惊人，而且还让日军的探测设备无计可施，成为鬼子“扫荡”途中的梦魇。反“扫荡”战斗胜利后，红石崮村民兵队长高成三和民兵董明修被沂临县民主政府授予“爆破英雄”称号。

参考资料：

1. 中共沂南县党史委：《沂南党史资料（第四辑）》，1987 年 4 月。

2. 愚叟正潇洒：《临费沂边联县的一起“肃托”案件》，山东沂蒙地域文化公众号，2019-09-16。

3.《山东省战工会成立》，山东省情网，2009-06-02。

4. 董士君、李佳霖：《石头大西瓜，一见敌人就开花》，中国军网，2015-06-26。
5. 李冰：《老红军常万富（组图）》，中红网—中国红色旅游网，2018-01-31。
6. 愚叟正潇洒：《那年，桃花案引发的错杀案》，山东沂蒙地域文化公众号，2019-09-14。
7. 愚叟正潇洒：《俺的老家，就是这个村儿，她本来隶属临沂县老四区儿》，山东沂蒙地域文化公众号，2017-10-04。
8. 苑朋欣：《山东抗日民主政权的发展历程》，《史志学刊》，2015 年第 5 期。
9. 刘慧：《回忆父亲刘约三》，烽火网站，2015-11-09。

沂沭两河临沭县

临沭县位于山东省东南部，是中国共产党于 1940 年新设置的一个县，北依莒南县，西靠临沂县，西南与郯城县毗邻，东部、南部与江苏省赣榆、东海两县接壤，处于山东、江苏两省 5 县交界处，有山河可作依托的自然条件，在战争年代有利于开展敌后游击战争，具有重要的战略地位。

原临沭县辖区内自 20 世纪 30 年代初开始有党的活动，经过土地革命战争、抗日战争、解放战争三个时期，临沭党组织从小到大，从弱到强，在上级党组织领导下，率领全县人民为反对帝国主义、封建主义、官僚资本主义，进行了艰苦卓绝的斗争，走过了艰难曲折的道路，谱写了壮丽的历史篇章。

革命根据地创建和县委、县政府成立

随着党员的增多和各级党组织的壮大，人民群众看到了民族的希望和黎明的曙光，抗日热情空前高涨。在国家危亡、民族存亡的关键时刻，国民党顽固派却

消极抗战，积极反共，在“攘外必先安内”的政策指导下，极力限制中国共产党的发展。当时，盘踞临沭一带的国民党郯城县第二办事处（通常称为郯东北第二办事处，驻南古庄）主任陈冠华更是多次制造摩擦，仅1938年11月，他就亲手制造了两起摩擦事件：一是破坏了临郯青年救国团第九分团组织的一支20多人的抗日武装；二是临郯中心县委和临郯青救团负责人丁梦孙、周南、王永福等一行80余人，因日军扫荡鲁南，向郯东北一带转移，在店头东部被陈冠华部强行缴去步枪20多支、手枪6支、机枪1挺。后来，临郯中心县委派代表到国民党郯城县政府进行交涉，代表亦被扣押，制造了当时郯东北地区最大的摩擦事件，史称“店头事件”。同时，他们到处进行反动宣传，污蔑共产党，向周围各村强征民夫，加固围墙，修建炮楼，构筑防御工事，筹集武器弹药，训练三青团，拉拢知识分子，逮捕抗日军民，成为临沭一带人民救国抗日的“绊脚石”。

为支持郯东北地区的反顽斗争，实施第一一五师“创建以抱犊崮（在今苍山县境内）为中心的鲁南抗日根据地，向东发展与山东纵队活动地区连成一片”的战略计划，第一一五师东进支队二大队由支队参谋长萧天贵和政治部主任姚子和率领，陇海南进支队三大队由司令员杨信、政委韩去非和政治部主任白涛率领，从郯马出发，于 1940 年 1 月 13 日进驻曹庄、郭庄、朱村（今属临沭县曹庄镇）一带。15 日晚，解放南古庄的战斗打响了。我军兵分四路：一路是打援部队，他们沿沭河西岸北进醋大庄（对岸即南古庄），专门阻击欲渡河增援的敌人；其余我军在彭古庄渡过沭河，经月庄北进，在道埝村分成三路，从南、东、北三面包围了南古庄。激战一昼夜，陈冠华部伤亡惨重。16 日下午，陈正待俯首就擒时，国民党 57 军一部以过路为借口，插入我军阵地，掩护陈冠华率残部逃窜，南古庄遂被攻克。这就是著名的南古庄战斗。

1940 年 1 月下旬，在人民群众欢欣鼓舞、声势浩大的拥军祝捷活动中，临沭历史上第一个由中国共产党领导、人民当家做主的县级抗日民主政权——郯东北第一办事处成立了，办事处主任王卓人，副主任王次安（3 月到职），隶属鲁南专属领导。同年 7 月，改称苍马办事处，中共苍马工委副书记何雨田、郯东北第一办事处主任王卓人调离，白涛（刘白涛）任中共苍马工委书记、办事处主任。8 月，对 3 支抗日武装与办事处自身武装实行统编，组成苍马游击大队，白涛任大队长兼政治部主任，全县党政军实现了统一领导。此时，临沭县区域范围大致为，北起苍山，南至马陵山，西界沂河（大体为九曲店至李家庄、华埠一段），东至朱樊。

刘白涛

1941 年 8 月，苍马地区改称临沭县。抗战胜利后区划调整，其范围稍有变化：西北部沂滨区划归临沂，北部原属沭水县的朱苍、苍山、青云 3 区及石河区之一部划入临沭。至 1949 年新中国成立时，全县计有沂东（李家庄）、岌山（曹庄）、钟山（重沟）、大兴、桃园（店头）、蛟龙、玉山（朱苍）、夏庄、苍山（韩村）、青云（白旄）10 个区，545 个村庄，296287 人。

刘少奇来临沭与“减租减息”运动

临沭县由于地处边沿地带，“山高皇帝远，猴子称大王”，地主阶级封建势力强大,构成了许多封建地主的势力范围。如朱樊的“王家”，蛟龙湾的“胡家”，巡会的“陈家”，北辰的“郑家”（老百姓有一句话叫“羽山到磨山，毛贼成万千，如果还不够，还有一个郑德轩”），韩村的“王家”，夏庄的“高家”，南古庄的“王家”等等。这些地主有的还是官僚地主，不仅在封建社会当过官，而且在国民党、日本人那里都有后台。尽管八路军和人民政府解放了这个地区，看似是共产党的天下，实际民间还在封建势力的掌握之中。1942 年刘少奇同志来临沭（驻朱樊村），对当时的农村政策提出尖锐的批评说：你们山东不搞减租减息，我就给你们送一个大匾来，叫“‘右倾’机会主义”。在少奇同志的指导和帮助下，山东分局做出《关于减租减息改善雇工待遇开展群众运动的决定》，同时为加强对这一工作的领导，5 月，山东分局确定临沭、莒南 2 县为“双减”实施中心县，派出工作团进行试点，总结经验，以指导全面工作。因此，临沭县从 1942 年才开始搞减租减息，注意树立根据地贫雇农的优势。

1942 年 5 月 12 日，第一一五师向所属部队发出指示，要求部队配合地方搞好减租减息，武装保卫麦收。根据山东分局部署，师直属部队和教导二旅抽调 120 名干部，与地方工作团重点开展沭水县的朱苍区、临沭县的蛟龙区和赣榆县的黑林区的“双减”工作。山东分局驻临沭的“双减”工作团，由抗大一分校文工团 40 余人和抗大一分校民运工作团 20 余人组成，袁成隆任团长，李永准任副团长，下设 4 个工作队，重点在大兴区开展工作，团部驻盐店官庄村。工作团采用中心突破的方法，以盐店官庄、大兴镇、北辰、王宅子等为中心，每个中心村又带动周围几个村庄。工作队队员为方便接触群众，他们脱下军装，换上便服，与群众同吃同住，密切了与群众的关系，组织群众开展“双减”和增资斗争。在深入发动群众的过程中，发展积极分子入党，建立健全党的基层组织，组织工、农、青、妇、儿童团等群众团体，改造村政权，逐渐树立起贫雇农在农村的优势。

临沭县在全县推广了工作团的经验，推动了全县“双减”工作的开展，至 6 月底，全县进行“双减”的 44 个村中，增资人数 1322 人，增粮 91420 斤；减租

1191户，土地11114亩；减息25户，减去1320元；有2004人参加了农救会。5月下旬至7月，刘少奇先后在临沭县夏庄、东盘检查指导“双减”工作；山东分局书记朱瑞到临沭县农救会召开的“双减”工作总结会上做了具体指导。6月底，山东分局、滨海地委在临沭县东盘村召开大会，推广了临沭、莒南“双减”试点的经验。

“双减”工作的普遍开展，深入发动了群众，提高了广大农民抗日和生产积极性，进一步加强了党政军群的建设，对于赢得抗战的胜利，具有深远的历史意义。临沭党组织也在“双减”工作中得到大发展，1941年全县党员812人，其中地富出身的党员占30%。到1942年，全县党员发展到1305人，其中雇工175人，中农331人，占29.4%，地富出身的仅占4.7%，党的成分有了较大的改变。同时，“减租减息”、增加雇工工资，也激发了人民群众赈灾和发展生产的积极性。是年6月，临沭县政府积极开展赈灾救济工作，救济由于严重旱灾和敌人的残酷压榨，从敌占区逃往滨海根据地的灾民1419户，4626人，提供粮食59647斤，钱17000元；7月19日，军民奋起捕捉大批飞入临沭境内的遮天蔽日的蝗虫，至21日，蝗虫被逐离境，3日内，仅沭海支队就捕蝗虫万余斤。在政府支持下，临沭县工业开始发展，1942年已有鞋厂1个，资金10000元；纸厂1个，资金15000元；纺织业有铁机513张，木机32张，纺车1243架，政府支援贷款21936000元；有油业合作社4个，股金80900元；织布合作社2个，股金17000元。临沭工业的发展，为临沭县乃至滨海区、山东省机关日常生活用品的正常供应奠定了基础，打破了敌人对我根据地布匹、棉纱、纸张等物资的封锁。

“减租减息”和增加雇工工资运动的开展，触动了不少人的利益。蛟龙区东窝子村李庆藩等4名罪犯，对领导该村进行反贪污斗争的小学教员李兆全怀恨在心，于1942年5月13日将李兆全杀害。经过侦察，司法机关将李庆藩等4名罪犯抓获。8月26日，山东省战工会高级审判处在临沭县蛟龙区开庭公开审理，判处李庆藩、李献俊死刑，李从印无期徒刑，李庆爵有期徒刑15年。这是山东省建立我党领导下的司法机构以来，开庭公审的最早的案件。这一案件的正确处理，打击了敌人的嚣张气焰，保护了正在进行的“双减”运动和反贪污斗争。“减租减息”和增加雇工工资运动，保护了人民群众的利益，促进了人民武装的迅速发展。至1942年底，全县各级政府有武装人员867人，群众武装11314人，有步枪1589支；其中游击小组1731人，步枪1199支，青年抗日先锋队（简称青抗先）40人，步枪40支，普通自卫团9603人，步枪330支，群众武装人数已经超过了全县人口的3%。

武装斗争抗敌卫国保家

临沭县是临沂城的外围，临郯公路和沂、沭河贯穿其中，不仅是两省五县的边缘区，而且是沂沭河两岸土地肥沃的产粮区，其战略位置和经济地位十分重要。从抗日战争到解放战争，临沭县对敌斗争是极其尖锐的，是鲁南和滨海根据地的南、西大门，一直是抗日战争、解放战争中武装斗争的焦点地区，战事频发，战争环境极其惨烈。那时，同敌人的斗争是没有游击区的，是根据地直接对着敌人的炮楼的，没有缓冲余地，庄对庄，枪对枪。如大哨是伪军据点，而曹庄、马庄和岌山前就是我们的根据地；醋大庄是日本鬼子的据点，而南古庄、徐贺城、黄庄子就是我们的根据地；黄庙子、石桥头、陈村是伪据点，在沭河西面，而河对面，像高埠前村就在沭河东岸，同黄庙子隔河相望，敌人站在炮楼上，我们的民兵在村头上站岗，就可以互相看得清清楚楚，甚至说话都互相听得见。县委的领导（包括党、政、军、群团等）坐镇对敌斗争的前线，领导全县的工作，长年累月在沭河两岸的朱村、旺南庄、前后店子、曹庄、王家贺城等一二十个村子活动，黄庄子、徐家贺城等村庄在醋大庄敌人大炮的射程以内，不能驻机关，而岌山以西是大哨，驻着伪军。县机关长年累月处于战争状态，及时了解敌情，及时处理问题指挥战斗。同志们开玩笑说，一年三百六十五天，沭河岸上天天像过年一样鞭炮齐鸣（枪炮声）。临沭县的党政军民就是用这种不屈不挠、无惧牺牲的精神进行对敌斗争，在沭河岸上铸起了一道人民战争的铜墙铁壁。

1940年7月，中共苍马工委、苍马办事处将动委会特务大队、五乡边防大队和青抗营部分人员统编为苍马游击大队，白涛任大队长兼政委，钟伯荣任副大队长，下辖4个连、500余人。1941年1月组建苍马县大队，白涛(同年5月离职)、张云榭先后任大队长，白涛(兼)、戴仁义先后任政委，袁海河(同年5月)任副大队长。苍马县大队1941年8月改称临沭县大队，吴作恩任大队长，白涛兼任政委，戴仁义、石涛先后任副政委。1943年3月，临沭县大队改编为临沭县独立营，陈士法、郭廷万先后任营长，铁瑛兼任政委，吴作恩任副营长，下辖3个连，300余人。1945年2月扩编为临沭县独立团，郭廷万任团长，铁瑛兼任政委，抗日战争胜利后称滨海第二团。

为破坏我根据地内轰轰烈烈的“减租减息”和增加雇工工资运动，达到瓦解、摧毁我根据地的目的，1942年9月28日，临沂及临郯公路各据点日伪军700余人，由日军三十二师团二二一联队小林大队长指挥，分两路向岌山一带进犯。教导二旅四团以两个营的兵力投入战斗，县、区武装和西山前、曹庄等村民兵积极配合，经过激烈战斗，将“扫荡”之敌击溃，日军大队长小林被当场击毙，顾问伊藤受伤，日伪军死伤90人。中共中央机关报《解放日报》曾三次报道了这一胜利消息，滨海专署明令嘉奖临沭县参战民兵。

在战斗中逐渐发展壮大的临沭地方武装，多次向敌人主动出击，有力地牵制了敌人，为沂蒙反扫荡斗争的胜利做出了积极的贡献。在击毙日军小林队长之后的1942年11月4日，临沭县大队夜渡沭河，挺进至洪瑞一带，将相公庄、郭家湾等地日伪掠夺的木材门板全部销毁。5日晚，临沭县大队与教导二旅四团一部猛袭连家埠伪军，俘伪军两名。7日晚，临沭县大队和岌山、古贺区数百名民兵，配合四团的两个连，围歼前后宅、黄岭伪军，俘虏伪军30余人，救出被抓群众20余人。12日，岌山、古贺区民兵400余人配合四团和县大队一部，攻入黄庙据点，毙伤敌伪2人，夺回物资大宗。16日，古贺区民兵600余人又配合主力和县大队，奔袭连家埠据点，伪军30余人溃散。23日，古贺区民兵又与主力部队配合，围攻陈士昌匪部，生擒其一部，救出被抓群众5人。12月2日至12日，为揭穿日军所谓“大东亚圣战”一周年赫赫战果的欺骗宣传，临沭县组织中心区民兵1200人，会同主力部队一部，深入沂滨、钟山等敌占区，对敌伪展开大规模的政治攻势，宣传面积北起玉皇庙，南至郯马，达2750平方里，共104村，教育群众2万余人，包围据点7处，宣传教育伪军500余人次，同时俘伪乡长2人，伪军16名，夺回粮食万余斤，救回民工600余人。为此，中共中央机关报《解放日报》做了专题报道，滨海专署在冬季斗争总结中对临沭县的工作给予表彰。

1943年初，日伪推行第五次“治安强化”运动，加强了对临沭西部地区的“扫荡”“蚕食”，在沂、沭河间增筑碉堡多处，企图打通临沂至青口的公路，以达到其分割滨海区南部地区的目的。1月14日，日伪侵占醋大庄，建立了据点。醋大庄是临沭县西部重镇，靠近沭河，是我滨南秘密交通线上一个重要的联络点，敌人占领了这里，等于扼住了临沭根据地的脖子，对临沭和滨南地区构成极大的威胁！我军连战三昼夜未能攻克这一据点，古贺区黄庄、贺城等村群众被迫转移到沭河以东居住。为尽快拔除日伪醋大庄据点，临沭县委在沭河对岸南古庄设立民兵指挥部，组织内地民兵分期分批（每期一二百人，每期半个月左右）到沭河西岸，与2月12日成立的古贺大队配合，对日伪醋大庄据点实行了长达1年的围困战，创造了突出的成绩。这就是著名的醋大庄围困战。

1943年冬，临沭县在开展反封锁斗争的同时，继续广泛地开展对敌政治攻势，普遍开展了用点“红黑点”、记“善恶录”的办法争取伪军投诚。哪个伪军做了对我党、我军和人民有利的事情，就在他的名字上点上红点，做了坏事，就点黑点，等黑点到了一定的数目，他就会受到惩罚。各村还进行了伪军家属登记，开展伪军家属“唤夫索子”运动，政府颁发了款待伪军回家的条例，印发了伪军“归来通行证”，鼓励伪军归来。攻打敌人的据点时，让伪军家属到据点前对伪军良言相劝，催促他们投诚，有效地瓦解了日伪军的斗志。

在那风雨如磐的血火岁月里，临沭县军民同仇敌忾，以命抗争，浴血奋战，留下了一段段可歌可泣的武装斗争卫国保家乡的英雄事迹，其中两个“抗日模范村”彪炳史册的抗敌战斗，值得我们永远铭记，世代传扬。

西山前村战斗。抗日战争时期，西山前村（今临沭县曹庄镇驻地西南4公里）处于滨南根据地前沿，村自卫团打鬼子、抓汉奸、攻碉堡、割电线，抗日斗争十分活跃，被誉为“滨南地区的战斗堡垒”。驻临沂日军和盘踞在沭河西岸的临沂保安大队大队长许兰笙，把西山前村视为眼中钉。在窥知八路军主力部队在外线作战后，1941年9月30日，他聚集了临沂、李庄等据点的日伪军千余人，夜袭西山前村。得到消息后，时任山前乡乡长的张作洪立即带领全村男女老少，摘门板、搬碾盘、抬沙土，修筑工事。张作洪站在圩墙上，手挥大刀，高声说：“父老兄弟们，虽然鬼子和汉奸把咱包围了，但是咱西山前绝不能当孬种，要和小鬼子血战到底！”战斗打响后，乡中队、村自卫团和全村男女老少，用鸟枪、土炮、大刀、长矛和农具，同敌人展开激战，打退敌人一次次进攻。日伪恼羞成怒，向不满1000口人的西前村发射数十发炮弹，20余挺机枪疯狂扫射。西山前人民不畏强敌，英勇抗击。一人倒下，另一人立即站在了战斗位置。围墙被炸塌多处，人们立即用高粱秸、门板堵上。张作洪身背大刀，手持钢枪指挥，鼓舞士气，不时向敌人射击。在村东南角围墙垛口，张作洪打死第四个鬼子后，不幸中弹牺牲。战斗中，张作洪的小儿子张福明也不幸牺牲。残忍的日寇向村子发射了毒瓦斯，村子被攻破。八路军东进支队和临沭地方武装闻讯赶来支援，日伪军仓皇逃离。此战击毙敌伪50余人，张作洪与30名乡中队队员、村自卫团团员在战斗中壮烈牺牲。为表彰西山前人民的英雄事迹，滨海专署授予该村“抗日模范村”、张作洪“抗日民族英雄”称号。

朱村战斗。在抗日战争时期，朱村（今临沭县曹庄镇）是山东抗日根据地沭河防线上的重要堡垒。1944年1月24日(旧历除夕)夜，驻临沂日伪军1000余人，对位于沭河西岸的岌山区进行疯狂的报复性扫荡，在除夕夜的鞭炮声中扑进了朱村。驻守在沭河东岸的八路军第一一五师教导第二旅四团三营八连闻讯，火速赶来救援。战士们蹚着冰冷刺骨的河水渡河，对敌进行三面夹击。日军被从天而降的八连战士打蒙了，50多个鬼子狼狈溃退到村西南角的柏树林，凭借优势火力和有利地形负隅顽抗。战斗中，连长鄢思甲负了重伤，仍继续坚持指挥战斗；一排长秦家龙刚被抬下火线，一班长焦锡模立即站到指挥位置，他的一只胳膊被打断了，仍坚持不下火线直至壮烈牺牲；一排副排长安吉然同一个鬼子扭打在一起，鬼子拉开手榴弹，妄图把安吉然吓倒，安吉然却死死抓住他不放手，鬼子害怕了，将手榴弹抛出，俯首就擒；战士郝红娃的腿负了重伤，他简单包扎了一下，又冲了上去……敌人在增援部队的火力掩护下，扔下30多具尸体，丧家犬似的逃跑了。在这次战斗中，八连有24位战士献出了宝贵的生命。战后不久，朱村群众把一面绣了“钢八连”3个字的锦旗送到连队，从此，“钢八连”的名字就叫开了。后来，在山东军区战斗英模大会上，政治部主任萧华正式宣布八连为“钢八连”。

沭河两岸战歌激扬

1942年10月，日寇对我根据地推行以“宣传‘大东亚共荣圈’，强化反共组织，封锁、‘蚕食’抗日根据地”为主要内容的第五次“治安强化”运动。临沭军民在党的领导下，积极配合主力部队，采取“敌进我进”的翻边战术，对付敌人的“蚕食”进攻。在这种情况下，一首曾在临沭县广为流传、热情讴歌临沭军民抗日斗争的歌曲《沭河的歌声》诞生了。歌词是：沭河好风光，庄庄相连多么长，土地肥来人口广，庄稼人勇敢有胆量。鬼子太心狠，顽固土匪趁火抢掠，杀的杀来抢的抢，大好的沭河遭了殃。八路军来了老四团，人民里走出了白县长（刘白涛），不让鬼子猖狂，不让鬼子抢掠，民兵千千万，拿起刀和枪，拥护八路军，紧随共产党。游击小组多活跃，沭河人民铁样强，保住我们的田庄，保住沭河的风光，让敌人望着沭河战栗，让我们在沭河上歌唱。

1940年前后，滨海大地的临沭县反共逆流一度猖獗，在国民党57军顽固势力的支持下，郯（郯城）东北地区和接壤的临沭县南部地区，地方上的土顽势力伺机而动，疯狂反扑，加之日伪军频繁扫荡，形势一度恶化。至1940年8月底9月初，临沭一带只剩下沭河西岸北至徐家贺城，南至旺南庄、岭南头，东到沭河岸，西至曹庄的狭小地带，南北不到18华里，东西不到5华里，成为“一枪可以打透的根据地”。敌对势力在军事进攻的同时，还利用恫吓、劝降、利诱、封官许愿、许以金钱美女等方式，影响、渗透、腐蚀革命队伍，分化瓦解抗日军政人员。一时寒流滚滚，乌云压顶。根据地在敌人的围困下，经历了血与火的磨炼，革命队伍在严重的困难面前，经历了生与死的考验。但大家在党的领导下，依然信心百倍，团结起来，毫不畏惧，前仆后继，坚信光明在前，胜利在前，在困境中，在逆境中，进行了艰苦卓绝、义无反顾的斗争。

抗大一分校文工团从1940年2月至1942年底，经常活动于滨海地区的临沭县一带，活跃于沭河两岸。在同顽固势力进行殊死斗争的岁月里，在同扫荡的日伪军在青纱帐里周旋的日子里，在同八路军第一一五师老四团并肩作战迎来滨海抗日根据地大发展的历史关头，文工团的团员们有失败的痛苦，有失去战友的泪水，有战斗的激情，有胜利的欢笑。他们在沭河两岸的土路上转移，他们迎着黎明的曙光在沭河上歌唱，沭河边百里芦苇荡是他们配合老四团袭击鬼子的广阔战场，苍山茂密的树林里，是他们热情慰问部队伤病员的好地方……风云澎湃的岁月，化作刘知侠笔下的一行行文字；难忘的战斗，孕成王久鸣胸中的一个个音符，而亲历的如火如荼的“双减”运动更如激情的锣鼓在他们耳边震响。

当时位于沭河西岸的朱村，由于开辟根据地较早，群众基础巩固，地理位置好，西扼岌山，东控沭河，因而临沭县抗日民主政府经常驻在这个村，老四团下属的几个连队更是常来这个村驻防。紧靠沭河边的 25 亩滩涂，还被老四团开辟成了练兵的大操场，而这个大操场也正是临沭县抗日民主政府多次召开全县性群众代表大会，动员一切力量进行抗日战争的大会场。

朱村的天时地利，朱村浓浓的抗日氛围，朱村勃发出来的源于沭河两岸的同仇敌忾、万众一音的抗战之声，陶冶了、润泽了抗大一分校文工团。刘知侠、王久鸣在朱村这个革命的摇篮里，在这块红色的土地上，在这块风雷激荡的沭河岸畔，灵感张扬，激情喷发，于是那些沸腾的饱蘸浓浓沭水的铿锵字句，那些跃动的情感炽烈的旋律，在他们的脑际涌流出来，铺展开来。于是，在 1942 年 10 月，他们一鼓作气、水到渠成地创作了这首响彻云天的战斗歌曲。

1942 年的秋天，高粱都收割完了，一天下午，刘知侠拿着抄有这首歌的一张大白纸，把这张纸用图钉钉在一块木头黑板上，然后挂到村内十字路口处一棵大槐树的树杈上，对儿童团的孩子们说，这是我和别人一起在你们村创作的一首歌曲，写的就是这儿的事。接着，他就教大家唱这首歌，他教一句，儿童团员们便跟着唱一句……这样教了四五遍，孩子们便学会了，以后又排练了独唱、双人唱、分组唱和大合唱。

这首歌由于紧密联系就在大家身边日夜流淌的沭河，紧密联系沭河两岸的抗日斗争，紧密联系沭河的美丽风光，而且歌词朴实生动，曲调流畅激昂，所以有着很强的生命力和艺术感染力。很快的，不但孩子们会唱了，连村里的老爷爷、老奶奶也会唱了。给部队烙煎饼时，奶奶们便会在厨房里唱，给部队送军粮时，赶驴的爷爷、推着独轮架子车的叔叔、婶子们便会在村落间的黄土路上唱……《沭河的歌声》在根据地内一经教唱，便迅速传播开来，成为当红的歌曲，响彻滨海大地。

歌词中提到的白县长，是临沭县首任抗日民主政府的县长刘白涛同志，群众喜欢喊他白涛。刘白涛同志听了文工团演唱的这首歌曲，高兴地说："沭河上的歌声，鼓舞了沭河两岸的人们，团结起来，众志成城，英勇战斗，把侵略者彻底埋葬于沭河两岸！"八路军第一一五师参谋长陈士榘评价说："沭河的歌声犹如号角，犹如战鼓，战士们唱起它，就有了士气，就有了决心，就有了克敌制胜的力量！"可以说，哪里有《沭河的歌声》，哪里就有抗日的烽火。而八路军第一一五师部队集合时，政治部主任萧华同志喜欢指挥部队合唱《沭河的歌声》，那雄壮的歌声声振林木，响遏行云，在沭水苍山之间久久回荡……

全力投入解放战争，争取最后解放

经过 14 年的浴血抗战，临沭县党组织锻炼、发展、壮大了自己的力量，培养了大批革命干部，建立了强大的人民武装，积累了丰富的斗争经验，在人民群众中树立了较高的威信。这一切都为抗战胜利后还击国民党的进攻，取得解放战争的胜利准备了条件。

1946 年 6 月，国民党反动集团悍然撕毁停战协定，以 30 万大军大举向解放区发动全面进攻，全国内战爆发。根据上级部署，临沭县在全县开展深入广泛的反内战动员，各区、村均召开反内战大会，在"一切为了前线，一切为了战争胜利"的口号鼓舞下，全力以赴投入战斗。临沭独立团于 1945 年冬升入主力部队后，临沭无正式地方武装，为迎击国民党军队的进攻，县委专门召开会议，部署参军活动，再组建县、区武装力量。8 月，1500 名青年在"拿起枪来保家乡、保饭碗"的口号下，踊跃参军。临沭县还派出民工 3000 人，9 月又派出子弟兵团一个大队 300 人，随军支前。10 月上旬，国民党乘我军主力南下、鲁南空虚之机，以整编三十三军及整编二十六师、五十一师和第一快速纵队向临沂进犯，相继侵占了台儿庄、峄县、枣庄地区，27 日又东犯邳县、官湖、兰陵一带。为支援鲁南地区作战，临沭千余民兵在武装部部长刘成翰的带领下，开赴前线参加了鲁南战役。战役结束后，马邦才、夏洪玉等 127 人荣获一等功，周善泉等 180 人荣获二等功，王振富等 169 人荣获三等功。

农民喜看土地证

1946年上半年，临沭县在新区继续放手发动群众，开展反奸诉苦、减租减息运动，在老解放区继续开展“查减”，实行变工互助，努力发展生产。根据中央“五四”指示和滨海地委关于在全区开展土地改革运动的决定，组织土改工作队，在岌山区朱村等地搞土改试点，成功后在全县范围内开展土地改革。从7月初到11月，全县从地主手中没收土地5万亩，18万农民获得土地。运动中大量发展党员，调整提拔了一批村干部，壮大了党和群众组织；同时抓住有利时机，加强阶级教育和时事教育，全县涌起了群众性参军参战的热潮。11月，全县参军1246人，后精简287人，实参959人，受到了滨海地委的表扬。

1946年12月宿北战役后，山东成为华东地区的主要战场。1947年上半年，国民党军队向山东解放区发动重点进攻，临沭县处重点进攻的要冲，是当时滨海区斗争最艰苦的县之一。1947年2月12日，敌军首次进犯临沭，至15日，沂东区、钟山区全部，岌山区、桃园区、夏庄区、蛟龙区、大兴区大部为敌占领。敌在临沭西部以李家庄为中心，东部以欢墩埠为中心，建立了数十个据点。借国民党军队大规模入侵临沭县之机，由地主恶霸分子为骨干组成的“还乡团”也疯狂进行反攻倒算，仅沂东区就被杀害500余人。临沭县委决定以区为单位，把干部和民兵组织起来，各区都建立了300至500人的武装，对“还乡团”反动势力进行了坚决打击，至本月底，作战30余次，歼敌1000余人，攻克敌据点20余个，收复沭河两岸广大地区，全县除沂东区和钟山区一小部分外，其余全部收复过来。

1947年7月7日，华东局发出了《关于山东土改复查的新指示》（即“七七”指示），对土改政策重新做了规定，要求在实施新指示时“应根据百分之九十的农民的意见行事，如果党的规定与百分之九十的农民的要求不符合时，则应修改党的规定”；“在土改中一切清算调查、分配复查、调整或重分，均应先经过贫民小组讨论，再经过农会讨论通过，即可实行，不须再经任何机关核准”；“必须在土改过程中改造党，改造干部，改造作风，改造党的其他组织”。7 月 14 日，为贯彻华东局和滨海地委指示，临沭县委在夏庄区小河崖召开县、区、乡干部会议，重新布置土改复查工作。会议指出，临沭土改后地主有三多：地多、房多、浮财多；贫雇农有四缺：缺地、缺房屋、缺牲口农具、缺种子，土改中犯了“富农路线”错误。会议决定大胆放手发动群众，以贫雇农为主，团结中农，树立贫雇农领导核心，政府授权给农民，支持农民行动，摧毁封建势力。会后，临沭县委以玉山区、苍山区为点，继而在全县掀起了土改复查高潮。全县各区、村普遍成立贫农团，召开大会，各级政府向贫雇农交权，搞所谓“挖蒋根、掰蒋芽”，乱打乱杀，对地主不分大小，不分恶霸地主与一般地主，一律扫地出门。在土地分配上，搞“填平补齐”（即打乱平分），侵犯了部分中农的利益。10 月 22 日，滨海地委向各县发出指示信，对土改复查中“左”的倾向予以纠正，指出今后杀人必须经过县的批准。26 日，地委又发出《在贯彻土改复查中地委对几个具体问题的决定》，指出今后必须停止从反特入手进行土改复查的方针，并纠正刑讯逼供的做法；立即停止在运动中比较普遍的扒坟做法。从此，土改复查中“左”的倾向开始得到纠正。这次土改复查，全县复查土地计 38 万零 831 亩，浮财折款 186 亿 8230 万元（旧币）。1948 年 8 月，为贯彻中央“四八”指示（即中央 5 月 25 日发布的《一九四八年的土地改革工作和整党工作》）和六地委指示，县委在蛟龙区召开大会，重点研究解决土改复查中出现的问题，要求对错划成分的中贫农进行改正，并补偿侵犯的中农的损失。1949 年 2 月，县委组织工作团，到沂东区纠正土改偏差，后又到蛟龙、大兴、岌山、苍山等区开展土改结束工作，落实政策，进行善后工作，全面完成了全县的土地改革工作。

参考资料：

1. 尹召功、吕永国:《枪声就是命令——— 记八路军朱村抗日战斗》,《临沂日报》,

2015-08-05。
2. 王晓华：《郇华民与他创建的“沭海中学”》，连云港史志网，2019-07-29。
3. 李华林：《回忆临沭对敌斗争历史》，烽火网，2017-11-27。
4.《党的早期活动和临沭县委县政府诞生》，《临沭党史博览》，烽火网，2018-12-17。
5.《临沭抗战时期的反顽斗争》，《临沭党史博览》，烽火网，2018-12-17。
6. 铁瑛：《关于临沭县抗战时期革命斗争情况的回忆》，烽火网，2017-11-27。
7. 王宗富：《一首诞生于沭河上的战歌》，中国老区网，2019-3-6。
8. 铁瑛：《沭河长流》，烽火网，2017-11-27。
9.《刘少奇来临沭与“减租减息”运动》，《临沭党史博览》，烽火网，2018-12-17。

沭河工委、沭河办事处

继“治安肃正”政策和“分进合击”“扫荡”失败后，从 1941 年 3 月起，日寇开始在占领区全面推行“治安强化运动”，对抗日根据地进行大规模的“铁壁合围”“扫荡”。“扫荡”时，以优势兵力集中进攻一地，求得各个击破；进攻某地时，稳扎稳打，步步为营，首先把根据地分割成数块，尔后由外而内，由远而近，压缩包围，再行聚歼；兵力部署上采取纵深配备，同时修筑公路、据点、

沭河办事处成立旧址

碉堡，反复“清剿”。11 月，日军推行第三次“治安强化运动”，对沂蒙山区实行“铁壁合围”，进行长达两个月的大规模“扫荡”。此次作战的目的是“要剿灭沂蒙地区的共军，消灭其根据地”(《华北治安战(上)》第 464 页)。

为粉碎日寇的险恶图谋，加强对沭河西部敌我“拉锯”地区的领导，1940 年 4 月，中共鲁南区第四地委决定，在沭河西部岌山、古贺、沂滨等区设立了中共沭河工委(县级)，驻地在古贺区的徐家贺城、张家贺城、河口、彭古庄村(今河东区梅埠街道办事处)一带，同时建立了沭河办事处，以便全力巩固沭河以东抗日根据地，武装开辟沭河以西、沂河以东游击区。新成立的中共沭河工委、办事处由刘克文同志担任书记，刘东岑任主任，赵廷恩任副主任，辖岌山、古贺、沂滨、钟山等区，隶属鲁南区第四行署。

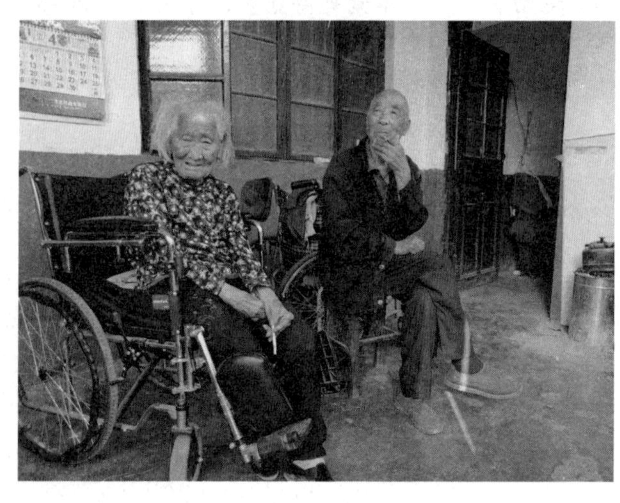

据王贺城村老军属、104 岁(2020 年)的许善英和其 80 岁的儿子王开亮回忆，从抗日战争到解放战争，王贺城村一直是共产党的红色“堡垒村”，方圆几十个村庄的“中心村”，郯东北办事处、苍马办事处、沭河办事处等八路军机关都曾在村里驻过，他们就在当时一户地主的两间屋里办公，位置就在今村委会大院的南侧，干部们吃住都分散到农户家。当年村里可热闹了，发展党员、团员都是大张旗鼓。当年，还有好几个八路军干部把家属和孩子放在村里，孩子由许善英等“堡垒户”抚养，干部家属和孩子都在村里住，村里拨给 2 亩地，并组织代工队耕种。有一家八路军干部家属，娘几个在王贺城村住了十多年，直到 1950 年才被接回在东北某部任职的丈夫身边，这期间娘几个没冻着、没饿着，几次躲鬼子、躲国民党“还乡团”，乡亲们宁愿扔下自己的亲人也要先推着、拉着这娘几个走。

中共沭河工委和沭河办事处建立后，根据上级指示，扩大武装力量，进行武装斗争，加强党的建设，认真贯彻抗日民族统一战线政策，建立各级地方政权，使抗日游击战争之火在沂沭河边猛烈燃烧起来。当时所有不愿做亡国奴的人们，在党的领导下，团结一致，同仇敌忾，浴血奋战，半年多时间，不仅恢复了被日寇“蚕食”的村庄，而且扩大了游击区，巩固了抗日根据地。

发动群众进行武装斗争。沭河地区原来的武装部队只有近百人，沭河工委、办事处成立后，广泛发动群众，经过突击扩军，半年后发展到五百余人，建立了沭河大队（又称古贺大队，一百七八十人），沂河大队（又称沂东区中队，一百三四十人），沂滨区武工队（四十多人），钟山区中队（三十多人）和岌山区中队（三十多人）。在加强部队建设的同时，还普遍建立了村民兵组织，他们站岗放哨，送信，检查行人，防止敌特活动，为烈军属代耕。战时带领和动员群众坚壁清野，掩护群众转移，配合主力和地方部队活动，抬担架，搞运输，埋地雷，侦察敌情，骚扰敌人。由于地方武装建设的不断加强，在主力部队一 一五师六八四团大力支持下，地方武装力量不断深入敌占区打击日伪军，特别第二次攻打李庄据点，使日寇和伪军遭受重大伤亡；经常挖掘公路，割断电线，破坏交通，迫使临郯公路据点的敌人蹲在“乌龟壳”里，不敢出动，终于取得了反扫荡的胜利，扩大巩固了抗日根据地。

在武装斗争打开沭沂河两岸局面的同时，沭河工委、办事处着手恢复党和发展党的组织，通过举办定期或不定期的训练班，培养党员干部和新成立的乡、村政权和群众组织中的非党新干部，迅速发展了一批新党员，仅半年时间党员发展到近百人。沭河两岸巩固区大村中，大都建立了党支部；沂河两岸游击区，一部分村庄建立了地下党支部。当时党的发展对象主要是贫农和雇农，虽然他们也和全国其他地区的人民一样身受“三座大山”的沉重压迫，有较强的斗争精神和抗日积极性，但他们的文化水平较低，有较浓厚的农民意识，对党的认识及组织观念较差。而且当时斗争环境比较复杂，所以难免鱼龙混杂，一些投机分子或其他不良分子也混入党内。此外，在发展工作中，对工人注意不够，对有一定觉悟的中农、知识分子和商人也有关门主义倾向。为此中共沭河工委根据上级党委指示，于 1942 年春夏，进行了巩固党的工作。在组织整顿的同时，还普遍进行了思想整顿，各级党组织都建立了学习制度，通过学习刘少奇同志《论共产党员的修养》

和《党员须知》等，进行系统的党的知识教育。通过整顿，纯洁了党的组织，增强了党的战斗力，半年内党员人数增加了五分之一，支部也增加了十余个。

认真贯彻抗日民族统一战线政策，大力进行政权建设。按照抗日民族统一战线政策和“三三制”原则，建立起各级地方政府。当时沭河办事处设民政、财政、粮秣、教育、司法等科，下有古贺、岌山、沂滨、钟山、沂东等区政府。沭河办事处在贯彻党的方针政策，组织根据地人民生产，实行减租减息、合理负担，改善群众生活，保护群众利益，进行政治、文化教育，动员人力、物力支援抗日游击战争，打击敌特、汉奸活动，维护社会秩序，保护人民生命财产安全等方面发挥了重要作用。在沭河一带建立的村政权为村行政委员会，设有村长。群众组织如武委会、农会、妇救会、青救会的主任也都参加村政权。村政权的主要工作是动员青年参军，筹集粮款，组织站岗放哨、送信、转送物资、拥军优属、侦察汉奸特务的活动等。在游击区和新开辟地区，注意争取伪区长、乡长、保甲长为我方工作，变敌伪政权为两面政权，如李庄伪区长、林家宅伪乡长、马石河伪乡长等常为我们筹粮筹款，送子弹，送情报，做掩护。禹王城、青山庵、道口、杨湖、梅埠、白墩、八里屯等数十个伪村政权，在条件成熟时就脱离敌人，由两面政权转变为抗日政权。由于沭河工委、办事处认真执行抗日民族统一战线政策，还团结了一大批爱国的上层人士，如巩固区沭河一带的王立韦、王益三等，游击区沂河一带的刘福田、卫绍康等。他们大都有民族正义感和爱国热忱，有的亲自参加抗日工作，有的动员说服子女参军参战，有的捐粮款和枪弹，支援抗日活动，还有的为我们送情报，采购武器弹药，对抗日做出了一定贡献。

中共沭河工委、沭河办事处和地方武装建立半年多来，在日本鬼子据点遍布、碉堡林立、汉奸伪军为虎作伥活动猖獗的情况下，像一把尖刀插在临郯日军的肘腋之下，给日军以沉重的打击。敌人为了拔掉这个“心腹之患”，费尽了心计，他们的阴谋不但没有得逞，相反，抗日力量却越战越强，不断发展壮大，在临郯公路和沂沭河两岸方圆五十多华里的地区，开辟了一条连接滨海和鲁南抗日根据地的重要通道，胜利完成了巩固抗日根

据地和开辟游击区的任务。

1941 年 3 月，根据形势发展和抗日工作的需要，沭河工委和沭河办事处奉命撤销，地方武装整编升级到滨海主力军，辖区重新划归临沭县抗日民主政府。

参考资料：

1. 刘东岑：《战斗在沂沭河边》，《临沭文史资料》第三辑，政协临沭县委员会文史资料委员会编，1987 年 11 月。

2. 刘东岑：《回忆临沭县抗日民主政权的创始》，《临沭党史资料》第三辑，中共临沭县委党史资料征集委员会，1985 年 8 月。

3. 中共临沂市委党史研究室：《沭河办事处》，《沂蒙根据地组织机构通览》，济南出版社，2017 年 12 月。

4. 中共临沭县委组织部、县委党史资料征集委员会、临沭县档案局：《中国共产党山东省临沭县组织史资料（1931—1987）》。

沂滨区

为了瓦解和粉碎日寇的“囚笼”统治，保护和巩固我抗日根据地，1941 年 4 月初，刘白涛（临沭县抗日民主政府首任县长）同志派马思孔回沂滨区开展抗日斗争，交代的任务头一条是维系人心。第二条是壮大力量、储存力量。第三条是镇压坏分子活动。马思孔回乡后，立即联络了七名同志：禹王城村的马立亭，马石河村的马和平、马登迎、马忠良，陈湖村的刘伯刚、刘镇文等，于 4 月中旬在古贺区沟北村（今临沭县曹庄镇）成立了沂滨区公所，由马思孔任书记、区长，刘伯刚负责武装，马立亭负责财粮，刘镇文、马登迎负责保卫，重新在日寇的血色恐怖中燃起了斗争的星火。

抗日战争时期的临沂县沂滨区地处临沂城东南部，是沂沭二河之间的一块平原，它的西边靠着沂河和临郯公路，北起临沂城洋桥东的九曲店，南到李家庄（今郯城县李庄镇），东边沿沭河一线，北起相公庄、独树头、玉皇庙，南至醋大庄（今河东区梅埠街道办事处醋庄），东西两河相距 18 到 20 华里，南北有 40 到 50 华里，其间有自然村庄 50 多个。这个地区在日寇占领临沂城前后，中共就开始了建党工作，到 1939 年，党的组织有了较大的发展。那时候，李石河、马石河、王家店等村就成为党组织活动的中心，抗日救国的活动十分活跃。1940 年春，这块抗日烽火旺盛的地区开始伪化了，日寇在九曲店、马石河、玉皇庙、李家湖等地安设了据点，并建立了伪区、乡政权。至此，中共党组织开始转入地下活动。

据当年的抗日斗争事件亲历者马思孔、马邦隆等革命前辈回忆，沂滨区公所成立后，他们不固定地驻在道口、大王湖、后余粮墩等村，团结宣传发动群众，建立武装成立了沂滨大队，马思孔任大队长，朱奎（朱际春）任副大队长。武器只有一支手枪，一支盒子枪，二支单打一的枪。武工队组成后，就在南古庄北面沭河边上的一个村子集中整训，主要是彼此熟悉情况，研究敌我斗争形势，以及武工队如何开展活动等问题。在敌人占领了醋大庄之后， 沂滨区的情况更加恶化了，群众抗日情绪受到了很大的挫折，有的党员和干部也消极、悲观，有的隐蔽起来。敌伪人员又开始神气起来，有些敌伪关系也和我们中断了。这时在沂滨区的各个村庄，每天见到的是从敌伪据点出来催粮要款、要民夫的伪乡丁，以及出来敲诈勒索的日本特务、国民党王洪九的便衣，还有土匪。每个村庄为了应付这帮人，烟酒茶饭不知要耗费多少钱，还要送粮出伕，这里的人民陷入了水深火热之中。根据这种情况，沂滨区及武工队确定了当时的工作任务：首要的是深入到敌区，坚持小型灵活的武装斗争，采取军事斗争与政治斗争相结合，公开与秘密斗争相结合的方式，同沂滨区人民一起坚持对敌斗争，策应沭河以东根据地军民保卫沭河，反对敌人“蚕食”的斗争。其次就是团结沂滨人民把敌、伪、顽、匪和特务便衣赶出去，减轻人民的负担，解除人民的痛苦，建立我们隐蔽的根据地。第三为我党对临沂城开展敌伪军工作创造有利条件，掩护我对临沂城工作的干部。第四是深入开展敌占区党和群众中的政治思想工作，为迎接反攻做好准备。

经过整训之后，在七月初青纱帐起来时节，区武工队从南古庄北、黄庄以南，涉水渡过沭河，到的第一个村子就是后余粮墩，而后就进入了陈家湖、马家湖、杨庄、小刘庄等村，以此为中心开展活动。武工队行动的准则：一要靠群众，我们是在敌人的眼皮底下活动的，当时抬头就看见敌人碉堡，离我们最远的据点还不到十里路，近者三五里，要隐蔽就只有靠广大的群众。二是行动要灵活，不能让敌人摸到我们活动的规律性，敌人称之为“神出鬼没”。到了村里，我们即对村庄进行封锁，一个整天只许进不许出。白天我们潜伏在庄内，派出我们的便衣人员挎上篮筐或带着农具，伪装做农活或走亲访友，到四下活动。在我们离开村后，为了应付敌人，伪村长也到据点向敌人报告，而且夸大情况，说得神乎其神。

当时武工队斗争和打击的目标主要是临沂城及九曲店、李家庄、玉皇庙、醋大庄之敌，沭河边的敌人据点由河东军民对付。有一次，正值中秋节，王洪九派了便衣，又是催粮又是要月饼，在武工队的追赶下，他们丢了月饼担子吓跑了，以后也不敢再来。敌人不敢出来，就大大减轻了沂滨区人民的负担，群众也就安定下来。这以后，日伪政权为了催粮要款，又采取秘密传送公文的办法，把限期送到的通知告诉各村，于是武工队就和群众约好，在他们送粮的路上埋伏，鸣枪阻拦，群众就借机向敌人诉苦，说八路军不准去等等，敌人也毫无办法。

沂滨区是敌占区，敌人的特务活动是很猖狂的，不搞掉他们，武工队就难以立足。因此，一旦发现了特务，武工队就坚决镇压。1943 年 6 月的一天，武工队行军到了王桥，此时敌人正搞“治安强化”，王桥安了个职业特务，这个特务名叫刘清臣，薛店村人，早先干过革命，后来当了叛徒、特务，以开药房做掩护。这天晚上武工队堵着门把刘逮捕并处决了。半个月后，武工队又逮捕了陈湖村的另一个职业特务刘忠柬，当晚把这个作恶多端的特务押到李湖村镇压了。十月初，武工队又扑到了禹王城村，那天早晨天刚亮，堵着门把特务徐姿敏、徐学敏捕获，送到沭河东处决了。十二月，武工队还逮捕了毛屯村的大特务管相谦，管是兵痞、流氓，

敌伪沂滨区区长。一系列的铲除敌特汉奸行动，不仅沉重打击了敌伪的统治势力，打出了武工队的威名，而且极大鼓舞了沂滨区及沂沭河两岸人民群众的抗日斗争信心和斗志。

除了发动和组织群众，开展武装对敌斗争，沂滨区还重点参与了对临沂城的敌工统战地下工作。当时主要是派人打入临沂城敌伪组织内部，获取情报，为上级党的指挥中枢和沭河东岸解放区的对敌斗争提供情报支持。而这个特殊的任务，首先是由坡埠特支（当时的临沂县沂滨区坡埠特别党支部，旧址位于今河东区九曲街道办事处坡埠社区）担负并实施的。坡埠特别支部由坡埠、九曲店两个村 11 名党员组成，张金龙任书记，李克瑜、孙竹泉为委员。从 1941 年春开始，张金龙、李克瑜、孙珠泉先后打入临沂城敌人内部，从事党的地下情报工作。首先是孙珠泉打入临沂新民学会总会，并派了彭思福当联络员，1942 年冬，孙珠泉身份暴露后，及时撤离，一家人回到沭河以东解放区。而后，支部书记张金龙又打入临沂，当上了伪汉奸小队长，可惜不久后就暴露了身份，被王洪九杀害。1943 年，李克瑜又以教师身份打入临沂城里的模范小学（今临沂第三小学），以教员身份开展工作。1944 年初，李克瑜得到日军要对滨海根据地进行大“扫荡”的情报后，立刻在第一时间向党组织做了汇报，为滨海区的抗日斗争立了大功。1944 年 3 月，李克瑜不幸被捕，壮烈牺牲在沂河岸畔的金雀山脚下。

参考资料：

1. 马思孔、马邦隆：《沂滨区革命斗争片段》，烽火网站，2019-08-12。

2. 张笃：《抗日战争时期武工队在沂滨区坚持斗争情况的回忆》，《临沭县党史资料》第三辑，中共临沭县委党史资料征集委员会编，1985 年 8 月。

3. 刘东岑：《战斗在沂沭河边》，《临沭文史资料》第三辑，政协临沭县委员会文史资料委员会编，1987 年 11 月。

4. 刘玉环：《战斗在沂滨》，天津市河北区老干部局网站，2007-12-04。

马石河村党支部、沂滨地下分区委

临沂市河东区马石河村位于临沂城东南12.5公里处，紧靠李公河，向西半里路就是沂河。早年公路从村中穿过，南北通衢交通十分方便。抗战开始后，马石河等村被划归临沭县沂滨区。1939年3月，马石河村成立了党支部，1940年马石河村又成立了中共沂滨分区委，抗日烽火在马石河一带熊熊燃烧，为我党在滨南沭河西岸敌占区抗日工作的开展做出了重要贡献。

马石河村早年教育事业就比较发达，1911年前就有一所学校，校址在村北头古庙里，只有四间草房做教室。1931年，地下党员马子芳又在此基础上开始办学，1932年至1938年又扩大了校舍，学生人数达到了200余人，并设有高小班。同时，还在本村及周边开办了十几处夜校，由马思孔、马邦隆、马登迎等十几名地下党员和积极分子任教，本村及周边村的大部分青壮年都参加了读书学习。这在历史上是前所未有的。他们白天做工，利用晚上的时间学习，课本是老师自编自印的，内容通俗易懂，既有实用性、进步性，又有阶级性。通过学习，大家懂得了许多社会知识，懂得了抗日救国的道理，为青壮年们进步打下了思想基础。

1936年到1937年，全国抗日救亡斗争形势发生了急剧的变化，临沂三乡师范和五中的校长带领大部分师生南下，有的投靠重庆，有的奔向延安。马石河学校也停办了，师生纷纷奔赴抗日前线为国效力，有的留在家乡开展抗日救亡运动。1938年5月，临郯青年救国会第十九分团在马家石河小学成立，青年们积极加入了这个组织，在当地积极宣传抗日，发动群众，同日伪顽展开了不屈不挠的斗争。

同年7月，中共沂东特别支部建立，直属郯城县委领导，陈乐山（善）任书记。当年，由陈乐山介绍，马石河的进步青年马邦隆加入了中国共产党，接着又有马福顺、马思禹、马邦全、马金龙等人入党，1939年3月，马石河村成立了党支部，马邦隆任支部书记。5月份，村党支部又增加了马思禹为宣传委员，马邦全为武装委员，马金龙为组织委员，成立了支部委员会，接着又发展了20余人入党，党的力量在马石河村及周边迅速扩大。这一时期，上级党组织给他们的任务是宣传抗日，动员群众开展对敌斗争。他们积极发动青壮年出去参工参战，1938年到1939年，全村有十多人参加了青抗营，有十多人参军上了抗日前线。

1940年，日寇在马石河村及周围，如九曲店、独树头、庄店子、黄山等村安上了据点，对这一区域的监视日渐严密，斗争环境变得极为恶劣。这期间，大部分同志仍在坚持斗争，也有一小部分党员不再做工作，党的工作被迫转入了地下。针对这种情况，为了坚持这一区域的抗日斗争，党组织派马思孔回到马家石河村，秘密成立了党的地下沂滨分区委，马思孔担任书记，李鸣嵩任副书记，在恶劣的环境中坚持开展对敌斗争。他们凭借人熟地熟的有利条件，机警地活动在日寇的心脏里。他们经常秘密散发宣传品，掐电线，破坏公路，还出动人马，通过各种渠道为八路军购买、运输医药品、枪支弹药，到敌人的据点侦察，为八路军送情报等。1941年春，为了打开内地食盐的销路和开展敌占区工作，分区委根据上级指示，采用公开集股的办法，在王桥村开办了一处盐店。这个盐店实际上是分区委设在敌占区的地下联络站，他们发动近村有牛车的农户到东海赣榆县盐场运回食盐，销往周边乡村。这个盐店的联络统战工作做得极为成功，数年间，收集到了大量敌伪情报，多次掩护我地下工作者进行活动，促进了这一区域抗日工作的开展。他们争取了伪乡公所汉奸队长董西纯的仁兄弟李际法，给李安置了差事并照顾其家用，通过李与董建立了联系，又通过董与汉奸头子马怀义取得了联系。利用这些关系，地下分区委书记马思孔经常在夜间与董西纯、马怀义会面，向他们宣传我党的抗日统战方针，提醒他们不要死心塌地地替日寇卖命，与人民为敌，并给他们定下了几条规矩，如夜间不得经常出来巡逻，不得抓捕抗战家属，不得抓捕工作人员。如果迫于无奈抓捕了，要想办法尽快放回。1942年，陈乐山到马石河村活动，被汉奸抓到乡公所，马怀义以同学探亲为名，把他放了回来。

1944 年 1 月，马思孔带领青抗营队伍攻打乡公所，汉奸们对天上打了几枪就缴械投降了。

在党组织的领导下，马石河村的各群众团体也蓬勃发展起来，先后建起妇救会、青救会、儿童团、识字班、民兵大队等群众组织，全村民兵达到 56 人，有步枪 40 多支，经常参加各类战斗。在解放临沂城等战斗中，马石河村的民兵组成担架队到前线抢救伤员，组织车马运送粮草，妇救会和识字班也承担起了繁重的摊煎饼、做军鞋、护理伤员等工作，为支持抗战和人民解放斗争做了大量工作。

参考资料：

1. 李浩源、李鹏程：《马家石河村的抗日斗争》，《河东红色文化》，济南出版社，2019 年 9 月。

2. 马邦隆口述，马玲整理：《马家石河村抗日斗争》，《河东文史（第一辑）》。

第三章　血水浸染的革命战斗遗址

缅怀是为了唤醒记忆，纪念是为了缔造未来。

习近平总书记指出“共和国是红色的，不能淡化这个颜色”。红色，即代表了中国共产党人和广大民众赤心报国的高尚品格和“敢教日月换新天”的理想信念。中国共产党人正是在共产主义理想信念的指引下，践行着伟大的革命实践。“求木之长者必固其根本，欲流之远者必浚其源泉”，在长期的革命斗争中，河东区域留下了许多宝贵的革命战斗遗址，包括抗日战争和解放战争时期的重要战役、战斗的旧址、遗址，有中国共产党领导的抗击日伪的战斗，也有抗日战争初期国民党领导的抗日战斗，都是在沂、沭河的怀抱里——河东区域发生的民族一致对外、抵御外侮、争取民族生存和独立的革命斗争。人无精神则不立，国无精神则不强。革命战斗遗址见证了中国共产党 100 年艰苦卓绝的奋斗历程，蕴含了中华民族自强不息的精神基因，积淀了我们国家和民族进步与发展的强大精神力量，是开展爱国主义教育、革命传统教育、弘扬党的优良传统、传承红色沂蒙文化基因的生动教材，是珍贵的革命历史文化遗产和中华民族伟大复兴的重要精神财富。

步入新时代，在迎来中华民族伟大复兴，开启全面建设社会主义现代化新征程的今天，坚守共产主义远大理想和中国特色社会主义的共同信念，更需要我们深入挖掘革命遗址红色资源，追寻先驱足迹，传承红色基因，充分发挥其“铸魂育人”的社会功能，进而产生凝聚人民力量和社会共识的强大精神动力。

硝烟散尽，丰碑永存。蒙山沂水没有沉睡，它永远守护着这片炙热的土地，这片土地上的人们也从未忘记发生在这里的故事。

汤头大捷

1938年2月中旬，日军在津浦南段的进攻受阻，南北夹击企图破产，被迫改由津浦北段主攻。北路日军左翼为号称“钢军”的日本精锐部队——板垣征四郎第五师团，主力沿胶济线西进，至潍县转南，经高密，循诸城、莒县一线，一路杀气腾腾直奔临沂而来，意图与津浦线上的矶谷师团会师台儿庄，从左翼迂回徐州。

战局形势十分危急，第五战区司令长官李宗仁急调从沧州撤退后驻防海州的第四十军庞炳勋部驰援临沂。接到命令，庞部星夜兼程赶来临沂布防：军部和三十九师师部同驻南关三乡师校院；一一五旅朱家麟部驻城东相公庄一带；一一七旅李运通部驻城北诸葛城一带；补充团李振清部驻城关附近，炮、工、辎、通各营驻南关附近，骑兵大队驻相公以东地区。当时，日军已相继占领诸城、沂水、莒县，并于3月初直抵临沂东北的汤头镇。四十军及从青岛撤退的海军陆战队急压汤头附近，实施抵抗狙击，打响了临沂之战的第一次战役。此役成为抗战史上有名的“临沂大捷”，亦称“汤头大捷”。

占领汤头的日军在取井水

四十军利用汤头西北老虎埠之丘陵地带，在东西长达23华里的防线上构筑工事。庞部除以一团兵力守城，另以一团作总预备队驻扎临沂城老洋桥东九曲一带待命外，其余三团都布防于日军进攻之正面，全力阻击。

此时，日军掌握到张自忠部的动向是从峄县到临沂，最快也要3天的时间，因此他们不但可以抢先击溃已弹尽援绝的庞炳勋部，而且还可以以

中国守军顽强狙击

逸待劳反击张自忠部。没想到，张自忠率领五十九军急行军，在一日一夜之间提前赶到临沂，并且不做休整和换防，直接发起攻击，猛攻日军第五师团背侧。加之庞炳勋部将士同时从阵地正面拼命反击，日军在完全没有防备的状况下，腹背受敌。一时间日军飞机、大炮、坦克均失去效用，而西北军的大刀却发挥了作用，四十军和五十九军的将士们大都挥舞大刀，赤膊上阵，与敌军短兵相接，战况之惨烈，实属空前。一夜之间，日军第五师团被歼逾千，损失惨重，被迫放弃正面攻城，转而对五十九军发起主攻。16 日晨 6 时，日军由莒县赶来的增援部队千余名，及抽调与我四十军正面一带作战的军队，在其炮火掩护之下向五十九军阵地猛攻，并以飞机 10 余架向我方阵地轰炸。双方展开混战，在沂河两岸逐村、逐屋争夺，反复冲杀，形成拉锯战，战线犬牙交错。双方冲杀不下几十次，五十九军两个师的连、排长几乎全部牺牲，营长也伤亡近半。

第五战区司令部鉴于五十九军虽士气高昂，斗志旺盛，但连续作战，伤亡过重（已达 6000 人以上），疲惫不堪，建议该军暂向郯城后撤稍加休整，以利今后再战。而张自忠却要求抓住战机，再坚持一个昼夜，以痛歼顽敌。他说："我军伤亡很大，敌人伤亡也大。敌我双方都在苦撑，战争的胜利，决定于谁能坚持最后 5 分钟。既然同敌人干上了，我们就要用精神和血肉拼命干一场，不打败敌人誓不罢休！"战区司令部感动于其志，遂同意张部再战。张自忠即令全军将士再赴第一线，倾其全力，向敌军做最后一击。

16 日夜 10 时，五十九军主动向敌发起空前猛烈的攻击，拼杀至 17 日凌晨 4 时，五十九军胜利攻克日军全部主阵地。晨 5 时，敌复倾全力猛攻，五十九军当即反攻，"激烈争夺，刘家湖失而复得者四次、崖头失而复得者三次、茶叶山一度被敌侵占旋复夺回，将该敌大部歼灭于我阵地前，其残部分向汤头白塔方向逃窜”。同日，庞炳勋抓住有利战机，率部出城，猛袭日军侧背，全力配合五十九军的正面攻击。18日，张、庞两军从东、南、西三面夹击日军，经过三昼夜血战，将日寇第五师团的两个大队几乎全部歼灭。日军第五师团横尸遍野，损失极其惨重，残余部队已经无法继续支撑作战，被迫退守汤头、莒县一带，困守待援。

在此战役中，张自忠、庞炳勋尽弃前嫌，共御外敌，激战七昼夜，共歼敌3000余人，“日军以载重汽车运回莒县尸体一百余车。敌在汤头、葛沟屡次焚化尸体，来不及运回者、就地掩埋者达七八百具”。中国军队为争取胜利也付出了惨重的代价。自3月14日至19日，五十九军三十八师、一八〇师阵亡官兵达3400余人。

参考资料：

1. 顾相贞：《五十九军在临沂的抗战经过》，《河东文史（第一辑）》，1999年9月。
2. 唐毓光：《临沂抗日阻击战五十日记》，《河东文史（第一辑）》，1999年9月。
3. 李宗仁口述，唐德刚撰写：《李宗仁回忆录》，广西师范大学出版社，2005年12月。
4. 《1938年3月台儿庄大捷的第一场胜仗，日本记者记下了整个过程》，福宁客的搜狐空间，2019-03-24。

王疃战斗

1938年3月，日寇板垣征四郎第五师团主力沿胶济线西进，至潍县转南，经高密，循诸城、莒县一线，一路杀气腾腾直奔临沂而来，意图与津浦线上的矶谷师团会师台儿庄，从左翼迂回徐州，打通并彻底占领津浦线。国民党庞炳勋部奉命在汤头周边构筑工事，迎头狙击南犯日寇。这段被后来史料上称为“临沂大捷”（又称汤头大捷）的临沂抗日阻击战第一阶段战役，战斗打得十分惨烈，有传之于今的民谣可证：东安乐，西安乐，打死的鬼子垛成垛。

3月13日，因受到庞炳勋部的顽强狙击，日军见沿路及附近进攻受挫严重，就暂缓正面进攻，集结部署部分精锐兵力向东绕道至庞部阻击部队阵地右后侧方，妄图从侧翼突破中国守军防线。庞炳勋将军识破了敌人的诡计，见招拆招，于当日夜派一个营进驻王疃村，依托村庄地势在村北构筑防御阻击阵地，以迎头痛击进犯日寇。次日早饭后，日军一部从西北方向靠近公路的郑庄村向东南方向运动，进至王疃村附近，战斗即刻打响。日寇见庞部识破其诡计且设防强力阻击，恼羞成怒，上来就是一阵密集的炮击，我方阵地上立刻变成了一片火海。庞部全营官兵不畏强敌，视死如归，连接打退了日寇的多次冲锋。战场工事里血肉横飞，枪炮声、喊杀声震彻云霄。午后，庞部阻击部队推至村北一个晒粮的场屋子里，把北墙挖了一个洞，作为重机枪阵地，控制了大片开阔地，给日军以大量的杀伤。日军又调来马拉山炮，轰击这个强火力点。第一发炮弹打在了晒场的西侧槐树上，把树头炸了下来。第二发炮弹打进了场屋子，撞在粗壮的房梁上，炸断了梁头，两名机枪手一死一重伤，地上留下了一摊鲜血。日军发现王疃围村寨墙东门楼上有一个瞭望哨，就打了一发炮弹，撞在墙头上，把哨兵的头炸飞。庞炳勋部的李连长在村东北林地里，站在坟头上用望远镜观察敌情，被日军狙击手打中牺牲。战至最后，敌我两军短兵相接，庞部官兵脱光衣服，抡起大刀片冲进敌群，与日寇展开了肉搏战，砍得日寇鬼哭狼嚎。

残阳如血的夕阳下，最终庞部以阵亡300余人的代价，挡住了装备精良、训练有素、穷凶极恶的日寇。这次战斗共击毙日本鬼子30多个，打伤打残的数量估计要多几倍。日寇拉炮的两匹马被我阻击部队打死，扔在林坡地里，战斗结束后村里群众把马肉割去吃了，骨头架子被北边莲花王村的村民抬回去熬汤喝了。

战斗期间，王疃村的乡亲们自发奔向战场，冒着敌人的炮火和枪林弹雨，为抗战士兵火线送干粮，抢运伤员，搬送弹药。乡亲们还冒死出阵抢出几具阵亡的烈士遗体，运回村里，擦洗干净，换上新衣服，然后安葬在了村南小溪旁。

参考资料：

1. 顾相贞：《五十九军在临沂的抗战经过》，《河东文史（第一辑）》，1999 年 9 月。

2. 唐毓光：《临沂抗日阻击战五十日记》，《河东文史（第一辑）》，1999 年 9 月。

3. 李宗仁口述，唐德刚撰写：《李宗仁回忆录》，广西师范大学出版社，2005 年 12 月。

4.《1938 年 3 月台儿庄大捷的第一场胜仗，日本记者记下了整个过程》，福宁客的搜狐空间，2019-03-24。

5. 王广举：《抗日战争台儿庄战役时期的王疃阻击战》，《王疃村：红色记忆》，2018 年 8 月。

葛沟前哨阻击战

1938 年 2 月下旬，战争的阴云密布并步步进逼临沂。日军精锐板垣征四郎师团由莒城大举南下，一路且战且进，很快进入临沂地界，逼近距临沂城东北 40 公里的葛沟、汤头周围，一场史称台儿庄战役外围战的临沂保卫战打响了——从临沂城沿沂河往北近百里的两岸，中国守军节节布防，节节阻击，节节鏖战，节节血染沂河。

战局危急，国民党第五战区司令长官李宗仁急令驻防海州的第四十军从江苏东海、赣榆开往临沂，阻击向临沂进犯的日军第五师团。

3月4日，全军抵达葛沟、沙汀一线，迅速展开队伍准备迎敌。补充团团长李振清命令第二连到前沿阵地葛沟阻击敌人，掩护主力和友军集结。四十军兵力只有两个步兵旅和一个补充团，另有炮、工、辎、通各一营，共计13000余人，是蒋介石眼中的一支杂牌部队。因此，国民政府根本不可能为其装备先进武器，他们用的都是老式的汉阳造，一个排只有一两挺机枪，再有的就是手榴弹和人手一把的大刀。而和他们对峙的，是日军王牌精锐板垣师团田野联队。

接到命令后，二连长王景洲率领全连人马赶到葛沟，构筑工事，阻击日寇。第二连与日军相比装备是相当落后的，全连没有一门大炮，仅有捷克式轻机枪6挺，步枪是汉阳造，还有很多陈旧的套筒枪，刺刀更是缺乏，每个士兵都背着一把大砍刀。

3月5日（农历正月二十五），日军乘卡车（前4辆，后7辆）自北进至西安乐村附近。四十军补充团一个侦察队以村边的一片灌木林做隐蔽，和日军最先交上火。老百姓听到枪声，赶紧四处“跑反”躲难逃出村子。短暂的激战之后，日军因摸不清对手虚实而没有进村，而是在村东的野地里驻扎下来。第二天，补充团二连在驻扎在附近高里（今青驼镇高里村）的沈鸿烈海军陆战队一部的配合下，与进犯日军展开了激烈交战。日军先是派飞机轰炸，再以排炮射击，最后以坦克掩护步兵向我阵地发起连续冲锋。国军将士浴血奋战，一日数次肉搏，阵地前敌尸遍野。在一波波浴血搏斗中，连长王景洲殉国，继任者也相继战死或受伤，作战勇猛的排长李宗岱临危接任了连长。

惨烈的战场景象

3月8日，外围的中国守军又对日军实施了反包围，一时，战场上形成了你中有我、我中有你的胶着状态。此时，二连接到了团部命令，不惜一切代价固守葛沟阵地，待援军驰援解围。当晚，连长李宗岱建议，趁着夜色朦胧，由他带着一队敢死队迂回到日军中间，出其不意来个拦腰袭击。田营长采纳了他的建议，李宗岱对手下大喊道：“不怕死的跟我来！”第一个跳起来的是河北籍的兄弟，名字叫二虎，长得膀大腰圆。接着陆续有 50 来人响应，李宗岱选了 20 多个精壮机灵的出来，每人携带 4 颗手榴弹，手持一把雪亮大砍刀。在规定了联络信号后，趁火力吸引着日军之际，他们从村子的西北角，利用地形地物的掩蔽，沿着凹洼地形向敌方挺进。突然，日军看出有异，连忙开枪射击，清脆的枪声和一束束火光，划破了沉寂的夜空。一时枪声四起，一阵手榴弹掷向敌群后，20 个勇士个个像猛虎出山似的扬起大刀直扑过去。李宗岱挥舞起大刀首先冲入日军阵地，一刀劈下了鬼子一只手，再一刀砍断了鬼子的脖子。另外一个鬼子也被其他人解决。这时，一队日军冲了过来，李宗岱命令用大刀杀敌，这些鬼子被杀得连连后撤。经过几十分钟的白刃战斗，敌人抵挡不住，向后溃退。敢死队虽然只有 20 来人，但个个都是好手。日军被杀得落花流水，大约有 30 来个日军被大刀砍死砍伤。随后，二班长用缴获的日军歪把子机枪掩护撤退，敢死队抬着受伤的 7 名士兵原路返回。从后来缴获的文件来看，这队日军原来是日军第五师团的田野联队。

3 月 12 日清晨，日军飞机、大炮轮番上，二连阵地被炸得支离破碎。连日恶战，二连伤亡严重，全连包括勤务、伙夫等人员在内已不足 50 人。此时，200 多名日军向李宗岱连发动了第 9 次进攻，阵地多处被突破，李宗岱高喝一声：“兄弟们，不是敌死，就是我亡，拼了！”大家扔下枪支，从背后抽出大刀片，雄狮一般扑向敌群。此时，中共地方武装第四支队六大队也赶来打援，日军被这种以前从来没遇到过的不要命的打法吓破了胆，纷纷狼狈溃退。李宗岱连再次牢牢扼守住了葛沟阵地。

就在葛沟阻击战到了危如累卵的要命时刻，张自忠五十九军飞赴临沂，日军板垣师团遭到重创被迫暂停进攻。李宗岱和弟兄们最终胜利完成了葛沟阻击任务，但也付出了极其惨重的人员伤亡代价，全连 170 多人，最后仅存 29 人。由于李宗岱二连的拼死抵抗，使企图南进的日军被钉死在葛沟五天五夜，未能向前突破一步，为台儿庄大捷赢得了宝贵的时间。

参考资料：

1. 刘颖超：《台儿庄战役临沂阻击战殉国将士纪念园开园》，央广网，2015-09-18。

2. 付茜、庄成：《台儿庄战役临沂阻击战殉国将士纪念园“9.18”开园》，《沂蒙晚报》，2015-09-19。

3. 吴永强：《临沂西安乐村：被遗忘的486名国军阵亡将士》，《齐鲁周刊》，2015-04-03 。

4. 常芳：《第五战区》，山东文艺出版社，2014年9月。

5. 周广聪、徐升：《486名将士埋骨荒野　无名抗战将士纪念园9月落成》，琅琊网， 2015-08-08。

6.《486位国军将士埋骨荒野 村民筹建纪念园将落成》，《新民晚报》，2015-06-15。

7. 李勇、王世翔：《无名的丰碑》，《大众日报》，2015-08-16。

白塔街、沙岭子鏖战

第一次临沂保卫战结束没多久，临沂的战局就发生了巨大的变化。由于台儿庄方面战斗激烈，孙连仲部几乎支持不住，3月20日，李宗仁调五十九军增援台儿庄方向，仅仅留下一一四旅协助固守临沂城。此时，日寇第五师团得知这个情报后，立即组织力量再攻临沂，妄图趁虚而入。

此次日寇的增援部队已非板垣师团，而是坂本独立旅团，由青岛进至汤头，共4000多人。这样，保证了坂本支队仍然有15000余人的兵力规模，同时又配属了刘桂堂部伪军3000多人，还有张宗援伪军3000多人，总兵力超过了20000

人。1938年3月24日下午，日寇与庞炳勋部在白塔街、沙岭子村（今河东区汤头街道办事处）一带接上火，展开了又一场惨烈的激战。

奋勇冲杀

双方交战中，日寇先是隔空炮击，炮火昼夜不停，中国军队严阵以待，寸步不让。继而是两军对垒，短兵相接，在白塔街、沙岭子两村外，庞部守军与日寇往复突击肉搏多次。庞炳勋以下师、旅长躬身在阵地督战，战斗空前激烈，当晚就毙敌300多人。由于第一次临沂保卫战时弹药消耗很大，庞炳勋部此时尽量节约弹药，不到日寇进入100米内不开枪，力求做到每枪都击中敌人，节省每一粒子弹。由于日寇的攻势十分猛烈，第三军团兵力又完全来不及补充，只得依靠残部誓死抵抗，但无奈一共仅剩包括伤员、军属特务营、学生队在内的7000多人，加之已损坏过半的残破武器，与日寇对垒已是十分勉强，要做到长时间固守是绝对不可能的。至24日中午，庞部在战斗中伤亡很大，阵地上已是尸山血河，万般无奈之下，在眼看即将全军覆亡的紧要关头，上级命令他们避敌锋锐，退守桃园、于埠一线，整备兵力，依托工事，再阻日寇。

庞部紧急撤退后，日寇尾追不放，并施以猛烈的炮火攻击，曾一度突入王家于埠（今河东区九曲街道办事处），被中国守军拼死击退，毙敌百余。

参考资料：

1. 冉敬中：《我在临沂对日作战的前前后后》，《河东文史（第一辑）》，1999年9月。

2. 常芳：《第五战区》，山东文艺出版社，2014年9月。

3. 顾相贞：《五十九军在临沂的抗战经过》，《河东文史（第一辑）》，1999年9月。

4. 唐毓光：《临沂抗日阻击战五十日记》，《河东文史（第一辑）》，1999年9月。

5. 李宗仁口述，唐德刚撰写：《李宗仁回忆录》，广西师范大学出版社，2005年12月。

三官庙争夺战

1938年3月初，日寇板垣师团第二十一旅团坂本支队从莒县南进，一路激战所向披靡，在3月5日攻占了国民革命军第四十军庞炳勋部固守临沂东北的汤头镇，并迅速完成了进击临沂的准备。此时，庞炳勋部也已迅速完成了沿沂河至汤头30公里的迎击布防。可惜，庞炳勋军的兵力太弱了，原有的五个团四个独立营，在沧州损失大半，此时元气未复，战斗兵力不足半数，新兵补充不到，伤员尚未归队，整个全军实力不到五个团，仅有13000人枪。五战区司令李宗仁命其固守临沂，庞炳勋只好将四个团开赴沂河东岸，沿河节节布防，直到汤头镇以北之老虎埠岭，一个团据守临沂城，左翼为友军，非主攻地带，未留预备队。

大约在3月24日前后，日寇在飞机、大炮、坦克掩护下，攻占了沂河东岸的三官庙村东侧，并依托残垣断壁逐步向西河沿推进。当时的三官庙小村不过几十户人家，与临沂城一河之隔，是敌人进攻临沂城的要冲前哨。为了守住三官庙村这个“桥头堡”，连续数日，庞部守军与敌人巷战肉搏十多次，血战三昼夜，伤亡严重，庞部死亡官兵屡屡被抬下战场，战况非常惨烈。此时，我左翼亦进攻不动，无力策应，三官庙小村这个重要战略支点危在旦夕了。庞炳勋军长一面电促长官部迅速增兵支援，否则一旦三官庙失守，临沂城将不保矣；另一方面，命令副军长马法五、参谋长李辰熙等，抢渡沂河，到三官庙村具体指挥性命攸关的争夺战。他命令全军所有持枪者，一律集合到城东沂河口，防止敌人冲来肉搏。徒手杂勤夫役每人发给手榴弹5枚，一旦三官庙被敌人突破，大家以死相拼，与城池共存亡。

庞军长也亲到沂河边督战，见有轻伤员下来，当即命令他们速返战场，生死关头轻伤岂能下火线？庞军长挺立在沂河岸畔，手不离电话机和指挥刀，眼急红了，嗓子喊哑了，一天未进饮食。通信兵因为线路不时被飞机与炮弹打断，经常在烟幕中冲进冲出紧急接线。大家看见军长的雄壮身影，备受鼓舞，人人奋不顾身，对呼啸的炮弹视若无睹。此时，李宗仁长官电令他们再坚持三小时，援军就到。也就是此时，三官庙已被敌人占领了一半了，临沂城里已被日本飞机炸弹炸成火海。

下午4时许，张自忠部五十九军先头部队一个营到达临沂城，与庞炳勋军长联系。庞说，你们看敌人已占领了河沿地带，在三官庙以北有抢渡沂河之势，我们已把全军的杂勤人员都集中到河口，准备最后决一死战。五十九军先头部队一营长见此情景，主动请缨说：战况危急，我立即带队在城东北抢渡袭击敌侧背，以减缓正面战斗压力。敌人发觉后，调动全部火力压制抢渡的我五十九军一营。一营很快死伤大半，余者伏于河滩水中，不能冲上岸去。稍后，五十九军董升堂旅长率部赶到，他与庞军长是旧识，他俩研究决定，必须抢渡，才能解三官庙之围。三官庙处河段水浅底硬，能通过坦克及炮兵，所以必争之。董旅长即刻命令该团再向三官庙方向抢渡沂河，天将黑时，我军抢渡成功。时张自忠军长已到达临沂城，听到这个消息，我军群情激昂，士气大振，全线反击，三官庙之敌全部被歼，这个重要的战略支点又回到了中国军队手中。

援军渡过沂河

参考资料：

1. 冉敬中：《我在临沂对日作战的前前后后》，《河东文史（第一辑）》，1999年9月。

2. 常芳：《第五战区》，山东文艺出版社，2014年9月。

3. 顾相贞：《五十九军在临沂的抗战经过》，《河东文史（第一辑）》，1999年9月。

渊子崖抗日自卫战

1941年12月20日，沂蒙抗日根据地沭水县渊子崖村(今临沂市莒南县板泉镇)，一个普通的村庄，在一名19岁村长的带领下，英勇的村民依靠土枪、土炮、大刀、长矛、铁叉和铡刀，与装备精良的千余名日伪正规军展开了整整一天的殊死搏斗，以牺牲147人的代价，歼敌80余名。这是抗日战争史上，中国农民以一个村庄自发组织的规模最大、最激烈、最悲壮、最具民族不屈精神的浴血保卫战。

首次交锋，汉奸落荒而逃

渊子崖村位于沭河以东，是沭水县板泉区一个拥有200多户人家的村庄。抗日战争时期，沭河以西是日寇占领区，共产党八路军则在沭河东岸活动，渊子崖一时成了敌占区和抗日游击区的“拉锯战区”。日伪军经常来这一带“扫荡”，残杀百姓，抢掠财物，奸淫妇女；沭河西岸的小梁家据点的伪军也常到东岸的村子里替日军要粮逼款；一些地主、土匪武装，则打着“抗日”的旗号袭扰村民，敲诈勒索，穷苦百姓度日如年，天天过着“白天怕见人跑，夜里怕听狗咬”的日子。

1940年1月，八路军山东纵队二旅独立营进驻渊子崖村，指战员们生活艰苦，平易近人，他们打鬼子捉汉奸，出生入死，不怕流血牺牲。村民们认识到八路军才是真正抗日的队伍。这年10月，“抗大”工作团又来到了这个村，他们积极在村民中宣传抗日救国的道理。1940年年底，在中共板泉区区长冯干三的帮助下，渊子崖村建立了抗日民主政权，成立了抗日自卫队，刚满18岁的林凡义被推为村长。接着村里又成立了“农救会”“妇救会”和“青抗先”等群众抗日组织。为了保卫家乡，村民把过去用来打土匪的土炮、土枪、大刀、长矛集中起来，作为和敌人斗争的武器，全村抗日救国工作开展得轰轰烈烈，村里到处可以看到抗日的标语，听到抗战的歌声。

1941年冬，日军的“铁壁合围”开始了，山东抗日根据地进入最艰苦的岁月。1941年12月中旬的一天，小梁家据点的伪军为了向日军“进贡”，派人送来了条子，向该村要大宗鸡鸭鱼肉、白面和1000块大洋。连饭都吃不饱的村民坚决拒绝了他们的敲诈。村长林凡义找人写了个回条：“鸡、肉、面、钱都准备好了，请来拿吧！来一个杀一个，来两个杀一双。”把条子交给来人后，他立即召开了自卫队员和群众大会，号召大家做好一切准备，迎击敌人。

12月18日，小梁家的伪军队长梁化轩带领150人包围了渊子崖村。伪军们在土围子外高叫：“赶快交出所要的东西，慢一点就攻进围子，杀你个鸡犬不留。”土围子是1920年村民为躲避匪盗祸乱而建的，有5米多高、1米多厚，上建有炮楼、炮眼，非常坚固，眼下正好用上。伪军们刚靠近围子，村自卫队的土炮便“轰隆”一声，随后瓦片、石头一齐飞向敌群，打得伪军抱头乱窜。梁化轩喊着村长的名字高声叫骂：“林凡义，你过去抗粮不交，现在又向皇协军开炮，真是该死。”他用枪顶着伪军，不准后退，命令他们爬墙攻寨。自卫队在林凡义指挥下，沉着应战，等伪军们靠近了围墙，“生铁牛”一声怒叫，弹药喷向敌群，只见烟雾起处，人仰马翻，伪军被打得腿断胳膊折，纷纷后退。“生铁牛”是一种杀伤力很强的土炮，炮口比碗口还粗，一次可以喂五碗黑火药、五碗铁砂。虽然准头差，打不远，可在几十米的距离内，炮一开，就扫帚似的扫一个面，被打着的人非死即伤。在炮火的掩护下，自卫队员杀出围墙，手握大刀、长矛、土枪，向败退的敌人追去。伪军们拼命逃窜，有的跑掉了鞋子、有的跑掉了帽子，狼狈逃往沭水以西据点。

迎击日寇，筑起血肉长城

打跑了汉奸，村民不敢掉以轻心，为了防止敌人卷土重来，渊子崖做好了再战的准备。全村男女老少齐动手，加固围墙、擦拭武器、制造弹药。全村各家各户所藏的火药、土炮、大刀也都集中分配到土围子的各个战斗岗位，并沿着 5 米高的土围子内侧，搭起了两米多高的可供人瞭望、射击的木架子。全村群众也进行了分工，一旦战斗打响，男青壮年守围墙，女青壮年运送弹药、石头，老人、儿童送水送饭，救护伤员。果然不出所料，1941 年 12 月 20 日凌晨，到沂蒙山区进行“铁壁合围”八路军的 1000 多名日军，经过渊子崖村北，准备返回新浦(今属江苏省连云港市)据点。小梁家据点的汉奸谎称渊子崖村驻有八路军，引着日军奔向渊子崖。听到动静的村民立即行动起来，青壮年拿起土枪、大刀、铡刀等武器爬上了架子、围墙，老人、妇女和儿童忙着装弹药，捡石块送到围墙边。

拥上来的日军在距围子四五百米的地方停下了，田野里黄压压的一大片！日军的小“膏药”旗摆了摆，汉奸队伍顺着村西大汪鱼贯向南包抄过去，大队日军猫腰进了村西北的深沟，日军马队进了村东的坟地里。村四周架起了机枪，4 门大炮也支起来了，炮口直瞄村里。日军对整个村子完成了合围以后，派出伪军前来劝降，说只要交出八路军，交出粮食，可保全村无恙。村长林凡义响亮地说了“不”。

日军从村西北方向的深沟里迂回包抄上来，情况万分危急。站在木架子上，林凡义做了战前动员，他对乡亲们说：“鬼子把咱们包围了，跑是跑不掉了，退也没有后路，一命换一命，值！一人杀两个鬼子，赚！土围子后面就是咱们的家，家里有老人、妇女和孩子，一旦鬼子进来，后果不堪设想，咱渊子崖人是有血性骨气的，宁死不能当孬种，咱们要齐起心来，同狗日的鬼子兵拼啦！”村民们也异口同声：“宁可站着死，决不躺着活。大伙儿听你的，拼了！”

早晨 8 点多钟，敌人的进攻开始了。日军先用山炮炮轰围墙和村庄，轻重机枪的子弹也像雨点一样射向围墙，硝烟迅速在村子周围升起，村里也是浓烟滚滚，被炮弹击中的房屋顿时成为一堆瓦砾，许多村民被炸死。林凡义甩掉棉袄，抡起大刀，沉着冷静地指挥村民迅速占据有利地形，决心严惩敌人。当敌人进入火力圈时，林清浩的“五子炮”首先开火，接着，所有土炮、土枪一起打响，只见敌群中浓烟滚滚，日军哇哇乱叫，慌乱地向后退了几十米。“五子炮”是对日军威胁最大的土炮，一门“五子炮”需要 5 个人，一个看目标，一个调炮位，两个装火药，一个点火。这种土炮不大，但威力巨大，可以用生铁块、破铧犁片儿、铁钉、石块当炮弹，炮响敌人就倒一片，只是填火药很费时间。

过了一会儿，日军集中兵力进攻村东北角围墙。村东北角的围墙有一段是新修起来的，狡猾的敌人妄想从这里打开缺口，攻进村来。村长林凡义急忙带了 30 人向东北围墙增援，板泉区委在该村帮助工作的李秘书也带了几十人赶去助战。日军 4 门大炮、若干门小炮向东北围墙猛烈轰击。在炮火掩护下，鬼子兵端着刺刀，成群地向东北角围墙冲来，当到达离围墙只有 20 米的地方时，村长林凡义喊了一声“放！”霎时间，20 多门土炮一齐开火，烟雾中敌人连滚带爬退回北大沟，留下了十几具尸体。与此同时，向西北角进攻的敌人也受到同样的打击。

10 点多钟，战斗进行到白热化程度，敌人一波一波的进攻都被击退。村长林凡义手提一口大刀，光着身子，浑身是血，沿着土围子的各个战斗点跑。哪里告急了他就冲向哪里。炮声震得听不到说话声，他就喊，最后舌头都耷拉了下来。在北门，他遇到了林祥林的爷爷，爷爷头破了，满脸是血，林凡义让他赶紧回家包扎，回来继续战斗。在东面围墙的架子上，他看到炮手林久胜身子一歪倒了下来，忙把他拉到一边，用麦秆将尸体掩盖起来。多门“五子炮”的炮膛都发了红，只能一门一门地轮换着浇上煤油降温。铁砂子很快就用完了，村里的女人们把铁锅砸成一块块的碎块，送到阵地上来，还把农具铁耙子的一根根齿掰下来，直接放到炮膛里打。由于“五子炮”填火药时间长，日军就利用这个间隙，派人去抢炮，村民与冲上来的日军展开肉搏。林庆余参加战斗的时候只有 18 岁，他所在的炮位，先是在东边，北边的敌人又上来了，两个壮汉抬着炮飞跑到北边救急，北边压下去，东头的又冲上来，他们又抬着炮到东边。林崇岩家两辈 10 个男人都在炮位上。日本人的炮弹就在脚下炸开，有人被炸伤，有人倒下去就死了，但是他们一点也不知道害怕，脑袋被大炮震得嗡嗡响，没有人往后退。就这样，激战了一上午，日军也没能突破围墙。

午后时分，日军又发起猛烈进攻，炮弹像刮风一样，密集而凶猛。东北角围墙被炸开了一个缺口，很多自卫队员被埋在土里，有的光荣牺牲。林久祥提了两扇门板冲了上去，去堵那缺口，一发炮弹打了过来，门板被炸得粉碎；林庆洲又扛着门板来了，还没堵上，门板又被炸碎。围墙的口子越炸越大，“五子炮”显然压不住日军的大炮。日军看破了围墙，嗷嗷叫着冲向缺口。年轻的自卫队员林端五抱一把铡刀守在缺口上。这时，领头的一个日本兵已冲进了缺口，林端五铡刀一挥，这个日军脑浆迸裂，倒在地上。当他冲向第二个日军时，一颗子弹飞来，夺去了他年轻的生命。林端五的父亲林九宣接着冲了上来，他举起长矛，狠狠刺死一个鬼子，但他也被几个鬼子围了起来，不多时，老人支持不住，倒在了围墙下，临死还高呼着：“乡亲们，拼到底，死了也决不能当孬种！”

村长林凡义忍着悲痛，挥动大刀，与两个日军肉搏。膀阔腰圆的林九乾提刀赶来，手起刀落，砍死一个日军，他自己也身中数弹，壮烈牺牲。就在另一个日军的刺刀对准林凡义的头部时，林九乾的妻子冲上来，一镢头将这个日军砸死。围墙被打破的消息传遍了全村，妇女、老人、小孩，提着菜刀，拿着长矛、农具，都来守口子。林崇周被炮弹炸伤了肚子，肠子都流了出来，但他用破布一扎，坚持参加战斗。在村民英勇反击下，日军再次败退回去。

围墙缺口内外，尸体横躺竖卧，鲜血染红了地面。林九乾的妻子跪在丈夫尸体旁,像失去了知觉一样。公公林秉标冲了过来,儿媳见了亲人,喊了一声“爹……”就哇的一声哭起来。林秉标把一捆草轻轻盖在儿子身上，一把拉起儿媳，坚强地说：“孩子，这不是哭的时候，站起来和鬼子拼到底！”说完就扛着门板去堵缺口。就在堵缺口的战斗中，林秉标和林九乾的妻子都牺牲了。村民们冒着弹雨，用门板、石块、一袋袋沙土把缺口垒上。

不多久，日军发起集团冲锋。刚垒起的东北围墙缺口又被敌人的炮火摧毁。

一群群鬼子兵端着枪向缺口处扑来。林九兰、林崇松等人抡着铡刀,坚守在缺口旁,当日军冲进缺口时,他们一连砍死了两个。日军越来越多,村民们渐渐支持不住。林九兰、林庆海等人分别撤到了围子里东西两个炮楼上,林凡义和林庆会等人也撤到围子里的一个院落内。日军蜂拥越过缺口,守卫东炮楼的林九兰、林九先用石头瓦块继续战斗,当林九兰看到护身楼墙被炮弹打得就要倒塌时,急中生智和林九先一起把一段楼墙推倒,几个日军被砸死在墙下。接着林九兰、林九先飞身下楼,抡起大刀和日军拼命,终因寡不敌众,壮烈牺牲。当日军冲进西炮楼时,林庆海把火绳向火药罐里一抛,只听轰隆一声,火药爆炸,火光冲天,3 个鬼子变成了“火人”,林凡义、林崇松等人乘机冲进炮楼,将他们逐个捅死。还未来得及撤退,又一群日军冲了上来,他们用大刀、长矛和敌人拼杀,边打边撤。林庆海由于烧伤过重,光荣牺牲,林崇松也在砍死一个日军后中弹倒下。此时是下午 5 点左右,战斗已进行了 9 个小时。

巷内肉搏,壮士宁死不屈

太阳偏西的时候,日军源源不断地拥进村里,村民们用镢头、铁锨、菜刀、锄头同敌人展开了惨烈的巷战、肉搏战。村子里到处都是惨叫声、怒骂声、砍杀声……有的夫妻双双在院子里同日军拼杀,有的父子在巷口阻击敌人,有的母女合力同鬼子厮打在一起。几个日军冲进柴园,正在看守重伤员林崇洲的自卫队员林庆会再也按不住心头怒火,猛地从柴垛旁冲出来,一长矛刺死了一个日军,但他也被另一个日军抓住,他聚聚劲一下将这个日军的手指咬断。刚苏醒过来的林崇洲,挣扎起来,抡起镢头砸向一个日军,终因失血过多又昏倒在地。凶恶的日军把林崇洲、林庆会捆绑结实,扔进了熊熊燃烧的草垛里。17 岁的林庆宝赤手空拳同敌人夺枪,死后双手被刀刺割得血肉模糊。林九臣牺牲了,他 50 多岁的妻子手举菜刀,砍死了冲进院子的一个日军,另外两个日军的刺刀同时刺向了她,林凡义和林清洁又冲上去把那两个日军杀死。又有几个日军从街口冲来,林清洁不幸中弹牺牲。林凡义急忙窜到另一个巷口,迎面碰上了林清武,林清武把刚从敌人身上缴来的手榴弹扔向敌群,两个日军被炸倒,其余的日军向他俩扑来,林清武为了掩护林凡义，故意向另一个方向跑，日军紧紧追赶，他跑到巷口转弯处，纵身跳进了井里。村民王彦治被日军包围后，果断拉响了腰间的手榴弹，与敌人同归于尽。

西小巷子里传来一阵阵的喊杀声，林清义、林九星等十几位60多岁的老人，手拿大刀、长矛、铁叉正和几十个日军肉搏，一会儿，大部分老人被日军刺死，其余老人被日军抓住。日军逼他们投降，他们早把生死置之度外，痛骂日军，没有人性的日军用刺刀把他们刺穿后抛进大粪池，又泼上汽油烧。当林凡义带着几个小伙子赶来时，现场上堆积着死尸，林九星老人正从尸体堆里往外钻。老人的皮肤烧焦了，几处被脏水浸过的伤口还在往外溢血，痛得全身哆嗦。他对林凡义说的第一句话就是："咱没给渊子崖村丢脸！"说完就咽了气。

巷战还在激烈地进行，日寇采取种种灭绝人性的手段进行报复。不屈的渊子崖人在血与火中抗争……日军点燃所到之处的房屋草垛，天刮着西北风，无数条火舌毒蛇般地带着声响自北向南窜去。有三条街上的房屋被烈火烧个精光，全村883间房屋连成一片火海。

林崇岩被日军追到巷道的东北角，才发现断了路。这是一个死角，无路可退，但日军却一步步地逼上来。他的肩膀上还扛着一门2米多长的土炮。黄昏的幽暗光线里，几乎都能看见日军的脸了，林崇岩叫身后的同伴点炮。轰的一声，两个日军被炸翻在地，后面的日军探头探脑地不敢贸然追赶。林崇岩和同伴扔了炮就跑，一头扎进一所院子，跳进地瓜窖里。21岁的林久义手里握着一把铁叉，藏在巷道的一个拐弯处，听见日军的大皮靴声，就一铁叉扎出去，扎死了一个日军，接着又藏起，听到日军来到，又跳出来扎死一个。大批的日军从后面拥了上来，他扔下铁叉跑到一个院子里，一头扎进一个草垛，幸亏日军没有放火烧那堆草，林久义才活下来。当他回到家时，发现父亲已经死了，父亲是被日军刺穿了脖子和腰。

在这一天的战斗中，渊子崖村民共消灭日军80余人，自卫队员和群众有147人英勇牺牲。面对野蛮和邪恶，英雄的渊子崖人凭自己的正义，用大无畏的气概，谱写出一曲血染的气壮山河的民族壮歌！

太阳落山的时候，土围子外面响起了更激烈的枪声。板泉区区长冯干三、区委书记刘新一、区委宣传委员赵同和八路军的一个连闻讯赶来增援。日军见有八路军增援，便撤出了村子，在村东北的小岭上，同八路军展开激战。战斗中，除县委宣传部部长徐坦身负 9 处枪伤，后经抢救得以脱险外，冯干三、刘新一、赵同和 40 多名八路军县区中队战士，因寡不敌众，全部壮烈牺牲。区长冯干三的腹部、胸部、头部都被刺刀戳穿，全身血肉模糊。天擦黑时，八路军山东纵队二旅五团大部队赶到。怕夜间作战吃亏的日军，边放冷枪冷炮，边朝东南方向撤去。

抗日楷模，英名永垂青史

渊子崖保卫战的英勇事迹，很快在滨海地区传扬开来，大大振奋了人们的抗日精神，狠狠打击了日寇的嚣张气焰。为表彰渊子崖村民的英雄事迹和纪念战斗中英勇牺牲的烈士，1942 年春，滨海专署授予渊子崖村“抗日楷模村”的光荣称号；1944 年沭水县政府在该村北小岭上用紫红色的巨石，建成了一座六角七级纪念塔。塔的正面简述了渊子崖村自卫战的经过，塔的背面雕刻着烈士的英名，他们中有板泉区区长冯干三、区委书记刘新一、优秀共产党员赵同等八路军战士和渊子崖村 147 名英勇牺牲的烈士。塔的两侧是滨海军区领导陈士榘等人和县参议会的题词。参议会的题词是：“云山苍苍，沭水泱泱；烈士之风，山高水长！”

渊子崖抗日烈士纪念塔

中华人民共和国成立后，为了纪念在渊子崖战斗中牺牲的烈士，缅怀他们的丰功伟绩，华东革命烈士陵园纪念堂里陈列着这次战斗的浮雕，山东省博物馆里展出了战斗时用过的大刀、长矛，中国人民革命军事博物馆里设置专门版面，介绍渊子崖战斗的经过。

参考资料：

1. 车少远：《莒南渊子崖村：国难当头，草根英雄不朽》，琅琊新闻网，2011-07-03。

2. 高明：《渊子崖壮歌》，山东教育出版社，2015 年 8 月。

3.《渊子崖村：中华抗日第一村》，临沂文明网，2015-08-07。

4. 苑朋欣：《渊子崖：与日寇血战到底的“抗日楷模村”》，党史博采·纪实版，2009 年 12 期。

西山前战斗

在沂蒙军民与日本侵略者英勇斗争的过程中，涌现出一大批不畏顽敌、浴血奋战的抗日英雄模范村。沭河岸畔的临沭县曹庄镇西山前村就是山东省最早涌现出的抗日模范村之一。七十多年前，英雄的西山前人民在中国共产党、八路军领导下，谱写了一曲团结抗日、坚贞不屈的壮丽战歌。

1940 年 1 月，八路军第一一五师东进支队二大队和山东纵队陇海南进支队三大队攻克国民党郯东北办事处驻地南古庄。南古庄战斗的胜利，标志着郯东北地区亦即临沭县的胜利解放。人民群众喜笑颜开、欢欣鼓舞，先后在曹庄、南古庄、醋大庄等地召开拥军祝捷盛会。

西山前村群众平日里耳闻目睹日伪顽残害百姓的罪行，如今迎来了自己的队伍、自己的党，抗日保家的热情日益高涨。村里成立了自卫团，推选张作洪为团长。1940 年下半年，张作洪又担任岌山区山前乡乡长，组织了乡分队，乡公所设在西山前村。抗日自卫团自筹经费，张作洪带头捐钱捐物，并动员两个儿子和一个女婿参加了自卫团。在他的带动下，群众有人的出人，有钱的捐钱，有物的捐物，自卫团发展到100多人，购置了一批武器弹药，有“五环”和“生铁牛”土炮，“汉阳造”“土压五”及“单打一”等步枪，还有大刀、长矛、子弹、手榴弹、炸药等。自卫团还加固了村里的圩墙、修筑了炮楼，平时自卫团实行“劳武结合”，白天下地干活，带着农具和刀枪，敌人不来就劳动，敌人来了就打仗，夜间带着大刀枪支，守卫村庄。张作洪带领自卫团多次打退敌人的进攻，让西山前村成为屹立在抗日斗争前线的坚固堡垒。

驻临沂的日军酋首川本和盘踞在曹庄镇大哨村一带的汉奸许兰笙，因进攻抗日根据地常常受阻，把西山前村视作眼中钉、肉中刺，下决心要铲除这个障碍。1941年9月30日，在窥知八路军主力部队在外线作战后，日寇一个小队聚集了大哨、李庄、沙墩、陈家埠等据点的日伪军1000余人，乘着夜色，带着钢炮、轻重机枪等武器弹药，悄悄地向西山前逼近，拂晓到达七岌山。日寇在山顶架起了钢炮和轻重机枪，驱使伪军在前面向西山前进攻。

一阵急促的枪声，打破了黎明的静谧。枪声就是命令！西山前村北的岗楼上站岗的民兵立即吹响警号。全村父老兄弟听见警号迅速做好战斗准备。这时，张作洪带领乡分队和自卫团民兵100多人，带着武器弹药，迅速赶到北岭阻击敌人。面对来势汹汹且武器先进的敌人，仅凭村自卫团100多人和简单的枪炮大刀，难以与敌人在野外抗衡。张作洪观察敌情后，果断命令全体民兵撤回村里，坚守阵地，伺机歼敌。

回到村里，张作洪跃上圩墙，手持大刀，肩背“三八”式大盖枪，对参战的父老兄弟高声喊道：“父老兄弟们，今天日本鬼子和汉奸把咱包围了。乡亲们不要怕，咱西山前村不能当孬种，八路军很快就会来增援！”话音刚落，大家纷纷响应：“作洪，你放心！今天咱血往

一块流，要死一起死！鬼子的肚皮再硬，也顶不住咱的土大炮！”全村800多口人，磨刀擦枪，同仇敌忾，誓与敌人决一死战！

早8点左右，敌人来到村子外，渐渐向圩墙逼近。张作洪一声令下：“打！”只见“单打一”“土压五”“汉阳造”等各式步枪一齐开火，手榴弹也在敌人的脚底下爆炸。走在前面的十几个伪军死的死，伤的伤，后面的伪军见状不敢前进，掉头逃跑。日本鬼子气急败坏，命令士兵向圩墙内发射炮弹。炮弹所到之处，草垛燃烧，房屋倒塌，有一处圩墙也被炸开个大豁口。张作洪命守圩墙的民兵坚守阵地，另一部分民兵跟随他抢修圩墙、救火。很快圩墙修好了，大火也扑灭了。

敌人又发起了攻击。村西杨树林子里，十几个敌人向圩墙冲来，打兔子能手张永宗把“大金钩”贴着墙头一顺，一声枪鸣，一个伪军应声倒地。接着上来一个拖尸的，张永宗又是一枪，枪响人倒。其余的敌人吓蒙了，狼狈地龟缩回去。气急败坏的敌人疯了似的用轻重机枪向圩墙扫射，张永宗身负重伤，倒在圩墙上，临终之际，他对闻讯赶来的妻子说：“告诉作洪，俺没给西山前丢人！”

张永宗的牺牲激怒了村民，张永钦、王宗敬、孙孝光等人来到北圩墙，点燃了“五子环”土炮，愤怒的炮火像巨大的铁扫帚一样飞向敌人。顿时，十几个敌人被炸飞了，血肉模糊的肢体、钢盔、军装、刀枪在硝烟中腾空而起。敌人的机枪、小炮顿时哑了，半天也没敢再进攻。

北圩墙的严防死守，让敌人转向东南角发起疯狂进攻，机枪大炮齐开火。战斗中，张作洪的儿子张福明不幸牺牲。怀着家仇国恨，张作洪甩掉褂子，跃上圩墙，光着膀子端着机枪，向敌人狠狠射击，几个敌人应声倒下。敌人的轻重机枪不停地向他扫射。最后，张作洪不幸头部中弹，牺牲前，他用尽全力鼓励大家：“要……战斗到底，不当……亡国奴……”张作洪的壮烈殉国，更加激起全村群众的无比愤怒，誓与敌人殊死搏斗到底。

圩墙上的砖石被敌人的子弹打得斑斑驳驳，圩墙边的树木被子弹穿透，高楼、炮台被敌人的炮弹炸塌了一角。尽管如此，西山前村群众的顽强抵抗，也没让敌人攻入村内半步。丧心病狂的日伪军开始向圩墙内发射毒气弹，所到之处，浓烟滚滚，村民被呛得咳嗽、呕吐，呼吸困难。敌伪的炮火趁机发动猛烈的攻击，圩墙被炸开一道狭长的豁口，一批日伪军端着枪向豁口拥来。张永钦、张作敬、张作铎等民兵和群众一手用湿布掩着鼻子，一手高举大刀、长矛，迎着敌人犹如猛虎扑了上去。随着大刀、长矛的起落，敌人横七竖八地倒在地上。有些日伪军被他们的气势所吓倒，掉头逃跑。战斗中，张作礼腹部中弹，他一手捂着流出的肠子，一手仍抡着大刀，与敌人搏斗，直到牺牲。张永奎双腿被敌人的子弹打断，他靠磨盘支撑着身体，连续向敌人投了十几颗手雷。就这样，英雄的西山前人用自己的鲜血和生命与千余名敌人血战近一天，打退了敌人数十次进攻，打死打伤日伪军 150 余人。

太阳快要落山了，恼羞成怒的川本挥舞着指挥刀，下达向西山前村发起总攻的死命令。敌人的大炮一连发射了几十发炮弹，轻重机枪一齐向圩墙扫射。一阵狂轰滥炸，圩墙被炸开多处缺口，炮楼被炸塌，红了眼的敌人像一大群疯狗从四面八方扑了上来。英勇的西山前人民没有被敌人的凶残吓倒，他们怀着满腔怒火，与敌人展开了激烈的肉搏。搏斗中，几十个敌人死伤于大刀、长矛之下，一些西山前民众也献出了宝贵的生命。为了保护群众，减少牺牲，村长阚宝增当机立断，决定突围，遂集中全部火力，向敌人力量最薄弱的东南角发起猛烈冲击，掩护群众突围而出。傍晚，闯进村子里的敌人开始灭绝人性地烧杀掠抢，牲畜财物被抢，房屋粮草被烧光，多名乡亲被枪杀，110 多名父老兄弟被敌人押走……

夜幕降临，从外地闻讯赶来的八路军第一一五师东进支队，与突围出去的群众一起扑灭烈火，清理民兵和群众的遗体，安葬了壮烈殉国的张作洪、张福明父子、张永宗、张永奎、张永钦、张作敬、张作铎、张作礼、魏振常、王守勤、阚怀勤、孙孝先等 50 余名民兵和近百名死难乡亲的遗体。不久，鲁南专署第四行署、临沭县抗日民主政府在西山前村召开追悼大会，悼念死难烈士，慰问死难烈士和遇难群众的家属。

为了表彰英雄的西山前人民浴血抗击日寇的英雄壮举，滨海专署授予西山前“抗日模范村”称号，追认张作洪为“抗日民族英雄”。新中国成立后，中共临沭县委、县政府在岌山上建立了抗日英雄纪念碑并铭文褒扬。

参考资料：

1.《西山前，老槐树见证战火—— 村民鸟枪土炮歼灭150多日伪军》，《齐鲁晚报》，2009-09-23。

2. 临沂党史研究院：《西山前村的抗日群体》，沂蒙精神网，2020-03-12。

3. 武向峰：《西山前村的抗日丰碑》，《山东档案》，2015年05期。

洪瑞战斗

1942年8月11日，山纵二旅五团团部派宣教干事纪甫来到驻扎活动在沭水县沭河两岸道口至柳庄一线的九连，传达团首长的指示，命令九连协同纪甫去沭河以西敌占区各村开展宣传活动，向敌伪据点开展政治攻势。九连立即决定，由副连长陈连诚带领三排共21人枪，加上1挺轻机枪，执行这次任务。

一番准备后，九连副连长陈连诚去沭水县五大队，同副大队长李万桂、副教导员侯润生商定了行动方案：由陈连诚带九连三排从沙窝村北过沭河到郭家湾村以西各村宣传，五大队由高榆村过河，到洪瑞附近各村宣传，军事行动上双方相互策应，以备不测。

第二天，九连三排刚从沙窝村北蹚水过了沭河，正在河岸上穿鞋时，从南面来了两个赶集的群众，走到他们面前低声说："八路同志，洪瑞集上有队伍，你们留神点。"

陈连诚问："什么样的队伍？有多少人？"

"他们打着带红月亮的小白旗，得有一二百人吧。"这两个人说完，匆匆忙忙走开了。

听到这个情况，陈连诚赶紧和纪甫、三排长张玉亭商量怎么办，主要是打不打。经过研究，大家一致认为应该打一下子，理由是：一、这次到敌占区宣传的主要内容是抗日救国，我们现在离敌人3里路，视而不见绕道而行，宣传就没有说服力，打击和消灭汉奸本身就是用实际行动做宣传，也是最好的宣传。二、今天是洪瑞集日，百姓集中，赶集的人来自四面八方，我们打好这一仗，群众都是我们的宣传员，宣传工作自然也就扩大了范围和效果。三、汉奸是民族败类，他们仗着日本人的势力，敲诈勒索，奸淫烧杀，无恶不作，人民群众无不恨之入骨，打击和消灭汉奸是人民的共同要求。四、敌人的兵力比我们多七八倍，虽对我们作战来说是不利的，但敌人也有其致命的弱点，他们士气低落，不堪一击，敌人是来洪瑞集市及附近村庄抢劫过节物品的，他们兵力分散，指挥不灵。五、我们过河敌人不知，可出其不意，攻其不备，来个突然袭击打他个措手不及，可事半功倍。六、如果我们以少胜多，不仅提高了我党我军的威信，扩大了影响，而且能增强边沿区群众对敌斗争和抗粮、抗捐的勇气与决心。因此，他们决定打好这一仗。

战斗任务的分工为：张玉亭和纪甫带领九班沿河堤去堵洪瑞东大门；陈连城带七、八班和机枪组堵截洪瑞西大门（村里只有东西两个街门可以通行进出），把敌人堵在村里消灭其一部。行动开始后，陈连诚带七、八班刚到洪瑞西北角时，东面的枪声响起。七班赶到西门，敌人正从村集市上往外跑，当即被七班打了回去。汉奸队长指挥伪军向七班反扑，被赶到的八班和机枪组打退。七班乘胜追进村内，与敌人展开巷战。这时，八班一面向七班右翼增援，一面用机枪阻止敌人向七班左翼进攻。伪军见东西两个大门冲不出去，便从南围子墙的缺口和阴沟里往外爬。张玉亭指挥九班插入伪军中间，把逃跑之地截成两段。七班从围墙缺口追出，与九班一起将敌人包围在长满芦苇的沟里。未被截住的伪军，多数混在赶集的人群中向南逃跑，少数在队长的带领下开展反扑，企图为被包围的同伙解围。

八班和机枪组同反扑之敌人又展开激战，被包围的伪军依靠芦苇和河沟，负隅顽抗，战斗进行得十分激烈。因为我军是孤军作战，必须速战速决，陈连诚就派通讯员告诉张玉亭：迅速消灭被包围之敌，越快越好，省得夜长梦多出意外。张玉亭指挥七班和九班战士把成捆的手榴弹投入芦苇和河沟中，炸得伪军血肉横飞。被围的伪军在绝望的情况下，只好缴械投降。反扑的伪军见同伙被解决了，也仓皇逃窜了。

战斗结束后，部队除把缴获的武器弹药带走外，又把敌人抢劫的物品集中起来，让各村来人领回。群众非常感激八路军打跑了敌人，又帮老百姓找回了东西，纷纷拿出香烟、月饼、水果和糖块给战士们吃，都被婉言谢绝了。部队整队离开洪水街的时候，周边的群众自发赶来送水、送饭，排列在公路两旁欢送自己的队伍出发。这次战斗，共俘敌 12 人（内有重伤 1 人，轻伤 5 人），缴获步枪 12 支、子弹 300 余发，我方无一伤亡。

参考资料：

1. 陈连诚：《临东战斗岁月回忆》，《河东文史（第一辑）》，河东区政协文史资料委员会编，1999 年 9 月。

2. 李浩源、李鹏程：《河东军民的抗日斗争》，《河东红色文化》，济南出版社，2019 年 9 月。

消灭陈世昌

临郯地区属省际交界地区，自古多匪事。抗日战争初期，由于日伪军疯狂“扫荡”，临郯地区的共产党组织转入隐蔽活动，一时间汉奸当道，土匪群起，他们啸聚山林，打家劫舍，搞得地方乌烟瘴气民不聊生，社会陷入极度混乱之中。这其中有一股土匪，匪首名叫陈世昌，几年间就啸聚起四五百人，在当地土匪群里脱颖而出，成为郯东北地区一股势力最强悍的土匪集团。1942 年初，陈世昌部土匪被日寇收编，匪首陈世昌被委任为郯城县伪兴亚建国军大队长，有400多人枪，很是风光，驻郯东北与沭水县接壤的皇庙村一带。一段时间后，陈世昌对日寇的约束感到不快，日寇也对他日益不满。如此一来，陈便打算另找出路，一来想着重回“大块吃肉，大碗喝酒”的无拘无束的日子，二来脱下这身“黄皮（军装）”，毕竟汉奸的名声不好。

1943年2、3月间，正值我沭西对敌斗争形势越来越好的时候，陈世昌派出干儿子高奎亮同八路军方面接触，试探我方意思。不久，高又带陈的副大队长来我驻地正式商谈，表示准备弃暗投明，站到人民一边，跟着八路军走抗日救国的光明大道。5、6月间，经上级批准，临郯县委派敌工部部长姜子翌和李云清二同志前往郯城以北陈世昌的老家，督促其反正。几天后，在经过一番谈判商讨后，陈世昌率部投诚，把队伍带到了大官庄、何家戈一带（今河东区郑旺镇区域），点验休整接受改编。滨海军区派敌工科科长史甄代表军区现场点验，并宣布将陈部改编为沭（河）西独立团，委任陈世昌为团长，我党派第一一五师六八六团组织股股长左振涛任参谋长。

真可谓山难改、性难移，陈部反正后仍匪性不改，对我党的指示阳奉阴违。改编不久，他们就身穿我军军装公开在边沿区和敌占区抢劫，强奸妇女，严重破坏了我军的声誉，扰得民心不安。驻陈部参谋长左振涛及第一一五师领导多次规劝和批评，都无济于事。陈世昌不但不听我方规劝，而且一意孤行，竟于八月间暗杀了左振涛同志，企图再次投敌，群众对他深恶痛绝。鉴于陈世昌部反复无常、危害较大，十月间，滨海军区决定，由四团二营和沭水独立营发起讨伐惯匪陈世昌的战斗，坚决消灭这股顽匪，绝不能让他们再次危害人民。

战斗开始后，大官庄一带的民众纷纷前来助战，民兵跟着部队直接参战，乡亲们送饭、送水、抬担架送伤员。经过我军一番激战，陈世昌、赵守典、蒋鸿恩、高继圣等六名匪首被当场击毙，其余匪徒除死伤百余人外，全部被俘虏。沭西一带的群众欣喜若狂，敲锣打鼓欢庆我军为民除害。

参考资料：

1. 李浩源、李鹏程：《河东军民的抗日斗争》，《河东红色文化》，济南出版社，2019 年 9 月。

2. 刘淮源：《抗战时期的沭水县》，《河东文史（第一辑）》，1999 年 9 月。

解放醋大庄

醋大庄坐落在沭河西岸，是一个有着上千户居民的大村，战略地理位置十分突出，它南扼岌山，东控沭河，是八路军滨南秘密交通线的必经之地。如果沿着临沂、郯城、夏庄（今临沭县城驻地）三个滨南根据地重要支点划一个三角形，醋大庄就几近处在它的中心位置。因此，在整个抗日战争期间，醋大庄一直是鲁东南地区敌、我、顽各方势力争夺的重点区域之一。

1943 年前后，日本侵略者为了摧毁鲁南抗日根据地，一方面加强对国民党的政治诱降，一方面集中大量兵力对山东抗日根据地进行疯狂的“扫荡”、封锁和“蚕食”。1943 年 1 月，敌人纠集临沂周边日伪军千余人，兵分两路，对滨南抗日根据地进行“强化治安扫荡”。14 日上午，敌人一部 600 余人侵占醋大庄后，打算渡河东进“扫荡”我滨海根据地腹地，行至沭河岸边时，遭到我八路军老四团和临沭县大队的迎头痛击，仓皇逃回醋大庄土围墙内坚守。日伪在醋大庄据点的设立，像日伪把一枚钉子又一次深深地扎在了滨南抗日根据地的边缘，对沭河东岸山东党政军机关及滨南抗日根据地的安全威胁很大。因此，山东军区决定采取“翻边战术”，攻打郯城，借机将立足未稳的敌人赶出醋大庄。

日军在醋大庄安插据点以后，肆无忌惮地向周围村庄要人还要粮，不给就打。

不止如此，还强行抓男劳力去给他们修建碉堡。除了修碉堡以外，还挖通了经过周庄、宅子到黄庙以及经大哨到李家庄的封锁沟，妄图通过这些碉堡和封锁沟来加强他们的统治，防范和阻止八路军进攻。

进入 1944 年，山东解放区军民向日军展开了局部反攻。此时日军盘踞在醋大庄接近一年的时间，修筑了坚固的防御工事，三米多高的土围墙把醋大庄结结实实地围成南、北两个围寨，每个围寨的四角都各有一个高耸的炮楼，炮楼高 10 余米，骑在坚固的围墙之上。非但如此，日军还在围墙以外，挖了又深又宽的封锁壕沟，壕沟里面每隔三五步就有一座石头垒砌的暗堡，壕沟以外是两层牢固的鹿寨，鹿寨外面是几十米的开阔地，明碉暗堡火力密集，构成了坚固的防御体系。

1944 年 1 月 18 日黄昏，滨海军区四团、临沭县独立营和民兵一部，从四面包围了日伪据点醋大庄。

指挥此次战斗的是四团罗华生团长。为减少我军伤亡，罗团长认为拔除据点，只可智取，不宜强攻。他们安排好兵力围住据点，以切断敌人据点与外界的联系，政治攻势开始了。“伪军弟兄们，你们被包围了，快快投降吧！”“别给日本鬼子卖命啦！”“一拃没有四指近，中国人不打中国人，快出来吧，回家一家人安安稳稳过个年！”

然而，任凭我八路军再怎么政治说服，据点里的伪军仗着坚固的炮楼，不予理睬，有的伪军竟然猖狂地傲声傲气骂了起来。

“敌人不投降就叫他灭亡。”这是八路军的一贯作风。

“轰隆！”一颗迫击炮弹飞向西南角的炮楼，炮楼上的火把熄灭了，传来了敌人的哀号声。“轰！”又一颗炮弹瞬间在空中划了个弧线，击中了正南方的炮楼平台，一个手持火把的敌人轻松地坐上了“土飞机”。趁此良机，担负主攻任务的战士们借着浓浓的夜色，迅速冲过开阔地，来到一人多高的鹿寨跟前。战士们用尽力气拔鹿寨，鹿寨却如生了根一般，纹丝不动，战士们只好退回来。

当时，我八路军的炮弹太少了，要想顺利拿下醋大庄，必须首先铲除鹿寨。怎么办？时间一分一秒地飞逝着。冬天的夜晚，显得异常寒冷，但是，心焦如焚的战士们却流下了焦急的汗水。突然，一名战士激动地说："用火烧！"但是，放火把的战士没跑几步就牺牲在半道上了。战士们又想了一个妙办法，用软草包着燃烧着的木炭，投放在鹿寨下。鹿寨终于燃着了，夜幕中火是那么耀眼，可是刚烧开一个小口就被敌人炸灭了。

火烧不行，战士们又想出另外一个办法，那就是挖地道，从地底下钻过去消灭敌人。拂晓，站在炮楼上的敌人清晰地看到汗流满面的八路军战士一锨下去入土不过一寸，嗤笑连连，但很快他们就笑不出来。

太阳出来了，驱散了冬日夜晚的寒气，地道已经深入到冻土层以下。村里乡亲们听说战士们在挖地道，高兴极了，纷纷将自己家里珍贵的粮食都拿了出来，送来了热腾腾的稀饭和糁子煎饼。村里年轻的小伙子还带来了铁锨，钻进地道帮着挖。军民同心战斗，气氛热烈，挖地道的速度加快了不少。

罗团长给据点的敌人写了第一封信，大概意思是伪军要无条件投降，否则，今天打不开明天打，明天打不开后天打，八路军不仅有这样的决心，也有这样的力量。同时，八路军又派人找来了几个伪军的亲属，对着炮楼喊话，规劝伪军们放下武器，回家老婆孩子热炕头去。

夜幕又一次降临。我军又写了第二封劝降信，给伪军陈述利害关系：郯城、青口尚且都被攻克了，区区一个弹丸之地醋大庄攻克又有何难？缴枪投降，尔等有抗日之自由，八路军宽大为怀……要花招只有死路一条！打不下醋大庄就不是老四团！

当地道即将接近南围寨时，突然南围寨四个炮楼火光冲天，狡猾的敌人顺着两围寨间地下通道逃往北围寨。原来他们是在压缩防区，集中力量固守重点负隅顽抗。敌变我变，地道又迅速向北围寨延伸，喊话声此起彼伏，但是伪军仍然执迷不悟，拒不投降。

在这期间，我军同时攻克日伪马石河、林宅子、周庄、小墩据点，俘伪军大队长、伪乡长以下人员 280 名，缴步枪 200 余支，手炮 3 门，机枪 1 挺，短枪 8 支，手榴弹 500 枚，马两匹。

1月20日，慵懒的夕阳快要落山了，天空被染上了一层血色，我军停止了政治攻势，醋大庄变得格外安静。只有挖土声使炮楼里的伪军备感恐惧，他们看到“土压五”“汉阳造”，还有忙忙碌碌抬梯子的、架搭板的人群在一步步逼近……最后，在我军的强大政治攻势和军事压力之下，固守的伪军不得已才缴枪投降，醋大庄又回到了人民的手中。

醋大庄解放后，我地方党组织迅速跟进开展基层政权建设。1944年2月初，古贺分区委成立了工作组，到醋大庄等新区开展工作，召开村民大会、士绅座谈会，发动群众开展反恶霸、反奸细斗争。经过两个月的努力，改造了7个村政权，发展民兵40余人，自卫团800余人，动员16人参军。不久，临沭县又成立沂东分区委和区公所，建立了新的基层政权，有效巩固了党对这一地区的领导和根据地建设。

参考资料：

1.《沭河风云：寸土必争，奇谋迭出浴血奋战》，《沂蒙晚报》，2013-05-06。

2.《临沭开展大反攻夺取抗日胜利》，《临沭党史博览》，烽火网，2018-12-17。

3. 山东省地方史志办公室：《临沭县战事》，山东省情网，2015-09-02。

4. 白涛口述、临沭县党史办整理：《坚强的柱石》，烽火网，2018-03-04。

公安岭抗日自卫战

抗日战争时期，我沂沭革命根据地前沿村——营临边县长沟区（汤头）公安岭村（今临沂市东区汤头街道）的党员群众为反抗日伪军进犯，进行过一次可歌可泣的英勇抗击斗争。这段历史在《临沂革命斗争史稿》一书中有记载，也曾以宣传画的形式呈现过。

1941年农历十月十五日上午，一群日寇和汉奸突袭了汤头以北的公安岭村，强盗们进村后牵牛抢粮，翻箱倒柜，奸淫妇女，并将15名青壮年村民抓走，经兖州装闷罐火车运往山西大同出苦力。大同煤矿，劳工们吃窝头，喝凉水，稍微不顺就会遭到日本监工的洋镐砸及鞭抽，有了病不给医治直接扔进万人坑。其中张照龙、张伯洪等都被鬼子活活折磨死在了万人坑里。这笔血债激起了全村男女老少的同仇敌忾，乡亲们以英勇顽强的斗志，与敌人展开了一次次交锋。

公安岭村始建于明崇祯年间，原名通沂庄，因村庄四周皆为坚固的石寨防御围墙，易守难攻，马仔（土匪）到此不敢滞留。清末改为走马岭，1923年又改成现在的村名。1942年9月，中共莒临边县工委建立，公安岭村隶属常沟（汤头）区。1943年该村建立党小组，由刘茂任小组长。在上级党组织的领导下，村里30多名工（匠工）农积极分子迅速组织成立了民兵、农救会、妇救会等革命组织，建起了学校，蒋洪铎任教师，组织儿童团、识字班学文化，传播革命思想，抗日的烽火在该村越烧越旺。他们利用防备土匪的寨墙，设立了东、南、西、北四个哨亭，民兵们使用土枪、土炮、石雷随时阻击日伪军的入袭。盘踞在汤山据点里的日寇汉奸视该村为“钉子村”，扬言要打开“南大门”，冲向解放区。敌人在半年的时间里对公安岭村发动了三次进攻，最后均以失败而告终。

1944年11月4日下午四点钟左右，一队约莫有上百人的鬼子汉奸从村南朝公安岭村围上来。村口站岗放哨的民兵发现后，立即将消息传到村里，同时因为敌人已到眼前，民兵张相坤、杨得信、陈玉贵等十几人立刻进入围墙上的阵地，对准敌人用步枪打了一阵子，接着土炮、手榴弹猛力反击，把日伪军堵在了村外。敌人一看正面进攻不成，便绕到村西干沟隐蔽趁机突进，土炮手邢发同和伙伴们抬来土炮，支好架起瞄准，然后点燃引信，对准敌人猛轰一炮，宽达数米的扇面弹流横扫而

下，霎时血肉横飞打倒了一大片敌人。这是决定此次战斗胜负的一炮，日伪军被这轰天一炮吓破了胆，赶紧收拾死伤的同伙连滚带爬狼狈逃窜。

12 月 14 日，敌人一看动用小部队拔不掉公安岭村这根“钉子”，便从临沂城里调来300多名伪军，400多名日本鬼子携带小炮和重机枪，突然袭击公安岭村。民兵们得知消息后，做好了迎战的准备，组织群众有序地撤离，把老弱病残、小孩藏在地窖里。赵学善之母因未来得及撤离，被敌人抓住，活活刺死，这更加激起了乡亲们的抗争怒火。他们全力以赴，奋起抗击，远处用土炮轰，近处用手榴弹炸，在民兵的土炮怒吼声中，敌人不敢贸然进犯，只能在村外打枪和狂叫。有几个敌人偷偷地窜到王西山家院墙根，王母双手持菜刀大声呼喊：“有胆的就进来送死！”敌人仓皇缩了回去，两把菜刀吓跑敌人成为传奇故事。敌机枪手正在掩护攻击时，被村农救会会长李全荣一颗手榴弹炸死，敌人立即乱了阵脚。刘茂在战斗中光着膀子指挥放土炮，打退敌人的进攻。

鬼子指挥中心在村河东岸的赵家林，依托坟丘、树林作掩护，用小炮、机枪射击，我们就用大雁枪，牛腿炮还击，从滨海军区教导旅回家探亲的张慧田携带着一支大九式步枪轮流到各阵地打上几枪迷惑敌人，使得敌人不敢贸然突进。这时，区中队赶来增援，里外夹击，打死打伤 20 多敌人，残敌狼狈逃窜。这次战斗结束的第二天，莒临边县在寇家疃召开庆功大会，奖给公安岭村子弹 163 发，石雷 50 个，钢雷 10 个，炸药数百斤，长枪 2 杆。

公安岭村的第三次抗日战斗发生在 1945 年 4 月 2 日下午三点钟，日寇某部从河南调防路过汤头，先在距公安岭 4 华里的前湖沿村用 75 毫米山炮对准公安岭炮击，一共放了 6 炮，炸毁了庙墙，炸伤了几名群众。借着炮弹的掩护，

蒋洪铎老人抱着当年用过的石雷讲述当年的战斗经历

凶恶的敌人端着刺刀就冲了过来。民兵队长杨得信见日伪军进入火力射击范围，一声令下，顿时围墙上枪炮齐鸣，石头、铁屑横飞，打得敌人鬼哭狼嚎抱头鼠窜。这时，又一股敌人从村西的后湖崖村偷袭过来，杨得信带领民兵立即赶去埋伏在村西的壕沟里，待敌人靠近后，土炮、手榴弹及遍地的铁雷、石雷一齐在敌群中炸开了花，一大片敌人送了命，敌翻译官也被击毙。其余鬼子一看这阵势，吓得魂飞魄散狼狈逃窜。三次战斗有力地打击了日寇汉奸嚣张气焰，保卫了公安岭的家园和生命财产安全。

此后，公安岭村的民兵队伍不断壮大，相继组建了自卫团、青救会、儿童团等各种群众组织，开展了地雷战，并建立了石雷场、炸药厂，村周边沟沟坎坎布满了大大小小的各种铁雷和自制石雷，吓得敌人闻风丧胆，轻易不敢靠近公安岭村。村民兵小分队还经常出其不意地扰袭附近的敌人的军营、炮楼，使得日伪驻军如惊弓之鸟，日夜寝食难安。

参考资料：

1. 许维彦：《公安岭抗日自卫战》，《汤头温泉旅游》，2017-02。

2. 庞尔峰：《公安岭抗日保卫战》，《凤凰乡韵》，济南出版社，2019 年。

岌山反“扫荡”

1944 年 1 月 18 日至 21 日，滨海军区第四团、临沭独立营和民兵一部，在四团团长罗华生等的指挥下，先后攻克了醋大庄、田庄、马石河、林宅、小墩等日伪据点。4 月 24 日（农历腊月二十九年除夕），大哨据点的日军纠集日伪军 1000 余人，对沭西根据地岌山区进行疯狂的报复性“扫荡”。凌晨，敌人从北向南推进，首先摸进郭庄，进行大肆烧杀，接着包围岌山区公所驻地曹庄。然后

兵分3股，1股留在曹庄烧杀，1股向南进犯马庄，1股向东南“扫荡”朱村。敌人烧毁民房1000余间，杀害群众7人。马庄民兵爆炸队和游击小组与敌展开了激烈巷战，给“扫荡”之敌以沉重打击。

天刚蒙蒙亮，日军扑进朱村烧杀。驻沭河东的滨海军区第四团三营八连发现朱村有情况，在连长鄢思甲的带领下，立即跑步奔向朱村，七连、九连也随即向朱村进发。当八连赶到河边时，天已大亮。只见乡亲们提篮拿筐，推车牵驴，扶老携幼，四处奔逃。鄢连长见此情景，二话没说跳下河去，全连战士紧跟着也跳进河中，他们踏碎了冰层，忍着刺骨的疼痛，迅速到达河对岸，直奔朱村。鄢连长决定对敌人实行三面夹击：指导员带领二排从庄东南攻击，副连长带领一排从庄东面攻击，他带领三排绕庄北进攻。一阵猛打猛冲，他们把敌人赶出了村子。百余名伪军一见是“老八连”来了便四散溃逃。50多个日军狼狈地退至庄西头，抢占了柏树林坟地，凭借1挺机枪、1门手炮、40余支三八式步枪组织还击。晨7时许，鄢思甲带领三排从村西打过来，一排也突进了柏树林中，在树林里，同敌人展开了激烈的争夺战。一排长秦家龙负了伤，一班长焦锡模带领大家继续战斗。他一只胳膊被打断了，仍坚持不下火线，直至牺牲。一排副排长安吉然同一个鬼子扭打在一起，鬼子手里握着冒烟的手榴弹，妄图把安吉然吓倒，以便借机逃跑。安吉然却死死抓住鬼子不放手，鬼子害怕了，将手榴弹抛出，俯首就擒，当了俘虏。鄢思甲连长脖子上负了伤，只包扎了一下，继续指挥战斗。一排四班长李宝胜，被子弹穿透了脖子，虽然呼吸艰难，还是吃力地告诉排长：千万不要放走了敌人！日军在猛烈火力打击下，撤进柏树林外的一条壕沟内。沟四面为开阔地带，敌后撤不能，冲出无望，只好固守待援。午后2时许，曹庄日军携钢炮、重机枪赶来增援，被围日军才得以突围逃脱。此战，共击毙日军11人，伤20余人，俘1人。

战斗胜利结束了，朱村的乡亲们陆续回到村里，看见家里的年货、家什样样完好无损，个个百感交集，热泪盈眶，纷纷跑出家门，请八连的同志到家里一块儿过年。而八连的同志要连夜赶回驻地顶子村，乡亲们男女老少眼含热泪一直把连队送到河边。随后，群众自动组织起来到八连慰问。他们赠给八连一个光荣称号“钢八连”。尔后，在滨海军区战斗英雄大会上，山东军区政治部主任萧华代表军区正式命名八连为“钢八连”。

参考资料：

1. 临沂市地方史志办公室:《沂蒙革命根据地志(上册)》，中华书局，2014 年 6 月。
2. 尹召功、吕永国：《[沂蒙抗战纪念地巡礼]朱村战斗：枪声就是命令》，临沂文明网，2015-08-06。
3.《吴岱讲述滨海军民一家人：枪声就是命令》，烽火网，2016-05-08。
4. 郭广阔：《浴血沭河“老四团”》，《双月湖》杂志，2018-12-14。
5.《沭河风云：寸土必争，奇谋迭出浴血奋战》，《沂蒙晚报》，2013-05-06。

临费边反“蚕食”

为压制山东军民的抗日斗争，从 1941 年开始，山东日寇发动了大规模的“总力战”。所谓“总力战”，就是在加强军事“扫荡”的同时，大力加强政治、经济、文化等方面的控制。日军的“蚕食”政策，就是综合运用了上述手段。其“蚕食”，大多是先平原后山区，先边沿后腹地，重点放在交通要道两侧、经济资源区和对敌威胁较大而又便于分割的地区。其具体做法，通常是利用“扫荡”时抗日力量分散或防备空虚之际，以较大兵力突然控制大片地区，迅速设点建线，辐射周围，进行全面的占领；或者是一天“清剿”一两个村庄，逐步推进。日军的“蚕食”，首先是军事占领，然后修筑据点、碉堡、公路、封锁沟墙。立稳阵脚后，首先实

行恐怖政策，大肆捕人杀人，抽丁拉夫，烧杀奸淫；而后建立伪政权、伪组织，扩大伪军，加紧抽税征粮，推行伪钞，任意罚款，掠夺钱财，巩固其占领和统治。

1941 年 3 月 5 日至 12 日，日军对临费边区抗日根据地进行残酷“扫荡”后，即在临沂以北、费县以东地区增设箕山、成里庄、尖山子、李官庄、半程、白沙埠、俄庄、汤头、白塔、茶叶山等 17 个据点，构筑了箕山至林子、玉皇庙至汤头、俄庄至白塔 3 道横贯东西的封锁线，企图封锁蒙山、沂河，切断鲁中、鲁南及滨海区的联系，打通临（沂）、蒙（阴）、潍（县）及沂水至临沂的公路，分割抗日根据地，然后窒息、剿灭中国共产党领导的抗日武装力量。

日寇的残酷“扫荡”“蚕食”和分割封锁，造成了空前严重的困难，山东根据地 1942 年较 1940 年缩小 1／3，部队减少 1／4，兵源补充极为困难，军需、军械、弹药均极匮乏。为粉碎敌人的封锁，拔出其楔入抗日根据地的据点，八路军山东纵队立即组织兵力，乘敌立足未稳，进行反“封锁”。1941 年 5 月 16 日黄昏，山纵第一旅、第二旅各一部，自北而南，兵分 3 路，展开全面反击。左路进击李官、茶山；中路主攻，攻击半程、汪沟；右路袭取箕山、成里庄等。经彻夜激战，中路军攻克半程；左、右路军因敌疯狂反扑，未能奏效，经战地总结，再连续发起猛攻。23 日，左路军攻克汤头，并击退临沂援敌。之后，各军乘胜前进，势如破竹，敌纷纷撤逃或被擒。至 25 日，经大小战斗 28 次，全部攻克敌据点，摧毁敌封锁线，拔除敌伪区公所 1 个、乡公所 7 个，毙伪区、乡长 4 名，俘伪乡长 5 名，毙伤伪中队长以下 371 人，俘伪军 426 人、中队长 36 人、小队长 10 余人，缴获机枪 4 挺、步枪 459 支、短枪 25 支、土炮 30 余门、枪弹 1.5 万余发、手榴弹 1500 余枚及其他军用品大宗，营救被俘抗日民主乡长、庄长 50 余人。

参考资料：

1.《山东军民的反“蚕食”斗争》，山东省情网，2012-03-31。

2.《临沂市志》，临沂市兰山区地方史志编纂委员会编，齐鲁书社，1999 年。

坊坞伏击战

坊坞伏击战遗址位于临沂市河东区汤河镇大坊坞村一带。

1941 年初，华北日军开始推行第三次“治安强化运动”，驻鲁日军第十二军司令官土桥一次中将亲自到临沂坐镇指挥，先后调集第十七、二十、二十一、三十二、三十六师团和独立混成第三、四、五、六、七、九、十旅团各一部共 5.3 万余日伪军，向中共山东分局、山东省战工会、第一一五师和山东纵队等领导机关所在的沂蒙山区鲁中根据地，发动了规模空前的“铁壁合围”大“扫荡”，企图一举消灭山东抗日根据地党政军领导机关和主力部队。与此同时，在沂蒙抗日根据地的其他地区，日寇亦纠集各种力量，对我根据地和共产党八路军活动地区进行了残酷的“扫荡”和疯狂的“蚕食”。由于兵力有限，“扫荡”“蚕食”攻势中，日寇以伪军打头阵，并大量使用特务分子，丧心病狂地向我解放区和根据地进攻。

鲁南地区一直是日、顽、我三角斗争极为尖锐复杂的地方，日顽军联合对我压迫，形势恶化时间既早且长，特别是滨海区，

自1941年八路军第一一五师师部和山东分局、山东省战工会进驻该区后，这里的战略地位陡然提高，敌我拉锯式争夺日益加剧。到1942年底，全区日伪据点达到140处，较1940年增加了3倍，中共仅在莒南及赣榆之间保持了一片基本区。

为打破日军依托交通线对抗日根据地的封锁和“蚕食”，根据敌后抗战形势和中央军委、毛泽东主席的指示，中共北方局和八路军总部决定发挥党政军民的整体力量，继续进行军事、政治、经济、思想文化的全面对敌斗争，大力开展政治攻势，军事上实行“敌进我进”，普遍组织武工队，深入敌占区，打击和分化瓦解日伪军，开展群众工作，配合根据地军民粉碎敌人的“扫荡”，打破敌人的“蚕食”和“治安强化运动”。在北方局和八路军总部“敌进我进”战略方针指导下，第一一五师政委罗荣桓提出了著名的“翻边战术”。根据罗荣桓提出的这一战术方针，山东各根据地加强边沿区党的委员会，成立对敌斗争委员会，加强领导，与敌之“蚕食”政策展开了尖锐的斗争。

1941年4月14日，郯城伪“兴亚救国军”陈世昌部300多人，奉命向滨海区沭水县南部抗日根据地侵扰，行至坊坞村（今河东区汤河镇）时遭八路军第一一五师教导团一部的设伏夹击，我军指战员如猛虎下山，打了敌人一个措手不及，一番激战后，这支由郯东北地区土匪改编而成的乌合之敌即溃不成军，狼狈逃窜。我军乘胜追击，追杀约五六公里，又消灭一批敌人。此战共击毙伪副团长以下50余人，伤30余人，俘10余人，缴轻机枪2挺，长短枪30余支，自行车3辆及其他军需物资一宗。

1941年4月25日，八路军第一一五师与国民抗敌自卫军互相配合，攻袭了在临沂城东大坊坞一带抢掠烧杀的日伪军200余人，毙伤敌数十人。

参考资料：

1. 陈连诚：《临东战斗岁月回忆》，《河东文史（第一辑）》，河东区政协文史资料委员会编，1999年9月。

2. 临沂市兰山区地方史志编纂委员会：《临沂市志》，齐鲁书社，1999年。

3. 李浩源、李鹏程：《河东军民的抗日斗争》，《河东红色文化》，济南出版社，

2019 年 9 月。

4.《山东军民的反“蚕食”斗争》，山东省情网，2012-03-31。

常庄活捉李宝恕

1943 年夏秋之季，郭家湾和疙瘩墩伪据点被拔除后，沂河东岸除台潍公路上有零星据点之外，相公庄以东的伪据点基本被清除，临沂城已十分孤立。日寇自然不甘心他们的失败，千方百计做最后的挣扎。9 月中旬，日寇命令保安总队指挥王毅臻带领第一、二、四、十四、十八、二十 6 个中队 800 余人，配备精锐武器，气势汹汹“蚕食”临沂城东部地区，并在常庄（今河东区凤凰岭街道办事处常庄社区）安设据点，作为向我根据地“蚕食”和进攻的“桥头堡”。为了彻底粉碎敌人的阴谋，军分区首长决定，趁其立足未稳，派出沭水县独立营、第一一五师四团二营共同作战，打狼拆窝，拔掉常庄据点，以绝后患。

9 月末的一天，二营召开连长以上干部会议，部署了战斗任务：一连主攻，四连正面打增援和狙击据点突围的敌人，三连在我右翼侧击增援敌人，二连随营部待命。接受任务后，各连排迅速做好了战斗准备。当天晚上，部队展开包围了敌常庄据点。激战一夜未果，天明后部队撤出战场休息，部队政工人员及地方干部对据点内敌人开展政治攻势。部队正在吃早饭时，敌人的增援部队赶来了，据点里的敌人开始向外突围。营长命一连迅速出击狙击增援之敌，四连占领指定地点，一排占领村西的柏树林，二、三排占领柏树林西面的南北沟。敌人进攻到距我连 200 米左右时，二、三排猛烈射击。三连从四连右侧出击，沭水县独立营向敌后侧迂回，经过一个多小时的激战，把增援之敌击退，突围的敌人又缩回据点里。

下午三点左右，忽听得咚咚的炮声，前方哨兵报告，大批敌人又增援来了。营长命令四连仍然占领原阵地，连长陈连诚想，二、三排可占领原阵地，柏树林已成敌人的炮击目标，四连不能占领。他命令一排长把部队布置在柏树林右后方

的土坑里和左方的坟包上。为了同营长取得联系，陈连诚和一排长带一班进入柏树林。进入后，以散兵队形刚布置好，咚的一声，一棵柏树被炮弹切成两段，一排长刘林和战友王希盈头部负伤，经卫生员包扎后送回指挥所。这时，敌人的6发炮弹在柏树林里爆炸，尘土和硝烟弥漫，令人窒息。此刻，据点内的敌人拼命向外突围，一连和四连顽强阻击，步机枪、手榴弹、炮弹声响成一片。战斗正在激烈的时候，二班长同三个战士押着三个俘虏来到连长陈连诚面前，把一副6倍的望远镜、一支驳壳枪、一只手表交给他。战士小李报告说：连长，那个廋子就是汉奸五大队长李宝恕，我给他当过勤务员。陈连诚高兴极了，马上派四个身强力壮的战士把李宝恕等三个俘虏送往营指挥所。

在据点敌人突围的同时，三连和四连、沭水县独立团一起出动，连打几个反击冲锋，把增援之敌击溃。四连二、三排在孙玉山指挥下追击敌人，直到看不见敌人的踪影才作罢。太阳落山了，部队唱着胜利的凯歌离开了常庄。这次战斗活捉伪（临沂）五大队大队长李宝恕以下70余人，缴获轻机枪2挺，步枪和弹药各一宗，望远镜一副，毙伤敌200余人。

参考资料：

陈连诚：《活捉李宝恕》，《河东文史（第一辑）》，1999年9月。

策反九曲碉堡王春山

1944年滨海地区抗战形势发展迅速，对敌斗争节节胜利，势如破竹。这年秋季前，沂沭两河之间的黄家庙、醋大庄、大哨、林宅子、马石河、肖堰等伪军据点已先后被拔除，在沂滨区境内只剩下九曲店伪据点和九曲碉堡了。敌人陷入重重包围中。沂滨区前沿地带许多村庄开始建立民兵组织，向敌人持续展开攻势。白天，沂滨独立营配合民兵经常活跃在皇山南北；夜间，我武工队围着据点转、贴标语、撒传单，对碉堡喊话，教训敌人。伪军政人员人心惶惶，不可终日，都各自考虑前途和命运。正是在这种形育推动下，临沂县沂滨区决定对九曲店据点和九曲桥头路碉堡的伪军守卫进行策反争取。其中，策反争取九曲老桥头碉堡伪小队长王春山的任务，交给了沂滨区武工队的钟伯荣同志。

王春山家住沂河东岸埠前店村，距临沂城十三华里，在抗日战争期间，这个村属临沭县沂滨区。王童年家贫如洗，父亲当道士，在邻村茅家屯看庙，全家依靠几亩瘠薄庙地糊口，辅以化缘所得补助生活。王自幼养成讲义气、善应酬的作风，日军侵占临沂城后干了伪军，后来当了小队长，驻临沂老桥头九曲路碉堡中。钟伯荣和王春山认识较早，并曾有过交往。1934年，钟伯荣和临沂乡师几名同学到马石河小学实习半年，埠前店小学是乡师实验区的中心小学，此时王春山在该校任工友，从此即建初交，又多次接触，彼此多以朋友相待，直到1938年临沂城失守才失掉联系。1944年秋，钟伯荣和一些同志来沂滨区开展宣传活动，当区委介绍敌情时，始知王春山在九曲路碉堡当伪军小队长（率伪军三十余名，武器精良）。钟伯荣通过进一步了解，认为有争取王反正的可能，经县委同意，在区委的支持下，就利用故交关系开始了对王的争取工作。

争取王春山反正的工作进行了近三个月，先取得王春山的内弟杜氏兄弟二人的支持。杜氏兄弟是芝麻墩人，都是贫农，初具朴素的阶级觉悟。为了利用这个关系，钟伯荣独自进芝麻墩，住在杜家。在发动组织群众的过程中，杜氏兄弟主动靠拢，表现热情、积极、坚决，并倾吐肺腑之言，主动说出王春山的情况，介绍王春山的思想动态，并要求挽救他，争取他反正过夹。通过联系，对王春山反复进行抗日形势的教育，指出抗战最后胜利已为期不远，并说明共产党、人民政府对反正伪军政人员的政策，弃暗投明是唯一出路，继续与人民为敌是死路一条，同时转告其亲属和友人对他的期望。开始工作收到显著效果，但过了一段时间，王又在酒后说：虽说弃暗投明是唯一出路，谁知武工队说的话算不算数，能不能担保到底？针对他的顾虑，钟伯荣又列举了一些实例进一步交代政策，并说明钟某的话是按党的政策说的，并非个人意见，因而是绝对算数的。这坚定了王春山反正的决心，主动提出和钟伯荣单独面商行动计划。一个晚上九点，两方在埠前店王的家中进行了单独的会晤，除进一步讲明政策外，着重分析了当前敌人的动态，决定了行动的具体时间和暗记、暗号，以及接应地点和注意事项。为防止发生意外，会晤进行了半小时即匆匆结束。

按照议定的时间，区委和独立营都做好了接应的准备和军事部署。这天黎明前，钟伯荣和县独立团的几位侦察员分别隐蔽在皇山北的巩家村西部和北部，监视路碉方面的动态。上午九时许，王春山率领三名全副武装的士兵沿公路两侧佯作搜查状，缓步由北向南走来。他们的衣着和动作完全符合预定的要求。当到近前时，钟伯荣先挥手示意，他们也招手作答，然后我们挺身而出，握手欢迎。王即转身对准碉堡连发三手炮，以示与敌伪彻底决裂。接着他们快步走到皇山顶和区委及独立营的同志一一相见，互相握手，共祝胜利。后即前往区委驻地王桥参加欢迎大会。当日下午区委护送王等四人到黄庙临沭独立团团部，受到铁瑛政委和县委宣传部长石鳌等同志热情接待，征求他们或去或留的意见，最后批准他们回家探亲和参加生产的请求。他们将带出的短枪一支、手炮一门、步枪三支、子弹一部悉数交给团部。团部按照政策规定发给巨额奖金和有关证件，并对他们的生产和生活进行了妥善安排。

参考资料：

1. 钟伯荣：《王春山义举反正》，《临沭文史资料》第一辑。

拔除九曲店据点

1940年前后，日寇为了进一步伪化沂河东岸占领区，开始大规模在沂滨区修碉堡、安据点、派特务，组织新民学会，建立乡公所、连环保等，企图建立一套稳固的社会统治体系，实现其“武运久长”的侵略梦想。至1942年初，他们先后在李庄、林宅子、黄庙、石村、李湖、玉皇庙、相公庄、九曲店、马石河、庄店子等村镇安上了伪据点，大肆扩充汉奸伪军队伍，分驻各据点执行防务，并时常纠集力量进犯骚扰我东部抗日根据地。

1942年4月初，白涛同志派马思孔回沂滨区开展斗争。很快，马思孔就联络了七名同志：禹王城的马立亭，马石河的马和平、马登迎、马忠良，陈湖的刘伯刚、刘镇文等，在古贺区沟北村成立了沂滨区公所，接着成立了沂滨区大队，马思孔任大队长，朱奎（朱际春）任副大队长，全大队只有20多人，武器只有一支手枪，一支盒子枪，二支“单打一”的枪。当时，沂滨大队经常在临沭、临郯接壤一带打游击，特别是侦察班经常出去执行侦察任务。为了侦察鬼子、伪军的武器、碉堡、据点等情报，掌握敌人外出活动规律，侦察工作多数在夜间进行，利用黑夜潜伏到敌人驻地附近，埋伏在那里侦察敌人的情况，

白天行动就得化装进行，把敌人的情况了解清楚后，回来汇报，同时也注意从当地群众那里了解敌情。通过 3 个月的侦察，他们把沂河西的几十个敌人据点情况都摸清了，掌握了敌人的动向，为下一步有针对性地武装斗争奠定了基础。

1943 至 1944 年，日寇在鲁南地区进行了两次大扫荡，北以胶济路向南，南从陇海线向北，用拉网式的战术向我解放区滨海地区大举进攻。为了配合主力部队反扫荡，上级给沂滨大队部署了战斗任务，就是要牵制日本鬼子的兵力，不让鬼子抽调兵力去扫荡，破坏鬼子的扫荡计划，拖住敌人的后腿。接到战斗任务后，沂滨大队决定按照毛主席的十六字方针：敌进我退、敌驻我扰、敌疲我打、敌退我追，在临沂、临沭周围和日伪敌人周旋，伺机消灭其有生力量，吸引并拖住其部分兵力不能外出参加扫荡，减轻被扫荡地区的军事压力。他们经常在夜里袭扰敌人，几个人为一小组，到据点周围去打冷枪，在敌人经常出入的路上埋地雷。为了让敌人挨炸，他们用“引蛇出洞”的方法，让敌人上当。在形势有利的情况下，就集中兵力，围攻敌人的据点，消灭敌人的有生力量。拔除日伪据点的战斗最激烈，每个据点都有日、伪军数十人，武器装备较好，加上依据坚固的炮楼、碉堡，攻取难度相当大。1944 年夏，经过周密侦查和武装准备，沂滨大队决定武装拔除九曲店日伪据点。在解放九曲店据点的战斗中，沂滨大队全部出动，共围困敌人 12 天，最终一举拔除了该据点，活捉了伪军队长孙文强，毙俘伪军十余人。在两次反扫荡战斗中，沂滨大队共摧毁敌人据点 3 个，炸毁碉堡十几个，消灭日本鬼子和伪军 500 多人，缴获大批武器弹药，用生命和热血，干扰、破坏了鬼子的“扫荡”计划，完成了上级交给他们的战斗任务。

参考资料：

1. 马思孔、马邦隆：《沂滨区革命斗争片段》，烽火网，2019-08-12。

2. 刘玉环：《战斗在沂滨》，悠悠岁月，2007-12-04。

3. 庞世泽：《临沂城东的两面政权情况》，《河东文史（第二辑）》，2000 年 12 月。

小西岭战斗

解放战争时期的1947年，今汤河镇小西岭村还是一个不足40户、仅有100多口人的小村。这年的11月初，这里发生了一场震惊沂蒙的惨烈战斗，八路军滨海部队与国民党八十三师及王洪九顽军于西岭村遭遇，两军短兵相接，殊死搏斗，参战的滨海一团二营四、五、六连、机炮连及营部指挥机关数百指战员的鲜血洒在了这片热地上。

1947年下半年，八路军滨海一团与临沂独立团出解放区剑指太洪区（太平洪瑞合称），以势如破竹之势，收复了北至五湖、南到湾林、西至八湖的大片失地，兵分三路向汤头、白塔、独树头等敌占区步步进逼。

10月下旬，连续作战的滨海一团二营奉命移防至相公庄程子河以北的郭家湾等村休整。11月6日拂晓，国民党八十三师一个营纠合王洪九部共约一个团的兵力，趁大雾奔袭正在休整的滨海一团。滨海一团当时仅知有四五百人来袭，于是命令二营出兵阻击，一、三营后续打援。

二营四个连及营部机关立即投入战斗。二营有三个步兵连和一个重机枪连，共600人。营长郭德厚做了简短的战前动员，副营长于友率四连主攻，六连助攻，重机枪连掩护。四连先头部队在刘团林村与偷袭的国民党八十三师一部相遇，经激烈的短兵枪战，顽军一部遂向大程子河村以南、周官庄村以西逃窜，二营先头部队穷追不舍，在大程子河以西与之激战。战斗展开不久，二营周边敌人越聚越多，密集的炮火落在了二营的阵地上。此时，二营方知遭遇蒋军正规军主力部队。陷入重围的二营立即发起冲锋，准备经

大程子河村西突围返回湾林村的原营部驻地。但突围的大片开阔地被顽军设在汤河桥上的多挺轻重机枪严密封锁，二营指战员只好沿岚烟公路低洼地向小西岭村撤退。几百人的部队先是在村外构筑工事，挖出战壕，与占据村周围高地的顽军激战。在敌众我寡、无有利地形可守的情况下，以一当十，连续打退了顽军的连续集团式的轮番进攻。战斗一直持续到了下午，国民党八十三师又添增援部队，拉来了重炮，连续对滨海二营阵地猛轰，我军前沿阵地全部被摧毁，部队严重减员。二营派人向团部报告战情并求援，团部同意二营固守，一、三营全力投入战斗，从侧翼攻击，策应二营正面战斗。

二营接到团部命令，就地构筑工事，全力固守。敌人又一连发起了几次冲锋，都被二营打退，又有一批战士阵亡，营长郭德厚也负伤。下午 5 时，敌人发起总攻，我一、三营也全力投入战斗，火力密集交锋，双方伤亡严重。太阳落山时，敌人又一次攻上来，弹药已经全部耗尽的一团指战员端起刺刀与敌人展开了肉搏，刺刀拼弯了，有的用枪托砸，有的用砖头夯，有的捡起敌人扔来的手榴弹，抱着敌人同归于尽。当时，村周围是一片片的尸体，村里牺牲的八路军战士一个连着一个，有的手里还紧紧地攥着手榴弹，做着进攻的姿势，有的嘴里衔着敌人的半个耳朵。不论是大街小巷还是院落里，到处都是流淌的鲜血，惨不忍睹。战至夜幕降临，浴血奋战的一团指战员突出重围，撤出战斗。此役共毙敌 600 余人，一团也伤亡重大，仅二营就牺牲副指导员郭宝胜以下 200 余人，全团牺牲连以上干部 20 余名。

在这次持续一天的激烈战斗中，翻了身的小西岭群众自发地走出家门奔向战场，他们冒着枪林弹雨为八路军战士送饭、送水、送弹药、抬伤员，自觉组织起来扑灭村里燃烧的大火。期间，有的村民被流弹夺命，有的身负重伤，全村农舍几乎被重炮轰得无一间完整，所剩断壁残垣上弹孔累累，村民几乎户户无家可归。战斗结束之后，全村男女老少把失去亲人失去家园的悲痛化作爱党爱军的真情，全力以赴帮助八路军打扫战场，掩埋烈士遗体，毫无怨言地重建了家园。

参考资料：

1. 李浩源、李鹏程：《汤河小西岭战斗》，《河东红色文化》，济南出版社，2019 年 9 月。

2. 刘聚兴：《小西岭，献血染红的地方》，《凤凰乡情》，济南出版社，2019 年 11 月。

程子河伏击战

太洪区（当时的临沂县太洪区，由太平、洪瑞两区合并而成）的敌我斗争形势，从活捉刘老五、刘春和，枪毙了疙墩乡文书苏 ×× 之后，发生了急剧的变化。中共党组织和武装力量的活动范围从沭河西岸步步向西推进，南到湾林（今河东区郑旺镇），西到八湖、疙墩、柴埠河，北到五湖（今河东区汤头街道办事处）的大片失地都被收复了。敌人被逼到了台潍公路的两侧，龟缩在白塔、独树头周围。为了扭转败局，临沂城以东的“还乡团”向驻在临沂城的国民党八十三师和王洪九保安团求救。不久，王洪九的一个营便驻进了独树头，开始大肆屠杀我党政军群干部和家属，“还乡团”也疯狂地反攻倒算。这样，已被我们收复的临东地区又成了敌我争夺区，形势又紧张起来。为了打击敌人的反动气焰，1947 年 11 月初，我滨海一团和临沂独立团共两个团开进太洪区，准备对临东的“还乡团”进行大规模围歼。

行动开始后的第一天，我军分三路向汤头、白塔、独树头的敌人进击。所到之处，敌人望风而逃，来不及逃跑的皆被我俘虏，共计近百人。第二天，按照预定方案，我军仍分三路，向王桥（今河东区梅埠街道办事处）、汤河、相公方向进发，准备一举歼灭这三个据点的敌人。我军当时求胜心切，忽略了敌主力八十三师突袭的可能性，结果我滨海一团二营四、五、六连、机炮连和二营部，在进击汤河途中遭遇敌人，被包围在汤河以西的小西岭村。在小西岭周围的有利地形均被敌人占领，我军一、三营和县独立团都各自执行任务去了，在得不到增援的极端严重情况下，滨海一团二营的勇士们同数倍于我的敌人展开了激战。战斗从早晨打到黄昏，战场从村外发展到村内巷战，从枪战变成了肉搏战，终因寡不敌众，二营战士们的鲜血染红了小西岭，染红了汤河。

我增援部队因被敌所阻，未能迅速赶到以解小西岭之围，致使数百名战友英勇捐躯。战士们痛心疾首，立誓要为烈士们报仇雪恨。部队指挥员当机立断，决定重新布置兵力，回击围攻小西岭之敌。除以部分兵力狙击临沂援兵之外，其余部队埋伏在程子河村（今河东区汤河镇）岚兖公路两侧，待命而行。当时，前线指挥部驻在洪瑞，为集中优势兵力歼灭敌人，指挥部将直属特务连也派了上去。进入阵地前，特务连连长张建福、副连长马福武对全连进行了战前动员。连长指导员的话音未落，一排长李司琛第一个站起来表示决心：一排坚决执行命令，坚决消灭敌人，为战友们报仇。

天快黑了，被我一营重创的敌人自以为得计，洋洋得意地收兵撤回临沂。在敌军全部进入我伏击圈之后，我南北两路伏兵一跃而起，向敌人发起猛攻。敌人根本没有想到我军会杀他一个回马枪，在我军强大的复仇炮火面前，顿时土崩瓦解，溃不成军，伤亡惨重，总计被我歼灭600余人。

程子河战斗之后，太洪武装总团又配合县独立团，在大张寨子附近伏击了王洪九驻独树头的保安团，给了他们以迎头痛击。从此以后，敌人再也不敢轻易向我临东地区进犯了。

参考资料：

张清波：《太洪烽火》，《河东文史（第一辑）》，1999年9月。

大刘寨活捉刘老五

刘老五是大刘寨子（今河东区太平街道办事处）的“还乡团”自卫队长，土匪出身，日伪时期当过汉奸，为非作歹，民愤极大。临沂第一次解放时，他潜逃在外，躲过了一次人民的惩罚。1947 年国民党军发动内战侵占临沂后，他回到了大刘寨子村，还当上了还乡团的自卫队长，疯狂地向人民群众反攻倒算，奸淫掳掠，无恶不作，欠下了人民群众累累血债，百姓对他恨之入骨。为了打击敌人的嚣张气焰，除掉一方之害，鼓舞干部群众的革命斗志，打开地方武装斗争解放新局面，太洪区决定活捉刘老五，然后公开处决这个罪大恶极的反革命“地头蛇”。

此时的刘老五自知长期与人民为敌，罪孽深重，必受人民的惩罚和制裁，因此他处处设防，行动诡秘，狡兔三窟，藏在敌占区很少出头露面。我地方县、区武装曾几次插入敌占区捉拿他，结果都扑了空。1947 年 9 月的一个晚上，区武工队计划到大刘寨子村去捉拿敌伪保长刘春和。为什么要捉拿刘春和呢？一是因其罪恶较大，必须为民除害，二是为了警告刘春和之子刘兰田。刘兰田是敌伪乡公所的文书，他为虎作伥，横行乡里，做了不少坏事。捉拿其父作为人质，对刘兰田将起到威慑作用。这天晚上，太洪区武工队的一个排悄悄插入大刘寨子村，神不知鬼不觉地便将刘春和捉拿到手。

这时，大刘寨子村的地下党员报告，查明刘老五正在家中。获得了这个情报后，武工队立即悄悄

包围了刘老五的家宅。此时刘老五正同家人谈笑风生，毫无防备，武工队员越墙而入，破门冲进正房，没等刘老五回过神，大家一拥而上，将其活捉。

刘老五和刘春和被武工队活捉的消息在太洪区不胫而走，群众无不拍手称快，要求严惩汉奸，为民除害，为革命烈士报仇雪恨。此时的刘春和之子刘兰田自然如丧考妣，惶惶不可终日。为使父亲免于一死，刘兰田托人作保，向武工队求情，希望能够网开一面，他花多少钱都愿意。武工队则借来人做保的机会，警告刘兰田，指出他的前途。同时向伪乡公所提出了五不准要求，即不准敲诈农民粮款，不准迫害贫雇农，不准捉丁修炮楼，不准将地主富农的捐税转嫁给贫农，不准还乡团到台潍公路以东活动。对于这些条件，敌人自然是不会接受的。后来，报经上级批准，太洪区召开千人群众大会，将刘老五和刘春和当众处决。这一行动有力打击和震慑了敌人，鼓舞了人民群众的革命斗志，扩大了党的政策的影响力，极大促进了临东地区敌占区工作的开展，为赢得中国人民解放战争的彻底胜利做出了积极贡献。

参考资料：

张清波：《太洪烽火》，《河东文史（第一辑）》，1999 年 9 月。

智取郭家湾

1944 年 8 月 20 日，沭水县独立营召开各连干部会议，营长钟贤文告诉大家：自从拔除了小梁家和玉皇庙伪据点后，赵家庄子的伪军非常恐慌，害怕我军随时对他们发起攻击。我营已经同莒南县独立营和莒临边县大队商定，趁此有利时机，共同发起攻击拔除这个据点。我们沭水县独立营的任务是攻克郭家湾伪据点，这个据点的防御工事与赵家庄子伪据点相同，只是多了 4 个暗堡。

任务分配后，四连马上召开连务会，传达布置任务：一排为主攻，一班为突破组，二班为爆破组，三班为架桥组；二排为第二梯队；三排为机动部队。各排会后分别进行了战前准备工作。钟贤文到四连检查准备情况，指示四连马上买4条狗来，把嘴扎起来，再把一只前腿和一只后腿交叉着绑起来。战斗打响后，把狗送进鹿寨里，以吸引和消耗敌人的火力。

晚饭后，部队以高昂的战斗情绪进入指定地点。郭家湾据点周围非常平坦，百米以内没有障碍物，明月当空下，我军的行动敌人看得一清二楚。二连从正南和东南方向开始进攻，四连一排二班冲破敌人的火力网，把4条狗送进了据点外围的鹿寨里。荆棘丛生的鹿寨里四条狗挣扎乱跳，冲天狂吠，把鹿寨弄得哗啦响。敌人认为我军在砍除鹿寨，步枪、机枪一起响起来，打得地面上的尘土把鹿寨都淹没了。枪声震天，鹿寨里的狗跳得、叫得更厉害，敌人的枪也打得更加激烈。一直打到天亮，敌人才知道放了一夜的空枪，虚惊一场不说，还消耗了大量保命的子弹。

第二天黄昏后，二连开始第二次进攻，四连积极配合，在强大的火力掩护下，二班迅速接近鹿寨，锯的锯，砍的砍，拉的拉，准备尽快打开这道鹿寨防线，让主攻部队接近据点围墙。不一会儿，敌人发现四连破坏鹿寨后，即以猛烈的火力阻止，暴雨般的子弹射过来。连长陈连诚担心清除鹿寨战士的安危，顶着密集的子弹到阵地前沿观察情况。他登上沟沿时，视线就被尘土遮住，看不见战士的动作，来到鹿寨近前，才看到战士们在火力网中，不顾生命危险摸爬滚打，快速地清除着坚固的鹿寨。虽然战士们的衣服被汗水湿透了，身上的尘土已成泥浆，但战斗情绪十分高涨。部队边打边清理，一直战斗到天明，由于鹿寨的树干太粗、太长，荆棘丛生很难清理，进攻的道路未能打通。

早晨八点左右，莒南独立营来人告诉四连，疙瘩墩据点的敌人已经突围逃窜。这一振奋人心的消息，使得全连的战斗士气再次高涨起来。

部队休息一天，天黑后展开了第三次进攻。爆破组用手榴弹连续四次爆破，把鹿寨里粗长的树干炸开，打开了进攻道路。架桥组在敌人严密的火力网中架桥，梯子架到壕沟中间，被敌人暗堡的机枪打断。战士们又组织起第二次、第三次架桥，但都未成功。东方天空已经露出白色，部队决定退出进攻。部队后撤的途中，据

点里的敌人竟弃据点突围，一连和四连迅速出动截击，把敌人切成两段，很快就歼灭了其一部，另一部仓皇向相公镇据点逃窜而去。战斗结束后，钟营长命令四连拆除据点，自己带一、二连向相公方向追击敌人。附近群众得知郭家湾据点被攻克后，自发送来饭和水慰问战士们，并帮助四连拆除据点。

这次战斗共毙伤伪军80余人，俘虏10余人，缴获步枪10支，手炮一门，其他军用物资一宗，我军无一伤亡。

参考资料：

1. 陈连诚：《临东战斗岁月回忆》，《河东文史（第一辑）》，河东区政协文史资料委员会编，1999年9月。

2. 李浩源、李鹏程：《河东军民的抗日斗争》，《河东红色文化》，济南出版社，2019年9月。

谷沂庄、八湖伏击战

解放战争后期，太洪区认真贯彻临沂县委指示，坚持依靠群众，发动群众，广泛开展武装解放斗争，迫使敌人龟缩在据点里不敢轻举妄动，从而使人民群众的生命财产免遭更大损失，赢得了人民群众的一致拥护和感激。

1948年1月的一天上午，太洪区武工队侦查到相公庄的还乡团准备到八湖、郑旺庄一带抢掠。为了挫败敌人的行动，区武工队立即出动，决定兵分两路打伏击。一路埋伏在八湖以南的谷沂庄南，以一片坟地为掩护，另一路埋伏在湾林（今河东区郑旺镇）西湖，以湾林村作为掩护，并在两个伏击圈里埋设了地雷。上午十时左右，相公庄的敌人果然出动了，他们直奔谷沂庄而来。等他们进入伏击圈，武工队拉响了地雷。随着地雷的轰响，武工队的机枪、步枪一起开火，打得敌人措手不及，慌忙撤退。这时，武工队另一路设在湾林西湖的伏兵，听到古沂庄这边战斗打响，迅速从侧翼包抄上来。敌人受到两面夹击，无力抵抗，只好落荒而逃。武工队乘胜追击，消灭了部分伪军，缴获了一些武器弹药。

敌人在谷沂庄吃了败仗之后，贼心不死，又于2月上旬的一天，联合独树头的"还乡团"，计划在拂晓前行动，对我程旺庄和八湖庄一带进行偷袭。前一天上午，武工队就得到了这个情报，研究制定了迎敌的措施。据我们了解，敌人这次偷袭，准备搞两路夹击。我们针锋相对，决定采取三路截击的战术，先把敌人让进来，然后分三路截击敌人后背。在兵力使用上，武工队决定集中兵力，专打从独树头出来的一路。选择好地形之后，半夜时分，武工队便分别进入了阵地。天色将明时，听到湖中的宿鸟飞叫，知道敌人来了。不多时，敌人的尖兵就贼头贼脑地进入了我们的伏击圈。按照既定的部署，武工队放过来敌尖兵，后面的敌人见前面的尖兵没遇到什么情况，也都大着胆子往前走。这时，我们一声号令，手榴弹、步枪、机关枪同时开火，这些"还乡团"本来就是乌合之众，没有多少战斗力，被武工队一阵猛打，顿时乱作一团，溃不成军，四散而逃。敌人的先头部队听到背后挨打，企图回击，遭到我另外两路的狙击，欲进不能，欲退不得，也是落荒而逃。相公庄的敌人走到半路。听到八湖方向战斗打响了，恐怕遭到伏击，连忙转回头缩回了据点。

在这两场漂亮的伏击战中，我武工队神出鬼没，声东击西，打得敌人晕头转向，而我武工队员却无一伤亡。从此之后，还乡团一听太洪区武工队的名字便闻风丧胆，再也不敢轻举妄动到我解放区袭扰。

参考资料：

张清波：《太洪烽火》，《河东文史（第一辑）》，1999 年 9 月。

第四章　风范永存的红色革命遗迹

2013 年 7 月 11 日，习近平在河北平山县西柏坡考察时强调：历史是最好的教科书。对我们共产党人来说，中国革命历史是最好的营养剂。多重温我们党领导人民进行革命的伟大历史，心中就会增添很多正能量。

走近河东区一处处红色革命遗址、遗迹，一件件珍贵的革命文物、一份份厚重的文件史料、一个个复原的活动场景，忠实记录了革命先辈们为了民族独立和人民解放、国家富强和人民幸福不畏千难万险、不懈浴血奋斗、付出巨大牺牲的光辉历史，生动诠释了马克思主义为什么行、中国共产党为什么能、中国特色社会主义为什么好，让参观者深刻认识红色政权来之不易、新中国来之不易、中国特色社会主义来之不易。

红色革命遗址是党和国家红色基因库的重要组成，承载历史、记录荣光、给人启迪。在开展党史、新中国史、改革开放史、社会主义发展史学习教育中，充分发掘保护革命遗址遗迹，把红色资源利用好、把红色基因传承好、把红色传统发扬好，更好感悟信仰之力、理想之光、使命之艰、担当之要，更好汲取开拓前进的强大勇气、智慧和力量。

中国共产党成立 100 周年，是我们党和国家的一个崭新起点。而今迈步从头越，我们要更好依托沂蒙丰富的红色资源，教育引导广大党员、干部总结历史经验、把握历史规律、坚定理想信念，弄清楚我们从哪里来、往哪里去，切实担负起时代使命担当。要常学常新、入脑入心，真正做到知史爱党、知史爱国，常怀忧党之心、为党之责、强党之志，让初心薪火相传，把使命永担在肩。要进一步挖掘好、保护好、利用好红色革命遗迹，让红色基因代代传承，让红色传统发扬光大。

百年征程波澜壮阔，百年初心历久弥坚。革命先烈当年战斗和生活的地方已经发生了翻天覆地的变化，看今日河东，全区人民在党的正确领导下，谋发展、促转型，砥砺前行，取得了前所未有的伟大成就，百姓安康，城市日新月异，社会和谐，一幅高质量发展的壮美画卷徐徐展开，幸福美丽新河东的美好愿景已经变为现实。

陈毅旧居

陈毅旧居是新四军军部旧址二期工程红色核心区的重要组成部分，位于河东区九曲街道原前河湾村的西北部，于2009年5月开工建设，7月完工并对外开放。2019年5月，陈毅旧居被中共中央宣传部公布为全国爱国主义教育基地，2000年12月被山东省人民政府公布为省级重点文物保护单位。

旧居即当年陈毅一家在前河湾村的住所。据老房东钟恩礼回忆，1946年春天，村里来了好多人“号房”，所谓“号房”就是对村里民房进行编号、登记，有多余的房子就动员腾出来，借给部队路过暂住或阶段性驻扎，原则上是有三间房的腾出一间，有五六间房的腾出两间借用。正巧钟家有多余的房子，就主动腾出了两间给部队用。没过多久，陈毅一家就住了进来。当时钟家老小也并不知道住在自己家里的是陈毅军长一家，过了一段时间才知道。屋门前有株桂花树，据说当年陈毅一家住在这里时，这株桂花还栽植在大花盆里，老房东听取了陈毅的建议，将桂花从花盆里移出栽植在堂屋门前，金秋时节，花香满院。运筹帷幄空闲之余，陈毅喜欢在桂花树下与老房东聊聊家常、下下围棋，其乐融融。

旧居室内家居也是按照当时的位置摆设的，房间里复原了当年陈毅一家在此生活的情景以及陈毅不同时期的图片资料，其中有陈毅赴法留学前的留影，1955年被授予元帅军衔时的照片，1972年陈毅去世，毛泽东主席亲往吊唁慰问照片。东侧的一间就是当年陈毅一家的卧房，里面有一幅珍贵的照片，就是陈毅和张茜的合影。1946年5月张茜来到这里时已有身孕，这年秋天，陈毅的小儿子陈小鲁就出生在这里。当年，陈毅一家与房东一家相处十分和睦融洽，两家的孩子也成为好玩伴。后来陈昊苏、陈小鲁曾多次来此寻访、探亲，墙上的图片反映的就是2008年8月陈小鲁携夫人粟慧宁（粟裕的女儿）来此的情景。

据史料记载，“皖南事变”后，新四军江南部队撤到江北，军部率部分主力挺进山东，陈毅、饶漱石到山东工作。1945 年 10 月上旬，新四军军部迁到临沂，当时军部设在临沂西门里路北（原德国天主教堂后院）。1946 年 1 月 7 日，新四军军部与山东军区合并，陈毅任新四军军长兼山东军区司令员。1946 年初，前河湾村就设有新四军服装加工厂。同年 6 月，军部移到临沂城东北的前河湾村。新四军军部移驻该村后，设在地主丁西月家的两个四合大院里。陈毅、张云逸等老一辈无产阶级革命家就是在这里运筹帷幄，指挥了著名的宿北战役、鲁南战役和临沂阻击战，制定了莱芜战役的作战计划。来到前河湾村，陈毅和夫人张茜及两个儿子（陈昊苏、陈丹淮）就住进了村民钟维君家中。钟家住在村西北角，一方小院，有正房 4 间，陈毅一家住在西头两间。钟家屋后是一片松树林，环境清幽，当时张茜已有身孕，需要静养，加上南方民居有开北门的习惯，张茜就和房东大哥商量，在住屋的后墙扒了个门儿，时常到屋后的松树林中纳凉、读书，和孩子玩捉迷藏的游戏，同时也便于在遭遇紧急情况时迅速撤退。1946 年秋，陈毅的小儿子陈小鲁就是在钟家出生的，两家子处得亲如一家。陈毅曾深情地告诉孩子们：你们不要忘了沂蒙山区，不要忘了前河湾，那里有你们的再生父母，那里有你们的兄弟姐妹。

房东老人钟恩章

1947 年 12 月，华东野战军撤出临沂后，陈毅一家也搬离前河湾村，但他们一家与前河湾村的感情却从未间断。陈毅的儿女都曾先后到这里探望过老房东，看望乡亲们。村里七八十岁的老人都仍然能记得他们的模样，并能一口叫出他们的小名。1990 年 1 月，在老房东钟维君去世的第四天，时任中国对外友好协会会长的陈毅的大儿子陈昊苏，携全家来到前河湾村，对钟维君老人的去世表示深切的哀悼，对钟家亲人表示慰问。他与村民和房东钟恩章一起畅叙离别之情，一起就餐，一起在旧居前合影留念。当时，陈昊苏还饱含深情地写下了一首《沂蒙的思念》：我之所思在临沂，幼时沂河水中戏，逝者如斯忆当年，河湾村有亲兄弟。我之所恋在沂蒙，峰转石怪战旗红，马背摇篮过险道，捷报传来共欢腾。我之所爱在老区，艰难岁月曾寄居，乡亲抚育恩义重，报答奉献共勉励。我之所钟在人民，革命世家守坚贞，愿为人民谋福利，忠诚爱党更爱军。

陈毅旧居作为那段革命岁月和军民鱼水深情的历史见证，被老房东悉心地看护着，七十多年过去了，至今仍完好地保留着当年的旧貌。

参考资料：

1. 郭广阔：《陈毅在沂蒙》，山东友谊出版社，2014 年。

2. 李浩源、李鹏程：《前河湾村陈毅故居》，《河东红色文化》，济南出版社，2019 年。

3. 华东野战军纪念馆：《新四军军部旧址与河湾丁氏》，2019-01-04。

4.《让革命文物“活”起来——— 河东区华东野战军总部旧址暨新四军军部旧址纪念馆革命文物保护利用工作纪实》，《临沂日报》，2018-03-26。

5.《前河湾村：新四军最后一个军部驻地》，《齐鲁晚报》，2011-05-13。

陈毅军部怒斥郝鹏举

1947 年 2 月 6 日，华东野战军第二纵队奉命发起讨伐反复无常的国民党顽军郝鹏举的白塔埠战役，仅用了三四个小时的时间，我军仅以伤亡二三十人的代价，就取得了全歼敌一个集团军——总部机关、警卫团、骑兵团、一二〇重迫击炮营、特务大队、运输大队、步兵第四师，俘敌集团军司令以下官兵数千人，缴获一二〇重迫击炮 12 门，轻重机枪、八二迫击炮 100 余挺（门），长短枪 2000 余支的重大胜利，并生擒郝鹏举。

昔日的威风与潇洒已荡然无存，惶恐与怯懦使他战栗不止，中国现代史上反复无常的“倒戈将军”郝鹏举，从此成了人民的阶下囚。

2 月 7 日，郝鹏举被押解到新四军军部驻地沂河东岸的前河湾村。当日下午，陈毅应郝的请求特予赐见。

郝一进屋，见到陈毅，即说：“万分对不起人民，对不起军长，今天能见军长一面，虽死无憾，不知军长能原谅我吗？”

陈毅和蔼地说：“请坐下，慢慢谈。”郝鹏举见陈毅如此大度，更加手足无措，感愧交集，眼泪夺眶而出。

陈毅问：“你到过徐州，见着陈诚了吗？”郝鹏举回答：“到过徐州，见着陈诚，只谈了 2 个小时。”

陈毅：“你与陈诚谈了什么？”郝鹏举：“谈战局，薛岳亦在座。”

陈毅：“陈、薛对战局的意见怎么样？”郝鹏举：“陈诚说山东会战是国军成败的关键，要我率部参加，争取立功。”

陈毅：“他们有信心吗？”郝鹏举：“我看他们信心是不够的，因为他们采取稳打稳进的办法，各部队均怕侧翼暴露和后路被切断，且半年来失败太多，故均无信心，而且都知道即使进了临沂，仍不能解决问题。”

陈毅责问道：“那么为什么你要投蒋呢？”

郝叹了口气，推托说：“由于我立场不稳，上了蒋介石政治诱惑的当呀！”

陈毅又责问道：“你说是被骗投蒋，为何又枪杀我派去的几名联络人员？为什么不安全送回？”郝鹏举深知此事的分量，心里发怵，故意推卸责任，说：“这完全是我受部下少数坏分子的劫持，企图以此向蒋介石、陈诚报功，这是我的罪过，我不能约束部下。当投蒋前后数日内，我受良心责备，十分痛苦，真如古人所说，到了‘魂不守舍’的地步。总之，一切由我负责，政治上已到了无法拯救的地步，军长给我任何处分，我都接受。”

陈毅以严肃的态度对郝鹏举进行了正义训诫，说：“你讲完了你的意见，我在这里可以告诉你几点：第一，去年 6 月以前，我们是想以民主自觉的原则，说服你们接受八路军、新四军的建军经验，把你们这一支旧式部队改造成为一支真正为人民服务的武装，无奈百般说服劝导，你们都不能接受。去年6月以后，蒋介石大举进攻解放区逆谋已露，自卫战已不能避免，我知道你们部队改造已无希望，中共中央来电要我对你们的部队采取一贯的宽大政策，即不用武力强迫改造。我为了忠实执行中共中央对起义部队'来则欢迎，去则欢送'的民主自愿的政策，故把你们部队由解放区中心区调到东海边境，这你很明白，是让你们自己选择自己的前途。假如要用武力解决你们或者保留你们，是毫不困难的。让你们开到边境，且于开到边境后各种待遇不变，无非是希望你们觉悟，向服务于人民方面转变。这个意思很清楚，很明白，而且非常大度优容，公正无私。到今天我看你们部队任何人不能否认这一点。"

郝鹏举频频点头，说："无论是解放区党政军民，无论是中共中央和军长个人，一贯对我们是爱护的，这是事实。"

陈毅责问道："那么为什么你投蒋后却说中共监视你们很严？又说我方无控制能力，故你们能安全投蒋，这是什么意思？"

郝鹏举显得十分尴尬，狡辩说："那是中央社广播造的谣。"

陈毅义正辞严地继续说："到了去年9月两淮失守前后，蒋介石、薛岳与你们的勾结我屡有所闻，且知道得很清楚。我又派人，又写信，又用电报，屡次劝告你们不要丧失人格，背叛人民。我对于你们更是万分优容，不咎既往。到了今年1月中，你们擅自将部队南调，开到海州城下。我立即劝告你们只有站在人民方面才有出路，投蒋不过替蒋介石增加一个独裁、内战的牺牲品。可是你们仍执迷不悟。我知道已无希望，但仍然申言只要你们不公开投蒋，我绝不以一兵一卒相加。不料你们最后竟自寻死路，公开背叛人民，公开投降人民公敌蒋介石。这于解放区并无什么损失，故我们并不重视你投蒋的事。但是即使到了这个时候，我仍然在最后一分钟下了一道警告给你，要你们部队迅速远离内战战场，不要向解放区进攻。但你们硬不听话，敢于2月初即参加前线进攻。这时我才派部队迎击，一昼夜即捉你过来。我在这里明白告诉你：对于你们拖走部队我是料定了的；对于拖走部队后如敢反噬定可迅速捉拿归案，我也是早料定了的；我又可以告诉你，对于你们拖走部队时，竟捕杀我派去的联络人员，则出乎我之意料，因为我不料人之无良竟到这种地步！”

这时，郝鹏举俯首点头顿足叹息，答道：“对于临走枪杀军长派来之联络员一事，完全是禽兽行为。本人不知道，是部下干的。我不能控制部下，罪该万死。”

陈毅明知郝鹏举是在当面撒谎，抵赖罪责，遂严肃地说道：“从你叛变到被俘，前后仅11天，这证明了干民主事业需要有为人民服务的自我牺牲的革命精神，凡投机取巧必致身败名裂，最后难逃人民的惩罚，你就是一个投机取巧的示范，这是第一；又证明了一支旧式的军阀部队不经过彻底改造，绝不能担负伟大的民主斗争任务，这是第二；又从事实上证明从美帝国主义到蒋介石到陈诚、薛岳等人惨败之余，转而求之于你郝鹏举去参战，你们之间的关系太丑恶了，因而力量是更腐朽了，故不堪一击。又证明了中国人民的力量基于正义和爱国自卫，故名正言顺，力量伟大，一出手你们就纷纷落马，这是第三。以上这些教训，对于任何人都有用处，恐怕对美、蒋及你作用最大。”

郝鹏举低着头，聆听着陈毅对自己的最后一次教诲。他内心充满痛苦，羞愧，惊惶，恐怖，脸上青一阵，红一阵，白一阵，恨不得脚下有个洞一头钻了进去。

陈毅望了望郝鹏举，继续说：“目前你既然到了此地，一切应由人民处理，还能够保全、能够宽恕的地方，人民定可准予考虑。不过你做的事太坏，太对不起人民，太违反人情，再次背叛国家民族，罪恶实在太大，要看人民是否能宽恕你。我立刻派人送你到后方去，听候发落好了。”

陈毅谈话至此，即令郝鹏举退下。郝俯首躬身辞出，口中连呼：“一切由我负责，我太对不起人民，对不起共产党，对不起军长……”

此后，陈毅有感而发，写了一首题为《示郝鹏举》的诗：

教尔作人不作人，
教尔不苟竟狗苟。
而今俯首尔就擒，
仍自教尔分人狗。

后来，郝鹏举在被押送途中企图逃跑，被我押送战士击毙，结束了其反复无常的罪恶一生。

参考资料：

1. 潘兆仲：《前河湾村，新四军最后一个军部》，《沂蒙文史》，新星出版社，2010 年。

2. 郭广阔：《陈毅在沂蒙》，山东友谊出版社，2014 年。

3. 于继增、赵伟：《震惊华东战场的“郝鹏举事件”始末》，《党史博采（纪实）》，2008 年 03 期。

4. 吴新明：《反复无常的大汉奸郝鹏举》，《党史纵览》，2005 年第 10 期。

5. 蔡仁照、孙科佳：《新四军征战实录》，湖南人民出版社，2005 年。

6. 方纯：《一段难忘的经历——记监护郝鹏举乞见陈毅军长的往事》，《铁流 11——纪念抗日战争胜利 60 周年》，2007 年。

7. 夏继诚：《华东战场秘密战》，中共党史出版社，2010 年。

军民同心战洪灾

千百年来，沂河像一条伏卧在沂蒙大地上的巨龙，用自己质朴的清流滋润着流域内近万平方公里的山林原野，哺育着两岸的人民。人们奔忙在河畔，农耕、渔猎、制陶，世世代代，繁衍生息。然而，沂河在历史上水灾频繁，曾经是著名的“洪水走廊”，每逢汛期，山洪暴发，沙石俱下，洪水漫流，时常造成苏北、鲁南平原的严重水灾。据记载，1939 年，沂河右岸江风口决堤，仅苍山、邳县受灾面积就达 150 万亩，淹死和无家可归的人不计其数。当地还曾流传过这样一首歌谣：“开了江风口，水漫兰山走，淹了临郯苍，捎带南邳州。两岸田园望不见，老婆孩子顺水流。”

“发大水啦！快去看大水啊！”家靠沂河的村庄，每到雨季，下了急雨或上游下了暴雨，村里的孩子们常这样喊着，一起去沂河看大水。

孩子们所说的“发大水”，就是河里黄色的水，咆哮着，像凶猛的野兽，张牙舞爪地卷着大量的漂浮物，漫过两岸的庄稼，直逼村边的大崖坝。水灾严重时，再越过大崖坝进村进屋，这就是大水灾了：屋里的水漫过膝盖深，木床、板凳等家具，都漂了起来游荡着，老房或“土打墙”的屋陆续坍塌。这时，大人们就在地上插一根小木棍棍儿，看水是涨还是落，如继续涨，就要向高处躲逃了。过去最怕遇到这种情况，可年年各个地方水灾总有发生。

1946 年夏，一个大雨滂沱的早晨，陈毅打着伞到军部上班，院中遇上房东钟大哥，陈毅问：“下这么大的雨，你还要干啥子去？”

钟大哥头戴斗笠，身披蓑衣，赤脚高挽着裤腿，手里提着一把铁锨，说：“俺心里慌慌的，到河边看看，这连天的大暴雨，要是山洪下来，那老河堤怕是撑不住，要出大事啊。”说完匆匆而去，身影一会儿就淹没在风雨中了，只留下一股旋动的风。

望着大哥奔河堤远去的身影，陈毅也打了一个激灵，他感到有些内疚，这些日子忙于军务，没顾得上过问地方上的事情，特别是眼下雨季来临，沂河东岸这片的河堤地处沂河中段的几个急转弯处，低矮单薄的河堤年久失修千孔百疮，很难抵挡势不可挡直泻而下的山洪，历史上的几次沂河大洪水决堤灾难，都是发生在这一段。一旦沂河决堤，将是一次千百万人家园毁灭的大灾难。想到这里，他当即吩咐警卫员大顺：赶快让周参谋通知县、区干部，召集大家开个防洪紧急会议，共同研究一下防灾抗洪问题，要确保人民群众的生命和财产安全。

刚踏进军部办公室的门槛，才到任不久的参谋长陈士榘披着一块不大的雨布奔了进来，一进门他就说：“司令员，我就知道你准来。”

陈毅跺跺脚上的泥水说：“哈哈，我们的参谋长啥时学成半仙了，能掐会算了！”

陈士榘朝门外抖抖雨布上的水，说：“下这么大的雨，你能在家里坐住，那就不是陈毅喽。”

“哈哈，到底不愧是我的参谋长啊，硬是能掐会算嘛。”陈毅看着老天紧一阵慢一阵的大雨，焦虑地说，“老天发威了，上游的山洪很快就会一泻而下，这破旧的沂河大堤真让人提心吊胆啊……”

陈士榘说："是啊，看来我们先要和老天打一仗了。"

陈士榘刚刚走马上任山东野战军参谋长，颇有些受命于危难之秋的味道。

此时，华中野战军在苏中战场七战七捷，山东野战军在淮北战场上取得朝阳集歼敌一个旅的胜利之后，攻泗县未克。九月中旬，敌人相继侵占了两淮——淮阴、淮安，苏皖边区的大部分地区沦为敌后。我军正与敌人对峙在盐城、涟水、宿迁一线，压力很大。

因为战役受阻，身为新四军军长兼山东野战军司令员的陈毅处于内忧外患之中。外患不可怕，内忧的阴影笼罩，一时难以驱除。由于泗县之战没有打好，淮阴没有守住，华中分局的几位负责同志把责任都推到了陈毅和宋时轮身上，甚至有人批评陈毅不执行毛主席集中优势兵力打歼灭战的指示，宋时轮也被免去了山东野战军参谋长的职务。

置身于党内和军内如此艰难而复杂的环境中的陈士榘，对陈毅抱有极大的信任，特别是他阅读了陈毅写给八师领导同志的信，深为感动，深受教育。他从心底里敬佩陈毅以大局为重，不计较个人得失，委曲求全，敢于责己，甚至违心地自我批评，接受不公正批评，用自身的实际行动，促进和确保领导同志之间的团结，消除部队之间的埋怨情绪的统帅风度。

正在他俩说话间，张云逸和舒同等也冒雨聚来。陈毅说："险情大如天啊，都来了，那就一起到沂河大堤上看看，部署同无情的洪水打一场守堤护岸保家园的战役。"

大家一致赞成。

陈毅回身对周参谋说："你稍等一下，待一会儿张县长和区里的领导同志来了，让他们到大堤上找我们。"

说完，大家鱼贯而出，直奔村西不远处的大堤。他们在风雨中顺堤而上，边走边看，不时和守堤的群众打招呼，鼓励他们提高警惕，做好准备，坚决守住大堤。

站在河边泥泞的堤路上，大风大雨刮得他们手上的雨伞和雨披几乎不起作用，雨水一会儿就湿透了他们的衣服。陈毅一手用力地撑着伞，一手叉腰，纵目眺望，那洪水犹如奔腾咆哮的巨龙，吞云吐雾势如破竹气势非凡。但见黄龙翻滚腾跃，掀起高高的黄浪，浪头一个紧接着一个，雪崩似的倾泻而下，卷起千堆黄鳞，万丈漩涡，狂怒地冲撞着大坝，发出霹雳般的响声；坝身惊恐地坚持着虚弱的躯壳，招架着巨浪的冲撞。那前浪受阻，又猛地退下去，与后浪撞在一起，轰隆一声掀起丈把高的水山，扶摇直上半空，瞬即又天塌地崩般倾泻下来，扭头闯过狭窄的河道，咆哮着向南奔腾而去。

“各位，看这水势如何？”陈毅指着沂河问道。

张云逸说：“真有点像李太白所言的‘黄河之水天上来，奔流到海不复回’啊。”

“真是难以想象，前几天还是清澈见底、小姑娘般温顺的沂河，眨眼间变得狂躁无比、凶神恶煞，这就是大自然啊！”陈士榘抹一把脸上的雨水说。

“就现在的水情而言，河堤一旦决口，损失可就大了哇！不过，我看沂河水就要变驯服了，圣人已经出来了嘛！”陈毅指指河堤上忙碌的群众说。

“等全国解放了，我们一定要好好治理这条沂河，化害为利，让它造福人民。”文质彬彬的舒同干脆扔掉了可有可无的雨披，任由狂风暴雨在头上身上肆虐。

张县长和姜区长赶了过来，他们同样是一身泥一身水。大家没有客套，没有寒暄，就站在堤坝上的风雨和泥水中开起了“现场办公会议”。

中午时，风雨渐渐小了，到了下午，河里的洪水也慢慢落了下去，人们悬着的一颗心终于落了下来。

七月的天，孩子的脸，说变就变。刚才还是阳光灿烂的，一会儿就变成乌云密布了，天就像被一口大黑锅盖住了。离上次在沂河大堤上军民冒雨筑坝抢险虚惊一场才过去了三天，又一场暴风雨来临了。

闪电在天空到处乱窜，像一条金龙在飞舞，更像一把利剑把天空劈成了两半。雷公公在天上敲锣打鼓，震耳欲聋。狂风夹着暴雨铺天盖地而来，一瞬间，粗大的雨点狂暴地洒落下来。那雨，好像天地之间挂了一幅巨大的窗帘。一会儿，大雨越来越疯狂，黑沉沉的天就像要崩塌下来。狂风追着暴雨，暴雨赶着狂风，风和雨联合起来追赶着天上的乌云，整个天地都处在雨水之中。狂风卷着暴雨像无数条鞭子，狠命地往地上抽打着。

军部办公室里，一阵电闪雷鸣将陈毅从站在一张大地图前的沉思中惊醒，他转身走到门口，看看雨雾茫茫的瓢泼大雨，朝南屋警卫室喊：“大顺子，拿雨衣来，上河堤看看去。”

大顺应声而来，不解地问：“首长，这雨太大了，待会儿雨小小再去吧。”

“就是要这会儿去，河里肯定涨水了。”说着，他拽过雨衣套在身上就往外走，周参谋和大顺也披着雨布赶紧跟上。路上，有不少乡亲们扛着木棒、抬着草包一溜小跑奔河沿，陈毅和他们打着招呼，还不时搭把手，帮他们拽一把扁担或绳索。

一路走，一路看，一会儿他们就来到了前河湾村南三四里地的桃园村西的河堤险段。河堤上，乡亲们正在河堤低矮处堆沙包，有的四下散开，在河堤的背面上下仔细地巡视，查看有无因老鼠洞漏水而带来的隐患。

上游的洪水下来了，河水越长越高，陈毅移目中流，只见巨浪卷着树木和一些杂物奔驰而来，猛烈地撞击着堤坝。那黄龙用它的利爪凶猛地剜着坝基，用它的钢牙不停地啮噬着坝身，紧急召集而来的各村群众没有被洪水吓倒，他们没有丝毫畏惧，反而是人声鼎沸，士气高昂，哪个地方巨浪冲得厉害，他们就奔向那个地方，堆土填石加高堤坝。人们跳进水中，深深打下一根根木桩，然后填埋沙袋，“轰隆”“轰隆”，咆哮着的黄龙不仅没能捣坍堤坝，而且还不得不慢慢变得驯服起来。

看看水势，陈毅心里十分焦急，他吩咐周参谋回去，将机关警卫营、后勤人员、医院、华东军政大学和被服厂的人员统统拉上来，并尽可能多地准备一些门板、木棒和草袋子。忙碌的人群中，正碰上姜区长和村长带领群众往堤上扛沙袋，陈毅也随他们走上前去，“嗨”的一声接过一个百十斤的沙袋，扛上就走。姜区长和村长扛着沙袋追上来，看看是陈毅，两人赶紧扔下肩上的沙袋，上前拦住他并要给他卸下沉重的沙袋：“司令员使不得，这沙袋一百多斤啊！”

陈毅一看是他俩，脚下稍慢下来，但就是不放下肩上的沙袋：“百多斤怕啥？乡亲们扛得动我就扛得动，快，扛上去，都啥子时候了嘛。”说着，挣脱他俩，快步而上。姜区长和村长一看，只好回头扛上自己的沙袋，大步追上去。

回来的路上，陈毅问姜区长和村长：“这河堤能不能挡住直泻而下的山洪？”

村长说：“挡住河面的洪水没问题，我们用草袋装土加高了堤坝，眼下的问题是，由于这坝子年久失修，上上下下老鼠洞太多，八下里渗水，要是填堵不及时或冲出个大洞，就坏了。”在漫天盖地的风雨中，他们的谈话只能大声地喊着，远远望去，不知道的以为他们在吵架呢。

就在他们说着、商讨着对付老鼠洞可能引起的管涌意外时，不远处传来一片惊慌的呼喊："不好了，老鼠洞漏了，河堤漏了，快来人哪！"

他们立马飞奔过去，只见河堤上方透过老鼠洞被冲鼓了个大窟窿，满满的河水顺着窟窿向外冒。水流浑浊，流量越来越大，转瞬间，被穿蚀的堤坝窟窿由拳头般大小，变成了水桶般粗，并且还在快速地扩展着，随时都有溃堤的可能。大堤上的人们有些惊慌失措，急忙用土、沙和草去堵窟窿，可根本无济于事，整袋整袋的沙土扔进去，接着就被冲了出来。由于这个村多年未出现过大的险情，乡亲们被突如其来的洪水吓得惊慌失措，不少人喊着要回家收拾收拾东西，逃向外乡。

陈毅和姜区长拦住乡亲们一面劝说大家不能走，要走了家就真完了，一面指挥部队紧急抢险。当时窟窿越冲越大，如果大窟窿再不能迅速堵住，后果将不堪设想。

情况万分紧急，陈毅扛起一只大沙袋毫不犹豫地跳进河水中，因为加上了沙袋的重量，才没有被汹涌的河水立马冲走。他尽量稳住身体，大喊："新四军干部、战士跳下来，打桩，乡亲们，门板沙包堵水！"

陈毅的话音未落，十几名新四军干部、战士就跳进来，大家手挽手站在汹涌的波涛中，站成一堵人墙，疯狂的水流减缓了不少。乡亲们也纷纷跳下来，冒着随时有可能决堤的危险抢堵洪水，大家互相扶持，开始打下一根根木桩。然后是门板、沙袋、干柴填堵下去，整个大堤上一派激烈繁忙的抢险场面。

在随时可能溃堤的形势下，大家决定采取"过水不扩大、走水不带泥"的方法，英勇无畏的新四军战士们在指挥员带领下，直奔管涌而去，"外围沙袋压，中间过滤导流"，发

扬英勇顽强、不怕牺牲的连续作战精神，深入管涌口，冒着生命危险，将一袋袋沙包、干柴扛至水中，填堵管涌口。经过官兵们反复多次填堵，挖掘加固，用了整整一下午的时间，管涌口终于被堵住，决堤的危险才算真正解除。

此刻，天已经快黑了，军民们又一次在危境中经受了生与死的考验，乡亲们都说："要不是陈毅司令员亲自率部队堵住了洪水，那时别说我们的村子，就连沿河这一片的村庄也要被淹没了。"

参考资料：

1. 潘兆仲：《前河湾村，新四军最后一个军部》，《沂蒙文史》，新星出版社，2010 年。

2. 郭广阔：《陈毅在沂蒙》，山东友谊出版社，2014 年。

粟裕旧居

前河湾村粟裕旧居位于村西北部、陈毅旧居西 100 米处，原为钟氏家族的房屋，是典型的农村夯土民居建筑。院落北房三间、东厢二间，大门和院落院墙原是破旧的老房子，由钟氏族长钟维坤修缮后，借与粟裕一家居住。旧居组群占地面积 366 平方米，建筑面积 100 平方米。其东邻是当时的军部小食堂，再东一处则是陈毅与粟裕的警卫员及保育员居住的房屋三间。

1946 年 6 月蒋介石发动全面内战，华中地区成为战争的前沿，粟裕夫人楚青和两个孩子随华中军区家属队北上临沂来到前河湾，至 1947 年 2 月撤离临沂，共在此居住 7 个多月的时间。因一直在前线指挥作战，粟裕于 1947 年 1 月鲁南战役结束后才回到新四军兼山东军区总部（前河湾村）与家人团聚。

粟 裕（1907—1984），湖南省会同县人。土地革命战争时期，任红七军团、

红十军团参谋长，闽浙军区司令员。坚持了南方三年游击战争。抗日战争时期，任新四军第二支队副司令员，新四军江南、苏北指挥部副指挥，新四军第一师师长兼政治委员，苏浙军区司令员兼政治委员。解放战争时期，任华中野战军司令员，华东野战军副司令员，第三野战军副司令员。新中国成立后，任华东军政委员会副主席，中国人民解放军总参谋长，国防部副部长，中央军委常委。1955 年被授予大将军衔。

参考资料：

1.《新四军军部暨华东野战军纪念馆》旧址、旧居介绍，河东区基地办提供资料。

2. 郭广阔：《陈毅在沂蒙》，山东友谊出版社，2014 年。

3. 丁肇铭：《新四军军部旧址与河湾丁氏》，《沂蒙党史史志》，2019 年。

张云逸旧居

张云逸旧居位于原前河湾村中部，新四军军部旧址纪念馆北 150 米处，华东野战军纪念馆南侧，是一座普通的北方民居。1946 年 6 月至 1947 年 2 月，张云逸及夫人韩碧在此居住长达 8 个月之久，次子张光东 1946 年 7 月 20 日出生在此。1947 年 2 月，张云逸一家随部队撤离前河湾村后，丁氏房东对旧居妥善保管，

多年来一直保持原址原貌。

2006 年 12 月，张云逸旧居被山东省政府公布为山东省重点文物保护单位。

张云逸 (1892—1974)，原名张运镒，又名张胜之，广东文昌人。参加了黄花岗起义、辛亥革命、北伐战争，参与领导了百色起义。土地革命战争时期，任中国工农红军第七军军长，参加了长征。抗日战争时期，任新四军参谋长兼第三支队司令员、新四军江北指挥部指挥、新四军副军长。解放战争时期，任新四军副军长兼山东军区副司令员、华东军政大学校长、华东军区副司令员、山东军区司令员，中共华东局后方工作委员会书记。新中国成立后，任广西省委书记、中央监察委员会副书记等职。1955 年被授予大将军衔。

1945 年 8 月，新四军主力北上山东。1946 年春，新四军辗转至临沂，10 月，军部机关和直属单位移至前河湾及周边村驻扎。在此，新四军军部和山东军区合并，统一指挥山东军区和华中军区部队，张云逸任副司令员。居住在前河湾村期间，张云逸协助陈毅、粟裕指挥了著名的鲁南战役、临沂南线阻击战，有力地阻遏了国民党军队的北进；制定了莱芜战役的作战方案、初步酝酿形成了孟良崮战役的作战思想和思路。1947 年 1 月鲁南战役胜利后，华东部队在前河湾村进行整编、合编，张云逸全程参与了华野的整编组建，多方协调，为顺利完成整编建设任务做出了积极的贡献。

陈毅和张云逸是新四军的老搭档，生死与共、肝胆相照，共同的使命让他们结下了深厚的革命友谊。陈毅一直称张云逸为“同志兄长”，称他“有大海容人之量，高山仰止之德”。他还这样评价张云逸：既是一个好主角，也是一个好配角。当主角时能够集思广益，从善如流；当配角时则主动配合，精诚合作。

1943 年底，陈毅去延安参加整风和党的“七大”，直到 1945 年秋才回到新四军。这期间，张云逸代理军长之职并主持全军工作。1946 年 6 月，全面内战爆发。陈毅主要是在前方指挥作战，军区的日常工作和地方军事建设工作主要由张云逸主持。他领导了山东军民配合野战部队进行自卫战争，组建起了强大的地方武装力量，为解放战争的胜利做出了巨大贡献。

陈人康（左一）和张光东夫妇（右一、二）在华野纪念馆参观

2017年5月17日，张云逸之子张光东、陈士榘之子陈人康等革命后代来到华东野战军总部旧址暨新四军军部旧址纪念馆缅怀革命先辈。河东区政府党组副书记、临空经济区（河东经济开发区）管委会主任徐立峰，区委常委、宣传部部长、统战部部长李鲁陪同活动。张光东一行先后参观了张云逸旧居（国家重点文物保护单位，张光东出生地）和华东野战军纪念馆，聆听讲解员介绍陈毅、粟裕、张云逸、陈士榘等老一辈无产阶级革命家的革命历程，追忆革命战争年代的艰苦岁月，深情缅怀老一辈无产阶级革命家的丰功伟绩；同时，对河东区发生的巨大变化和各项事业繁荣发展表示高度赞赏。

参考资料：

1.《张云逸旧居》，华东野战军纪念馆公众号展馆介绍。

2. 李浩源、李鹏程：《前河湾村张云逸故居》，《红色河东文化》，济南出版社，2019年。

3.《开国大将张云逸次子张光东重访出生地——前河湾》，华东野战军纪念馆，2017年。

4. 郭广阔：《陈毅在沂蒙》，山东友谊出版社，2014年。

罗炳辉旧居

罗炳辉旧居原为丁氏庄园中丁锡伦西园中的储料房，有正房三间，东厢房二间，院墙有紫藤缠绕，僻静清幽。罗炳辉一家1946年2月至4月居住于此。

张云逸和罗炳辉

抗战胜利后，为粉碎蒋介石的“重点进攻”内战阴谋，罗炳辉被中央军委任命为新四军第二纵队司令员兼政委，于1945年10月底率部北上鲁南，饮马长江北，投入保卫山东解放区，保卫抗战胜利果实的新的战斗。在取得入鲁首战大捷——歼灭吴化文部4000余人的滕县界河地区伏击战，以及把住山东南大门的津浦线战役胜利后，由于长期紧张的战斗生活，1945年末，罗炳辉的高血压、肠胃炎等病症愈加严重，经常吐血，多次昏倒不省人事。一直为罗司令的病情忧心的第二纵队的医生们在多次苦劝无效后，联名打报告给新四军军部，要求通过组织措施，“强迫”罗司令停止工作，治病休养。陈毅在报告上签字同意后，即向中央致电，通报罗炳辉的病情。中央迅速回电，要求罗炳辉立即停止工作，治病休养，并决定送罗到苏联治疗。

罗炳辉一开始住进了临沂城休养，当时临沂城才刚刚从日寇的铁蹄下解放3个多月，既缺医又少药，医疗水平也较低，他的病很难很快治愈。就在即将启程赴苏联治病前的1946年春，因为饮食粗糙，罗炳辉食管内血管突然破裂，出血不止，因为不便移动，只好取消赴苏计划就地诊治。一段时间后，待病情好转，罗炳辉便被就近移至临沂城东新四军军部机关所在地前河湾村休养，由夫人张明秀和两岁的儿子罗新安、刚满月的女儿罗鲁安等陪伴。

经过一段时间疗养，罗炳辉的健康状况有了明显好转。

1946年4月，中央决定组建山东军区，由新四军军长陈毅兼任军区司令员，罗炳辉任新四军副军长兼山东军区副司令员。6月初，国民党反动派在美帝国主义支持下，利用停战机会，秘密完成了发动全面内战的准备工作，国共内战全面爆发。早有思想和军事准备的我党中央迅速部署展开了声势雄壮的中国人民解放战争，指挥八路军、新四军对国民党反动派予以有力反击，保卫八年浴血抗战的胜利果实。

枣庄前线告急。为了给国民党发动的反革命内战以迎头痛击，用实际行动保卫解放区，罗炳辉不顾组织上和同志们的劝说，坚决停止疗养，抱病出征，奔赴前线再挥帅旗。

根据党中央、中央军委的统一部署，罗炳辉带病下令发起枣庄战斗。他强忍病痛召集参战部队领导讨论制定作战方案，亲率团以上干部实地考察敌情，一同确定战术战法。由于得不到一定的休息和连续医治，他几次昏倒在汽车和作战指挥室里。

9 日晚 7 时，罗炳辉亲自指挥第七师第二十旅、二十一旅一部，第八师第二十三团和二十二团 1 个营向枣庄伪军王继美盘踞的据点发起进攻。在猛烈火力打击下，伪军纷纷投降，王继美当场毙命，国民党第十九集团军副参谋长王纲、专员鲍国良以下官兵 3300 余人被俘，缴轻重机枪 95 挺、各类炮 12 门、汽车 5 辆和大批其他战利品。

后来的几天里，罗炳辉强撑病体，召集七师、八师等单位将领研究枣庄的善后工作，同山东野战军参谋长宋时轮就鲁南战略做进一步讨论。18 日，由于过度疲劳和后续治疗没有跟上，血压很高的罗炳辉血压急剧升高，高烧退而反弹，大口吐血，时常昏迷不醒，但只要他神智稍清晰便问：“有电报吗？”“有什么消息？”第三天，罗炳辉接受组织决定和同志们的意见，同意回临沂治疗。

21 日早饭后，在山东野战军政治部主任韦国清、参谋长宋时轮等的护送下，罗炳辉即由峄县乘大卡车启程赴临沂，中午行至苍山县兰陵镇时，突发脑出血，并出现虚脱现象，病情急剧恶化。韦国清等人商量后决定，将罗司令就近安置在兰陵酒厂后院，就地实施急救，但终因病情严重而回天乏力。一代英豪罗炳辉于当日下午 5 时逝世，时年 49 岁。

罗炳辉逝世的消息传到临沂，中共中央华东局、新四军兼山东军区、山东省人民政府、山东省参议会连夜召开紧急会议，成立罗炳辉治丧委员会。治丧委员会在联合讣告中向党政军民沉痛宣告：新四军第二副军长兼山东军区副司令员罗炳辉同志不幸病逝，并指出，罗炳辉同志的病逝，是中国人民解放事业的极大损失。

22 日凌晨，罗炳辉的遗体运抵临沂，停放在布置就绪的灵堂里。山东各级党政机关干部、群众团体成员、部队指战员和人民群众前来凭吊。陈毅等陪同罗炳辉夫人张明秀、儿子罗新安、女儿罗镇涛和罗鲁安到灵前瞻仰遗容。

23 日 17 时，新四军军部暨山东党政军民隆重举行罗炳辉遗体安葬仪式，陈毅发表了演说。罗炳辉病逝和安葬前后，延安《解放日报》、山东《大众日报》等均在显著位置刊登了新华社发布的《罗炳辉传略》、中共中央唁电和《悼罗炳辉同志》等文、电，以及陈毅在罗炳辉墓前的演说词等，连续报道了山东和苏皖边区党政军民悼念罗炳辉逝世的活动，登载纪念文章。

罗炳辉倒在了黎明前的晨曦之中，他和千千万万烈士一样，没有能听到共和国成立的隆隆礼炮，没有畅饮庆功的美酒，没有走上授衔的红地毯。但是，他们并不遗憾，他们虽然征战不归，马革裹尸，但走得充实，走得壮烈，走得重如泰山。

参考资料：

1.《罗炳辉传》，中共党史出版社，1997 年。

2. 北京新四军研究会：《铁流》。

3.《传奇将军罗炳辉》，《党史文汇》，2004 年第 05 期。

4.《罗炳辉：山东人难忘的“罗司令”》,《大众日报》，2005-04-10。

5. 付茜、陆秋蒙：《河东投 3 亿建华东野战军总部旧址纪念馆》，临沂宣传网，2013-11-24。

6. 郭广阔：《陈毅在沂蒙》，山东友谊出版社，2014 年。

7. 丁肇铭：《新四军军部旧址与河湾丁氏》，《沂蒙党史史志》，2019-12-27。

8. 潘兆仲：《前河湾村，新四军最后一个军部》，《沂蒙文史》，新星出版社，2010 年。

刘瑞龙旧居

前河湾村刘瑞龙旧居位于村西北部、陈毅旧居西北方。原为钟氏家族的房屋，是典型的北方农村夯土民居建筑。院落由北房三间、东厢二间、大门和院墙组成，是前河湾最西北的房屋，院西北就是一片松树林。旧居组群占地面积 366 平方米，建筑面积 100 平方米，其东邻有房屋三间，东厢二间，当时设为保育院。

1946 年 9 月，两淮战事紧急，华中地区成为战争的前沿，刘瑞龙夫人江彤和两个孩子随苏皖军区家属队北上临沂来到前河湾，至 1947 年 2 月撤离临沂，共在此居住 5 个多月的时间。因忙于战场前线事务，刘瑞龙于 1946 年 12 月宿北战役结束后才回到新四军兼山东军区总部（前河湾村）与家人团聚。

刘瑞龙（1910—1988），曾用名刘献云、石均、王大舜。1927 年加入中国共产党。土地革命战争时期，曾任南通特别支部书记、红二十九军政治部主任、红四方面军总政治部宣传部部长。参加了长征，参加了西路军西征。抗日战争时期，任苏皖军政委员会书记，淮北苏皖边区行政公署主任。解放战争时期，任中共中央华中局委员，华中北线后勤司令部政委，第三野战军后勤部司令兼政委。新中国成立后，任中共中央华东局农委书记、国家农业部常务副部长兼党组副书记，全国政协常委，全国人大常委。著有《回忆红十四军》《难忘的征程》等。

参考资料：

1. 郭广阔：《陈毅在沂蒙》，山东友谊出版社，2014 年 3 月。

2. 丁肇铭：《新四军军部旧址与河湾丁氏》，《沂蒙党史史志》，2019-12-27。
3.《新四军军部暨华东野战军纪念馆》旧址、旧居介绍，河东区基地办提供资料。

李克瑜烈士遗稿

革命烈士李克瑜，河东九曲店村人，1921 年生。读书期间，受革命思潮影响，立志报国。

李克瑜烈士的侄女李秀英老人

从 1938 年起，李克瑜以教书先生身份为掩护从事革命活动，1939 年加入中国共产党。1943 年任中共临沂城关特支书记，并在日伪模范小学以教师身份为掩护，获取传送情报。1944 年 3 月 29 日，李克瑜被日本宪兵队逮捕，挨过毒打，坐过老虎凳，被灌辣椒面，两个胳肢窝被敌人用香烧得露着骨头，走过十八盘热鏊子，李克瑜仍不屈服，回答敌人的始终是：中国人是治不服的，我死也不屈服。

1944 年 5 月 2 日，在金雀山下，李克瑜被日寇枪杀，年仅 23 岁。

李克瑜烈士牺牲以后，留下的最重要的东西便是书籍，当时家里到处都是他的书，装了足足 4 个大箱子、4 个大染缸，甚至当时房间的泥墙都被挖成了书橱，堆满了书。后来，随着岁月的流逝，这些书籍逐渐遗失了。现存面世的两本烈士手稿，还是李克瑜生前将它们藏在了房子的天窗上，用木板挡住，并用泥封了起来，家人后来才在无意中发现了它们。

李克瑜十分好学，有着良好的文学天赋，工作之余常常读书到深夜，几年内他写了数十本诗歌、散文、杂文、书信、小说的手稿。翻开他的侄女李秀英老人珍藏的泛黄的笔记本，用蝇头小楷写就的遗稿就是革命烈士李克瑜牺牲前的亲笔之作。这些遗稿，发自肺腑，感人至深。字里行间，既有对贪官污吏的忧愤，又有投身革命的壮志；既能看出一位男子对爱情的痴迷，又能读出一介书生博览群书的儒雅风范与国家情怀……“流水似飘摆的银带，隐约现出无数个沙渚，那是一线似的‘洋桥’，还依稀看出那张着巨口的桥梁。那相对峙着的‘金银雀’，那参天高耸碧绿的大树，那坍塌不齐的城垛，那巍峨的城楼与洋房……筑上了敌人的炮台，那坍塌不齐的城郭之上，站着些荷枪巡逻的鬼子。巍峨的城楼上，插着敌人的旗帜，蔚蓝的天空里，时时飞着敌人不眨眼的怪物……水依然是旧时水，山依然是旧时山，但何时能从鬼子的铁蹄下，救出被难的哀呼的同胞，恢复我儿时的梦里的家园？”

从这篇文章不难看出，对于侵略者的铁蹄践踏，李克瑜悲愤不已，他所想的是，把侵略者们赶出中国，重回梦里的家园。国难当头，他对于光明的期盼，是那么的强烈。尽管古有“百无一用是书生”的说法，可李克瑜不这样认为，他把笔当作匕首，投向敌人，试图通过文学的方式与敌人斗争，这种心理由《这支秃笔》可见一斑。

诗歌《这支秃笔》中，李克瑜发出了愤怒的呼喊：“描吧！描出诈取者的‘贪’，描出压迫者的‘威’，描出强暴者的‘权’，揭开他们的假面具，指示出大众的‘公仇’。”

在议论文《中国人的帽子》中，李克瑜从古人的“冕”说起，讲到帽子样式的等级，接着又说到“方帽”“绿帽”“高帽”。在最后他写道：“七月七日自卢沟桥事变以来，鬼子又极其蛮横地用武力替我们覆上了一顶亡家或亡国奴的大帽子。同胞们起来，共同保卫国土，揭去亡国奴的帽子，把鬼子打回他们的老家去。”

按照李克瑜的生平来推算，这些遗作应该是在他 18 岁到 20 岁左右的年纪写的。显而易见，现实中的国难和书籍中五彩缤纷的世界将李克瑜的目光磨得敏锐起来，视野变得更加开阔起来，思想也变得更为成熟。

据李秀英老人回忆，当时刚发现这些手稿时，还有几本日记，里面记录着每天发生的重要事情，乍看起来都是平淡无奇的内容，其实都与地下革命活动有关。这大概也是李克瑜将手稿隐藏起来的原因之一。

在这些手稿中，我们看到了一个忧国忧民、满腔报国热情、有着铮铮铁骨的李克瑜，同时也看到了一个感情细腻、追求自由爱情、有着浪漫幻想的李克瑜。

就是这样一个人，在敌人施以酷刑的时候丝毫没有动摇，献出了仅有 23 岁的宝贵生命。

参考资料：

1.《两本烈士遗稿 一片铁骨柔情》，《齐鲁晚报》，2009-08-27。

2.《烈士李克瑜，“血染”金雀山》，《沂蒙晚报》，2015-02-07 。

小皇山炮楼

临沂城南沂河东岸有一座小山，名叫小皇山（今皇山东夷文化园）。抗日战争时期，由于它地势重要，又处交通要道，所以鬼子汉奸就在上面修了一座炮楼，里面驻着一个小队的汉奸，用以保护临沂至新沂（火车站）这条公路的畅通。驻在炮楼里的汉奸倚仗日寇的威势，肆意横行，其中最让周边乡亲们害怕的是，这些“二皇军”经常向四周村庄征粮要钱，抗又抗不了，给又给不起，周围乡村大受其害。1944 年夏秋时节，此事被马思孔领导的沂滨区武工队知道后，武工队长马思孔应乡亲们的请求，只带两个队员来到炮楼，对驻守的伪军汉奸晓以大义，并宣布为他们设立“红黑簿”，警告他们以后不准再骚扰四周百姓，鬼子有什么动态要向武工队汇报，有谁再死心塌地为鬼子办事，将受到人民的严惩。从此，这炮楼的汉奸收敛了很多，老百姓拍手称快。

时过不久，这炮楼换了个小队长，此人名叫张佃岳，是临沂大汉奸齐华亭的干儿子。他来到后不但不向游击队请示，还发出诳语“活

捉马思孔向皇军请赏”，平日里四处向村民要酒要肉要白面，还到村中奸污妇女，一时间闹得四乡不安。几次警告无效后，马思孔决心除掉这个汉奸。

一天晚上，张佃岳带着一个护卫又到马家石河村的富户马自良家，照样要吃要喝要银元，还不断调戏主妇。这时主妇到厨房炒菜，丈夫出去买酒，汉奸蹲在椅子上喝茶吸烟。此前，张佃岳已几次来到马家敲诈勒索，眼看日子无法过了，女主人对丈夫说：“你太老实了，何不向咱大爷爷马思孔求救（他家和马思孔是本家）。”丈夫一听有理，便向马思孔诉说自家的遭遇，马思孔满口答应帮他除奸。事有凑巧，这回马自良在酒店里正遇上马思孔，告诉他贼人正在他家。马思孔二话没说，带上几个武工队员到了他家，一个箭步冲到了堂屋内，将汉奸张佃岳及护卫缴械抓住。一番简单审讯后，将其带到村外，当着许多乡亲们的面，马思孔一枪结束了这个恶贯满盈的汉奸的性命。从此后，再来的汉奸小队长皆接受了教训，再也不敢作恶了，老老实实地听从游击队的命令。到 1945 年春天，最后的一任小队长在民主政府工作人员钟伯荣的策反下，整个小皇山的伪军全部参加了八路军，从此沂河以东再也没有日伪的据点了。

参考资料：

刘家骥：《马思孔王桥除奸 李华源初战告捷》，《沂蒙党史史志》，2016-10-19。

国民党飞机轰炸前河湾

1946 年 6 月，新四军军部转移来到了临沂城东北角的前河湾村，并在此驻扎了八个多月。这个曾经默默无闻的小村庄因此名闻遐迩，同时也因此承受了不一样的苦难，仅 1947 年 2 月，前河湾村就遭受了国民党敌机的多次轰炸，乡亲们的生命和财产都受到了较大损失。

2月3日，前河湾村附近曾有敌机光顾过，好在轰炸位置并不准确，一连串的炮弹在村西的沂河中爆炸，所以军民受伤的不多。据今村中老人讲，当时有一名国民党轰炸机的驾驶员姓孙，老家就在临沂城，因自己的家乡就在附近，不忍心自己的乡亲受难，便将炸弹扔到了西边沂河里的三河口处。

2月5日，是农历的正月十五，与前河湾紧邻的独树头村里人群簇拥，热闹非凡，人们正在聚精会神地观看部队文工团的文艺演出。突然，两架国民党的飞机由远及近，一架左旋，向临沂城飞去，一架径直飞来，轰鸣的螺旋桨声震耳欲聋。敌机来轰炸，现场军民紧急疏散。乡亲们从来没有如此近距离地看到这么大的飞机，有人竟好奇地停下脚步仰头看飞机。文工团的战士已经跑到了树林边，看见乡亲们还没有疏散躲避敌机，立时倒回头奔了过来，边跑边喊：“快卧倒，趴下，趴下！”声音未落，敌机也俯冲下来，一串串罪恶的子弹从上边射了下来，有几个文工团战士和乡亲被子弹击中，倒在了血泊中。

军部的领导知道前河湾驻地已经被敌人侦查知悉，便指示驻军各单位要尽快撤离前河湾，以免更大的损失。军部伤病员、军区家属队、后勤机关等非战斗人员第一批撤离，地方的党员、村干部和积极分子可以随后勤机关一起撤离，不愿撤离的要参加地方武装，由县委、县府组织转移。2月10日，军部领导及各部队指挥员在前河湾村西松林中开会，此时有两架国民党飞机往来盘旋三次，并对军部办公区及周边设施轰炸扫射，陈毅司令员的警卫员小王就是为引开敌机而牺牲的。

这期间，由于军地双方的严格保密，加之村庄的老百姓为部队做了最好的掩护，国民党特务一直也没有侦察到军部指挥员们具体的位置，飞机轰炸军部指挥机关的图谋一直没能得逞。

当年的着弹处

军部机关撤走后，也许是部队的转移让乡亲们松了一口气，一直在村庄周边进行秘密侦察和画图的国民党侦察小分队，终于暗中接近了前河湾村，绘制出了部队首长所在的位置，并对村庄外围进行了标注。2月15日，是当年的前河湾村民们印象最深的一天。这一天，村民们像往常一样一大早就出工，孩童们在村间玩耍。只是临近中午时分，一阵飞机的轰隆声打破了这祥和的一切，几架国民党轰炸机由村东南快速飞来。轰炸机飞临前河湾附近，在空中开始盘旋，隆隆的发动机声让人感到惊恐，乡亲们开始各自寻找躲藏的地方，麦秸垛、地瓜窖、树林里、河堤下……敌机盘旋一会儿之后，似乎确定了位置，开始先是用机枪疯狂扫射，密密的子弹像是雨点一样射到村庄各处；接着，敌机开始盘旋着往下扔炸弹。一位奶奶抱着孙子拼命地往沂河边跑，也许她相信那里有母亲河的保护，有树林的掩护，可躲过这一劫。炮弹在头顶一个个落下，就像下鸡蛋一样，一个接一个地落下。轰炸持续了半个多小时，敌机终于飞走了，倒在血泊中的奶奶依然紧紧地抱着孩子，乡亲们奔过来，祖孙俩早已停止了呼吸。四散的弹片击中了他们……

70余年过去，前河湾村的丁立道老人将他收藏的当年轰炸时的弹片和弹壳捐给了华东野战军纪念馆。提起当年的岁月，老人仍然唏嘘不已，当年国民党飞机的轰炸给乡亲们留下了惨痛的记忆。

参考资料：

1. 郭广阔：《陈毅在沂蒙》，山东友谊出版社，2014年。
2. 王统习：《新四军在临沂》。

第五章　赓续传承的纪念馆、园

以史为鉴是为了更好地前进。

习近平总书记指出，弘扬爱国主义精神，必须把爱国主义教育作为永恒主题。要充分利用我国改革发展的伟大成就、重大历史事件纪念活动、爱国主义教育基地、中华民族传统节庆、国家公祭仪式等来增强人民的爱国主义情怀和意识，运用艺术形式和新媒体，以理服人、以文化人、以情感人，生动传播爱国主义精神，唱响爱国主义主旋律，让爱国主义成为每一个中国人的坚定信念和精神依靠。

每当走进革命纪念馆、园，一张张图表、一件件实物和一段段视频的直观展示，配以生动形象的讲解，仿佛一下就把我们带到了枪林弹雨、波澜壮阔的峥嵘岁月，每一张照片、每一件文物、每一场战斗，都记载了革命先辈艰苦卓绝的奋斗历史。这不能不引起我们的思考——生命之于每一个人都是非常宝贵的，是什么让革命烈士们甘于牺牲自己的生命去捍卫国家利益？时下，我们身处和谐富足的和平社会，但人们的奉献精神却有待提升。我们应该深刻地反思，自己的思想境界，与当年的革命烈士的境界到底有多大差距？当国家和民族遇到灾难需要个人奉献生命时，我们是否还能义无反顾？

每一次瞻仰都是一次重温初心的精神洗礼，每一次纪念都是一次鼓劲扬帆的再出发。红色革命纪念馆、园，人生大课堂。瞻仰革命纪念馆，伫立烈士像前，目睹沧桑巨变，感受历史与现代的交融，心灵怎能不受到震撼，思想怎能不得到升华？红色革命文化作为中华民族的宝贵财富、教育资源和精神遗产，过去是、现在是、将来也永远是我们前进奋斗、富民强国的精神动力，是我们自强不息的精神财富，是我们战胜一切困难取得胜利的不竭精神源泉。

朱村抗日战斗纪念馆

抗日战争时期，滨海区沭水县（今临沭县的前身）的朱村是八路军部队进驻沭河根据地域内的第一个村庄，临沭县早期抗日民主政府就驻在朱村。由《铁道游击队》的作者刘知侠作词、《永远跟着共产党走》的曲作者王久鸣作曲的《沭河的歌声》就是1942年在朱村诞生的，就是这首歌吹响了临沭抗日的号角。

1942年，抗日战争进入最艰苦的阶段，加之日军多次扫荡，我滨海抗日根据地日趋缩小，人民群众饱受蹂躏。八路军第一一五师教二旅进入滨海地区后，很长一段时间内都在沭水县沭河两岸驻防活动，成为这方人民群众的坚强靠山和“保护神”。

1943年除夕凌晨，天刚蒙蒙亮，日寇从临沂、李庄纠集日伪500余人对我根据地进行疯狂的报复性“扫荡”。先占领郭庄、曹庄，又向朱村进犯。熟睡中的村民被惊醒，慌忙逃命，枪声传至沭河东岸的顶子村。

八连当时就驻扎在顶子村，离朱村不过几里地，连长鄢思甲听到枪声，意识到一定是鬼子偷袭朱村，在来不及请示上级的情况下，果断集合部队跑步向朱村赶来。就在朱村的外围，八连的战士和鬼子交上了火。八路军战士个个像小老虎一样向敌人扑去，轰轰轰一阵手榴弹，日寇被从天而降的八连打懵了，急忙回逃。逃至朱村王氏老林后，凭借大树和坟头作掩护，负隅顽抗。但始终顶不住八路军猛攻，吓破胆的鬼子被逼至村西南的一处洼沟里，东西靠松林，南面北面西面都是开阔地。没有退路的鬼子，依仗一挺九二重机枪、一个掷弹筒、一枚小钢炮、十几挺歪把子机枪，四十多支“三八”盖子的武器优势，丧心病狂地发起了反击。面对炮弹子弹编

织的火网，八连的勇士们不但没有退缩，反而向日军发起更加猛烈的攻击，几百枚手榴弹扔向敌人阵地，把敌人炸得躲在小沟里不敢抬头。

战斗打得非常惨烈，一排长秦佳龙身负重伤被救出战场，一班长焦锡换立刻站到指挥的位置上，指挥战士继续战斗，他的一只胳膊被打断，仍坚持不下火线，直至牺牲。二排副班长张立才一枚手榴弹刚出手，身边一名战士就被冷枪击中，张立才怒火冲顶，一跃而起，五枚手榴弹像黑老鸹一样接连飞出去，炸向小沟里，日本鬼子被炸得鬼哭狼嚎。投弹手郝红娃腿负伤，刚刚包扎好就回来坚持战斗，连长鄢思甲被子弹打穿了脖颈，呼吸困难，坚持不下火线，高喊“不要放走鬼子！”

不久，临沭县独立营和民兵也在政委铁瑛的带领下赶来支援，战斗越打越激烈，朱村民兵在村长王怀昌的带领下也参加了战斗，村民们纷纷赶来参加运送弹药，救护伤员，军民勠力同心，与日寇展开了厮杀。战斗持续了六个多小时，日寇又派来援军用钢炮掩护，并放了烟雾弹，才救出了被压制在小沟里的鬼子，落荒而逃。战斗结束了，朱村得救了。战后统计，这次遭遇战共消灭日伪军 40 余人，八路军有 24 名战士英勇牺牲。

乡亲们提着满篮子香油果子，挎着准备过年祭祖的白面馒头，捧着粉条、猪肉和鸡蛋，自发地前来慰问八路军战士，并拉着战士的手，执意邀请到家里一起过年。鄢连长婉言谢绝了乡亲们的盛情，率领部队转移，迎接新的战斗任务。

八连走了，独立营走了，但是送别的乡亲们仍然望着八路军的背影不肯离去，他们目睹子弟兵为保卫朱村浴血奋战的情景，亲眼看到受伤的战士那痛苦难忍的表情，想到为解救朱村百姓而壮烈牺牲的 24 名烈士。他们无语表达，无话可说。夜幕降临，全村没有了往年的欢笑，没有了鞭炮的欢响，只有村民成片的抽泣声。

第二天大年初一，天刚蒙蒙亮，乡亲们不约而同齐聚朱村王氏老林，不敬天不拜祖，而是祭奠为保卫朱村牺牲的 24 名烈士，此后每逢春节，村民都会举行隆重的纪念仪式，这一仪式到现在坚持了 70 余载。

春节后，朱村妇救会组织制作了一面绣着“钢铁英雄连”的锦旗，去慰问八连。在同年八月份召开的山东军区战斗英雄代表大会上，山东军区政治部主任肖华同志亲自宣布四团八连为“钢八连”。

朱村抗日战斗纪念馆简介：

抗日战争时期，朱村作为沭河沿岸红色的革命根据地，成为军民团结抗战的坚强堡垒。村内现保留有临沭县抗日民主政府、老四团团部、抗日小学等多处红色遗址。1944年1月24日，著名的“朱村战斗”发生，“枪声就是命令”，八路军第一一五师四团（滨海军区“老四团”）三营八连等闻讯赶来参加战斗，奋力击退凶残的日伪军，于大年除夕救下了朱村，谱写了一曲感天动地的军民鱼水之歌。后临沭县人民政府在朱村建立“抗日战斗纪念碑”一座，永志纪念。

朱村抗日战斗纪念馆位于山东省临沂市临沭县曹庄镇朱村。2012年，适逢朱村抗日反击战70周年，朱村党支部投资30余万元，在当年“钢八连”战斗过的地方建起了朱村红色纪念馆，将那段尘封的革命往事重新展现在世人面前。2013年4月开馆，为省级党史教育宣传基地。纪念馆总占地面积约2400平方米，建筑面积约800平方米，安葬着24名烈士的忠骨。包括四馆一园，分别是朱村抗日战斗纪念馆、临沭人民支前纪念馆、朱村文化展览馆、朱村博物馆和烈士纪念园，成为永久性国防教育基地和爱国主义教育基地。几年来，已累计接待各类教学班和各界游客等10万余人次。

参考资料：

1. 王众、崔璇：《走进朱村纪念馆 听“钢八连”抗日的故事》，临沂文明网，2015-06-16。

2. 刘阳、吕骞、王天乐、张连东：《山东临沭朱村：老区人民想和总书记“拉拉幸福呱”》，人民网，2018-02-22。

3. 吴志民：《父亲吴岱：枪声就是命令》，《中国老年》，2017 年 15 期。

4. 郭广阔：《浴血沭河“老四团”》，《双月湖》，2018 年 12 月。

5. 临沂市人民检察院：《枪声就是命令——记八路军朱村抗日战斗》，《临沂日报》，2015-08-12。

台儿庄战役临沂阻击战殉国将士纪念园

在临沂城往北 40 公里处的沂河东岸，有个西安乐村，位于汤头温泉北侧十公里处，这里曾是临沂保卫战之“前哨战”葛沟阻击战的中心战场，掩埋着 486 名国民党军无名将士的忠骨，七十多年来一直在向人们诉说着那场几乎被人遗忘的惨烈战斗……

1938 年 2 月下旬，战争的阴云密布并步步紧逼临沂。日军精锐板垣征四郎师团一股从蒙阴县沿济（南）临（沂）公路南犯，驻守临沂的国民党军第三军团长官庞炳勋急令补充团团长李振清率领全团向北迎击，在垛庄（今属蒙阴县）重创敌军，遏止了日军的前进步伐。

3 月 2 日，日军由莒城大举南下，经夏庄、黄庄等地进入临沂地界，逼近距临沂 30 公里的汤头周围，一场史称台儿庄战役外围战的临沂保卫战打响了——从临沂城沿沂河往北近百里的两岸，中国守军节节布防，节节阻击，节节鏖战，节节血染沂河。

西安乐村所在的葛沟镇一带，成为日军进犯临沂的门户。第三军团原本是西北军，名义上为军团，实际仅有四十军之第三十九师，兵力只有两个步兵旅和一个补充团，另有炮、工、辎、通各一营，共计13000余人，是蒋介石眼中的一支杂牌部队。因此，国民党政府根本不可能为其装备先进武器。他们用的都是老式的汉阳造，一个排只有一两挺机枪，再有的就是手榴弹和人手一把的大刀。而和他们对峙的，是日军“王牌”精锐板垣师团田野联队。

3月5日（农历正月二十五），日军乘卡车（前4辆，后7辆）自北进至西安乐村附近。四十军补充团一个侦察队以村边的一片灌木林做隐蔽，和日军最先交上火。老百姓听到枪声，赶紧四处“跑反”躲难逃出村子。短暂的激战之后，日军因摸不清对手虚实而没有进村，而是在村东的野地里驻扎下来。第二天，补充团二连在驻扎在附近高里（今青驼镇高里村）沈鸿烈海军陆战队一部的配合下，与进犯日军展开了激烈交战。日军先是派飞机轰炸，再以排炮射击，最后以坦克掩护步兵向我阵地发起连续冲锋。国军将士浴血奋战，一日数次肉搏，阵地前敌尸遍野。在一波波浴血搏斗中，连长王景洲殉国，继任者也相继战死或受伤，作战勇猛的排长李宗岱临危接任了连长。

3月8日，外围的中国守军又对日军实施了反包围，一时，战场上形成了你中有我、我中有你的胶着状态。此时，二连接到了团部命令，不惜一切代价固守葛沟阵地，待援军驰援解围。当晚，李宗岱挑选了20名精悍强壮的战士，每人腰上别着5枚手榴弹，手执雪亮的大刀，趁火力吸引着日军之际，从村子的西北角，利用地形地物的掩蔽，沿着凹洼地形向敌方前进。忽然，日军看出有异，连忙开枪射击，清脆的枪声挟着火光，划破了沉寂的夜空。将手榴弹掷向敌群后，20个勇士个个像猛虎出山似的扬起大刀直扑过去，经过几十分钟的白刃战斗，敌人抵挡不住，向后溃退。李宗岱他们抬着负伤的7名敢死队员和缴获的装备，迅速返回了阵地。从这次战斗获得的文件中，中国守军才知道与之激战的是日军“王牌”精锐板垣师团田野联队。

3月12日清晨，日军飞机、大炮轮番上，二连阵地被炸得支零破碎。连日恶战，二连伤亡严重，全连包括勤务、伙夫等人员在内已不足50人。此时，200

多名日军向李宗岱连发动了第9次进攻，阵地多处被突破，李宗岱高喝一声："兄弟们，不是敌死，就是我亡，拼了！"大家扔下枪支，从背后抽出大刀片，雄狮一般扑向敌群。此时，中共地方武装第四支队六大队也赶来打援，日军被这种以前从来没遇到过的不要命的打法吓破了胆，纷纷狼狈溃退。李宗岱连再次牢牢扼守住了葛沟阵地。

就在葛沟阻击战到了危如累卵的要命时刻，张自忠五十九军赶来临沂打援，日军板垣师团遭到重创被迫暂停进攻。李宗岱和弟兄们最终胜利完成了葛沟阻击任务，但也付出了极其惨重的人员伤亡代价，全连170多人，最后仅存29人。由于李宗岱二连的拼死抵抗，使企图南进的日军被钉死在葛沟五天五夜，未能向前突破一步，为台儿庄大捷赢得了宝贵的时间。

农历二月初，战斗结束后，西安乐村逃离的乡亲们陆续回到村里收拾残垣断壁。一进村他们都被眼前的景象惊呆了：整个村庄几乎已经沦为焦土，地上鲜血浸染，胡同的墙上喷满了血，过了好几天血干了后，一抠就可以揭下来血饼子。村内遍地都是尸体，惨不忍睹。顺着刺鼻的血腥气息，他们看到遍地躺卧的国军将士遗体，几乎布满了整个村庄。那些遗体大都身着棉衣，散落在各家各户院子里，其中一户简陋的小院，躺着30多具遗体。这些人当中最小的只有十六七岁，最大的不过四十多岁。由于当时兵荒马乱的，乡亲们无从打听这些为国捐躯将士的名姓，只有赶快将他们的尸首埋起来，一是他们要将被鲜血染红的村庄清理干净继续生活，二是也让这些死难的将士尽快入土为安。

那时的西安乐村只有300多口人，回村的壮劳力更少。荒村残垣，乡亲们赶跑伏在尸骨上啃噬的野狗，开始清理战场。大家商定将阵亡将士的遗体抬到村外大概一里远的地方掩埋，因为那个地方有一个洼地，掩埋将士们的尸体省劲一些。乡亲们先是用门板抬，后来实在没有力气了，就用绳子绑住尸体的手脚抬，这样多少轻些。死的人太多了，小池塘很快就被填满了，乡亲们就又在旁边挖了两个坑，一连四五天，乡亲们用了18领秫秸箔搭盖覆土，一共掩埋了486具无名将士的遗体。

一晃几十年过去了，逢年过节，西安乐村的乡亲们都会自发地来到掩埋486名国军无名将士的荒冢上烧烧纸。但是西安乐村乡亲们心中一直有处隐痛：埋在

村里的486名抗日国军将士也是有爹有娘的孩子，并且是为国家战死的，咱不能让他们做孤魂野鬼啊。几十年来，十几任村班子都曾谋划着为烈士们干点什么，但限于经济能力有限，还有当时的政治和社会环境，善良的愿望一直未能落实。前几年，村干部们也曾专门去台儿庄抗战纪念馆查资料，也是一无所获。

事情的转机出现在2012年9月，作家常芳为创作纪念抗战胜利70周年的长篇小说《第五战区》来到西安乐村采访，村里的老人第一次正式向外界披露了七十多年前的那场惨烈的阻击战，以及486名无名烈士的信息。2014年7月1日，村里开党员会，老人们又聊起这件事，想起常芳，就给她打电话，寻求帮助。同时，他们又与媒体联系，寻求指导和帮助。他们只是想立一块碑，让以后祭奠时找到方位，但私下里乡亲们也奢望过：如果能有社会力量支持，建个烈士陵园，那就更好了。

出乎乡亲们预料的是，他们的心愿引起了社会各界的广泛响应和支持。《新周刊》创办人孙冕，省政协委员董方军等省内外社会名流均为此奔走呼吁，2015年4月8日，他们还专程赶到西安乐村，实地察看486名抗战将士埋骨地，并与地方相关负责人座谈，商定了建立葛沟阻击战阵亡将士墓园事宜。雕塑专家徐彬倾情设计并制作的纪念碑更是匠心独具——长25.2米、宽1.6米、高2.52米的黑青石横卧式纪念碑，由486条每条长、高均为0.36米、宽1.6米的长条石叠加而成。每条长石象征着一位烈士。486条长条石按照每层70条的数量叠加摆放7层（台儿庄战役距当时设计恰为77年）。整个碑的体量差不多是486个人叠起来的体量，形似一堵坚不可摧的墙壁。每条石碑的成本价格为1800元，486条石碑共需人民币874800元。 导演徐克、何平，演员张国强、陈坤、邓超、孙俪、柯蓝、高圆圆、周迅、杨子、海清、佟大为、沈傲君、黄圣依，歌手李健、阿朵，主持人朱丹、王凯，奥运冠军庄泳，出版人张小波等众多体育、演艺界明星及各界知名人纷纷慷慨解囊，很快就完成了486条石碑的认捐。

自由无惧，岁月有念。2015年7月7日，是中国人民“七七抗战”78周年纪念日。这天，在临沂市河东区汤泉省级旅游度假区的汤头街道办事处西安乐村，在乡亲们的持续努力和社会人士的慷慨捐助下，葛沟阻击战无名将士陵园修建工程正式奠基动工，长眠于此77年的486名无名将士的忠骨最终得以妥善安葬。这些无名抗战将士的英灵从此可以永久地安息在这片土地上。

参考资料：

1. 刘颖超：《台儿庄战役临沂阻击战殉国将士纪念园开园》，央广网，2015-09-18。

2. 付茜、庄成：《台儿庄战役临沂阻击战殉国将士纪念园“9-18”开园》，《沂蒙晚报》，2015-09-19。

3. 吴永强：《临沂西安乐村：被遗忘的486名国军阵亡将士》，《齐鲁周刊》，2015-04-03 。

4. 常芳：《第五战区》，山东文艺出版社，2014年。

5. 周广聪、徐升：《486名将士埋骨荒野 无名抗战将士纪念园9月落成》，琅琊网， 2015-08-08。

6. 周广聪、徐升：《追忆：被遗忘的486名抗战阵亡将士 埋骨荒野77年》，临沂文明网，2015-08-08。

7.《486位国军将士埋骨荒野 村民筹建纪念园将落成》，《新民晚报》，2015-06-15。

8. 李勇、王世翔：《无名的丰碑》，《大众日报》，2015-08-16。

新四军军部旧址纪念馆

新四军军部旧址纪念馆位于临沂市河东区九曲街道前河湾村，距市中心5公里，是新四军历史上最后一个军部驻地，也是华东军区、华东野战军诞生地，在中国革命战争史上具有重大的历史价值。

前河湾村新四军军部是新四军历史上最后一个军部，在这里，新四军结束了她10年光辉而艰辛的历程，完成了光荣的历史使命。在这里，我军实现了解放战争时期整个华东战场的转折。1946年6月至1947年2月，陈毅、粟裕、张云逸等老一辈无产阶级革命家在这里运筹帷幄，指挥了著名的宿北战役、鲁南战役、临沂阻击战，镇压了叛匪郝鹏举，召开了华野前委扩大会议，制定了莱芜战役的作战计划和策略，形成了孟良崮战役的战术思想。1947年1月，遵照党中央、中央军委的指示，华东军区、华东野战军在前河湾村整编完成，至此新四军完成了其光荣的历史使命，前河湾村也由此成为新四军最后一个军部驻地和华东军区、华东野战军的诞生地。2004年，河湾村新四军军部旧址暨华东军区、华东野战军诞生地被确定为沂蒙精神教育基地，成为临沂市红色旅游专线的重要景点之一。2005年，新四军军部旧址被确定为省级重点文物保护单位，并被临沂市列为创建国家历史文化名城的七大重点项目之一。河东区委、区政府高度重视保护和利用新四军军部旧址这一革命旧址，认为它对于弘扬民族精神、开辟爱国主义和革命传统教育基地、争创国家历史文化名城、打造红色旅游品牌等，能发挥重要作用。经过深入调研，于2004年8月第六次区长办公会进行专题研讨，正式决定修复新四军军部旧址，并列入了2005、2006年《政府工作报告》中。同时，为更真实、更全面、更准确地拓展展陈内容，提供更丰富的历史素材，文化部门组织工作人员走街串巷，进家入户，通过座谈了解、实地察看等形式，对新四军1946至1947年在临沂河东区的革命历史史料和有关的革命文物进行了抢救性征集。

2005年8月，按照市委、市政府的要求，河东区科学规划，本着“修旧如旧”的原则，开始对军部旧址进行重新修复。新四军军部旧址修复工程建设得到了各级领导的亲切关怀，中共临沂市委书记、市人大常委会主任李群在短短的一年时间内三次莅临视察指导，做出重要指示。市、区人大代表、政协委员都非常关注新四军军部修复工程，多次提出关于加快修复新四军军部旧址的建议和提案，先期为修复工作广造舆论，多方呼吁。区委书记付伟，区委副书记、区长刘淑秀多次听取修复工作情况汇报，几次召集专门会议研究新四军军部旧址规划设计、修复、展陈等问题，并带领有关部门现场办公，提出许多建设性的意见。在区财政非常紧张的情况下，专门拨付专项资金用于修复工程。修复工程开工前期，先后邀请多位文史、文物专家进行了高水平、高标准的规划设计，经市、区领导会同专家反复论证，确定了军部旧址规划设计方案。整个修复工程分为两期，一期工程即新四军军部旧址主体修复工程，复建原新四军军部东西两个四合院，共修复古房30多间，保持了当年的外形、结构和风貌，占地面积1500平方米，建筑面积400多平方米。对纪念馆内、外区域进行了绿化及环境美化，规划建设了馆前小广场，立省级文物保护、省级爱国主义教育基地标志碑两块。

新四军军部驻在前河湾村地主丁西月家的两个四合大院里。

军部办公室的两个四合院，中间有一个拱形的月牙门相连，并各有一个正南朝向的大门可以进出。东边的四合院里，三间坐北朝南的正屋是陈毅的办公室，墙上挂满了各种作战地图，房间东侧放着一张老式的办公桌椅，桌上整齐地摆着一部电话、一些地图和书籍；西侧是一张不大的会议桌，上面同样是一些地图、资料，

还有一部电台和一盏晚上照明用的马灯。东厢房和大门过道的房间，分别是参谋值班室和警卫室等。西边的四合院里，正屋是军部办公室兼作战室，几张小桌拼成的一张大办公桌摆在中间，摆着几部电话、一些地图和资料等，四面墙上挂着一些尺幅较大的地形图，旁边还有一个展现沂蒙山区地形的大沙盘。东西厢房和南大门过道房间里，分别是参谋处、机要室和警卫室等。

新四军接待处、民运处和参谋处，设在离军部办公室一二百米距离的民房里。

馆内设复原室、史料展览室，恢复了陈毅办公室、军部办公室等场景，开设了新四军历史沿革、五大战役、整编合编、军民鱼水四个专题展室。展陈以文物、图片为主要展览语言，突出新四军在临沂这一历史主题，共展出有历史价值的图片 130 余幅，馆藏展出重要革命文物 80 余件；运用声、光、电、工艺油画、循环灯箱、浮雕等现代手段突出重点亮点，再现了军民浴血奋战的艰苦斗争历程；以较强的艺术性和感染力，展现了陈毅、粟裕、张云逸等老一辈无产阶级革命家在前河湾村运筹帷幄、决胜千里的风采和为中国革命事业所建立的丰功伟绩。

2007 年 9 月 27 日上午，新四军军部旧址暨华东军区、华东野战军诞生地纪念馆开馆仪式在前河湾举行。中央政治局原委员、中央军委副主席、国务委员兼国防部长迟浩田上将，中央国家机关工委常务副书记杨衍银，山东省委常委、宣传部部长李群，省政府特邀咨询张昭福，省军区副政委鲁建华出席开馆仪式并为纪念馆揭牌，大型电视连续剧《沂蒙》开机仪式同时举行。迟浩田亲笔为纪念馆题写了匾额。

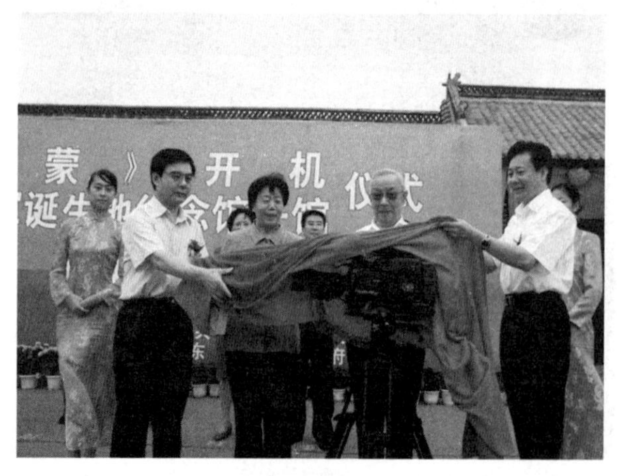

自开馆以来，在河东区委、区政府的着力打造下，新四军军部旧址暨华东军区华东野战军诞生地纪念馆陆续获得了全国爱国主义教育示范基地、全国重点文物保护单位、国家 2A 级旅游区，临沂十大红色旅游景点、沂蒙精神教育基地、临沂市党

员教育基地、临沂市廉政教育基地、临沂市国防教育基地等荣誉称号。

附：

新四军历史上的十处军部的变迁

1937年10月，中国共产党为了抗击日本帝国主义，同国民党谈判达成协议，将在江西、福建、广东、湖南、湖北、河南、浙江、安徽8省坚持游击战争的红军和游击队，改编为国民革命军陆军新编第四军，叶挺任军长，项英任副军长。1941年1月皖南事变后，中共中央为坚持抗战，命令重建新四军军部，任命陈毅代军长，刘少奇任政治委员，张云逸任副军长。抗战胜利后，1945年8月26日中共中央任命陈毅为新四军军长，饶漱石为政治委员。1947年1月21日，新四军兼山东军区机关及所属部队，改为华东军区和华东野战军，新四军番号取消。新四军在成立近10年内，先后在湖北、江西、安徽、江苏、山东等地建立过军部，具体情况如下：

武汉（1937年12月25日—1938年1月4日）

武汉新四军军部位于今武汉市汉口胜利街332—352号。1937年12月25日，叶挺、项英在当时日本租界的大和街26号召开新四军干部大会，分析抗战形势，总结上海和南京失陷的教训，研究当前的工作和任务，标志着国民革命军陆军新编第四军军部在武汉正式成立。在此期间，叶挺、项英同国民党和共产党中央两方面进行沟通、协商的同时，接待、调配了大批从延安来的高级领导干部，配备了新四军军部各处、科干部，有效解决了新四军各支队集中整编、干部任命、隶属关系和后勤给养等问题。1938年1月4日，项英率领新四军军部工作人员从汉口乘船去南昌，叶挺留在武汉继续办

汉口新四军军部旧址

理同国民党交涉的有关事宜。1月28日，《新华日报》刊出新四军军部启事：“本军奉命即行整编出发，军部当即移驻南昌，前大和街26号军部即行结束。”

南昌（1938年1月6日—1938年4月4日）

南昌新四军军部位于今南昌市友竹花园7—8号内。1938年1月6日，项英、张云逸、周子昆等到达南昌与陈毅等人会合，即在南昌市三眼井高升巷张勋公馆，以新四军军部名义正式对外办公。在此期间，项英等首先建立了新四军的领导机构。正式确定：叶挺任军长，项英任副军长，张云逸任参谋长，袁国平任政治部主任，周子昆任副参谋长，邓子恢任政治部副主任。其次健全军部内部机构设置。司令部建立参谋处、军法处、副官处、军需处、军医处、秘书处，政治部建立组织部、敌工部、民运部，并开始工作。同时还分批派员赴各地传达中央指示，动员、指导红军游击队集中整编，指挥部队向安徽岩寺集结，筹备各种军需物资，建立新四军兵站。4月4日，新四军军部从南昌出发，迁往安徽。

岩寺（1938年4月5日—1938年5月5日）

岩寺新四军军部位于今安徽省黄山市徽州区岩寺小街。1938年2月，中共中央和新四军军部决定，在江西、福建、广东、湖南、湖北、河南、浙江、安徽8省十几个地区坚持三年游击战争的红军游击队，迅速到皖南歙县岩寺集中，改编为新四军。4月5日，新四军军部移驻岩寺，设在金家大屋。在此期间，新四军整编为四个支队，第一支队驻潜口、王村；第二支队驻琶村、琶塘；第三支队驻王和村；第四支队驻安徽霍山县流波疃，共一万余人。随后组织先遣队北上苏南抗日。5 月 4 日，毛泽东致电项英："在侦察部队出去若干天之后，主力就可准备跟行，在茅山地区创建根据地，然后分兵一部东进，再分一部分渡江进入江北地区。" 5 日，新四军军部离开岩寺，向太平县转移。

土塘（1938 年 5 月 26 日——1938 年 8 月 2 日）

土塘新四军军部位于安徽省南陵县南部，邻近泾县。1938 年 5 月 7 日，新四军军部到达太平县，移驻麻村。12 日，第四支队一部在蒋家河口伏击日军获胜，新四军首战告捷。14 日，中共中央书记处致电长江局、东南分局及项英，对在江南敌后建立根据地的问题做出指示。26 日，新四军军部由太平县进驻南陵县土塘村。在此期间，新四军召开了全军第一次政治工作会议和第一次参谋工作会议，提出了建设新四军的口号。7 月 28 日，项英离开土塘赴延安，参加党的六届六中全会。新四军军部随即撤离土塘。

云岭（1938 年 8 月 2 日——1941 年 1 月 4 日）

云岭新四军军部位于安徽省泾县罗里村。1938 年 8 月 2 日，叶挺率新四军军部机关进驻云岭地区，中共中央东南分局也同驻云岭，项英于 10 月 22 日回到云岭。在此期间，新四军召开了第二次政治工作会议和第二次参谋工作会议，以及第一次党代表大会，成立了新四军江北指挥部和新四军江南指挥部。1939 年 3 月 23 日周恩来到达云岭，代表中共中央向新四军和中共中央东南分局传达中共六届六中全会精神及向敌后发展的方针。11 月 7 日，中共中央中原局书记刘少奇抵达淮南津浦路西新四军江北指挥部。1940 年 10 月 19 日，国民政府军事委员会

正副参谋长何应钦、白崇禧发出“皓电”，掀起第二次反共高潮。12月下旬，顾祝同命令第三十二集团军总司令上官云湘为总指挥，秘密调集8万余人，包围皖南新四军部队。皖南事变后，新四军军部撤离云岭。

盐城（1941年1月25日——1943年1月10日）

盐城新四军军部位于今江苏省盐城市建军西路126号，原为泰山庙。皖南事变后，中共中央军委于1941年1月20日宣布重建新四军军部，任命陈毅为代军长，刘少奇为政治委员，部队整编为7个师和一个独立旅，并于25日在盐城正式成立新的军部。同年7月11日，为便于指挥反击日伪军的夏季大“扫荡”，新四军军部撤出盐城，先后移驻左家庄（今江苏省建湖县建湖镇）、刘家舍（今江苏省阜宁县南部）、陈集以及邻近的侉周庄（今江苏省阜宁县阜城镇西南13公里处）、停翅港（今江苏省阜宁县阜城镇西南17公里处）、单家港（今江苏省阜宁县阜城镇西北20公里处），1942年3月20日重驻停翅港，12月25日撤离。在此期间，中共中央东南局与中共中央中原局合并，改称中共中央华中局，刘少奇为书记。1941年12月8日，美国对日宣战，太平洋战争爆发。1942年3月19日，刘少奇赴延安，由饶漱石代理华中局书记和新四军政治委员。7月21日，中共中央军委同意新四军军部建议，第五师暂归中央军委直接指挥。

黄花塘（1943年1月10日——1945年2月28日）

黄花塘新四军军部位于江苏省盱眙县城东南黄花塘镇。在1941年重建新四军军部时，黄花塘是新四军第二师师部。1943年1月10日，华中局和新四军军部根据抗日斗争的需要，转移至此。在此期间，新四军军部领导全军开展了整风、大生产、军政大整训，发展和巩固了苏、皖、浙东等敌后抗日根据地。李先念领导的新四军第五师完成了对华中重镇武汉的战略包围，豫鄂边区发展成为地跨鄂、豫、皖、湘、赣五省的战略区。1945年1月27日，王震、王首道等率八路军第三五九旅南下支队与新四军第五师会合。

千棵柳（1945年2月28日—1945年9月19日）

千棵柳新四军军部位于江苏省盱眙县东南约50公里处。1945年2月28日新四军军部从黄花塘移驻千棵柳。4月10日迁至淮南津浦路西的大赵庄，24日再度移驻千棵柳。在此期间，新四军军部指挥所属各部发起局部反攻，并取得抗日战争的最后胜利。

淮阴（1945年9月21日—1945年10月28日）

淮阴新四军军部位于江苏省淮阴市。1945年9月6日，新四军第三师第十旅解放淮阴县城后，设立清江市。同月21日，中共中央华中局和新四军军部移驻清江市。在此期间，中共中央发出关于向北发展、向南防御的战略方针部署，要求新四军：抽调部队参加发展东北；主力开赴山东；浙江、苏南、皖南部队主力撤返江北。同时，山东分局与华中局合为华东局，陈毅、饶漱石到山东工作。后因国民党军大举进攻，新四军军部撤离淮阴。

临沂（1945年10月28日—1947年1月21日）

临沂新四军军部位于山东省临沂市。1945年10月28日，中共中央华中局

和新四军军部自江苏淮阴分批撤离后，陆续到达山东临沂。在此期间，新四军军部与山东军区合并，成立新四军兼山东军区。中共中央华东局和华东野战军成立。苏中进行了“定陶战役”和“七战七捷”。中共中央中原局和中原军区成立，并于1946年6月26日举行了中原突围，揭开了解放战争的序幕。1947年1月21日，新四军兼山东军区和华中军区合并为华东军区，山东野战军和华中野战军合编为华东野战军。新四军番号被去消。

参考资料：

1. 李友唐：《新四军军部的十个旧址》，中国共产党新闻网。
2. 王丽丽：《让红色基因代代传承——访华东野战军总部旧址暨新四军军部旧址纪念馆》，《临沂日报》，2019-09-29。
3.《让革命文物“活”起来——— 河东区华东野战军总部旧址暨新四军军部旧址纪念馆革命文物保护利用工作纪实》，《临沂日报》，2018-03-29。
4. 付茜、陆秋蒙：《河东投3亿建华东野战军总部旧址纪念馆》，临沂宣传网，2013-11-24。
5. 朱剑峰：《大型电视连续剧〈沂蒙〉昨开机，新四军军部旧址暨华东军区华东野战军诞生地纪念馆同日开馆》，《沂蒙晚报》，2008-12-05。
6. 张春华、张林振、苏劲：《传承红色文化 弘扬沂蒙精神——华东野战军总部旧址暨新四军军部旧址纪念馆现为全国爱国主义教育示范基地，临沂市党员教育基地》，山东红色旅游，2017-07-12。
7.《新四军军部旧址纪念馆开馆》，《大众日报》，2007-09-28。
8. 郭广阔：《陈毅在沂蒙》，山东友谊出版社，2014年。
9. 丁肇铭：《新四军军部旧址与河湾丁氏》，《沂蒙党史史志》，2019年。

10. 中国青年网：新四军军部旧址暨华东军区、华东野战军诞生地纪念馆。

11. 中国临沂市委党校：新四军军部旧址暨华东军区、华东野战军诞生地纪念馆教学科研基地简介。

12. 央视网：新四军军部旧址暨华东军区华东野战军诞生地纪念馆。

13. 中国共产党新闻网：新四军军部旧址暨华东军区、华东野战军诞生地纪念馆。

14. 潘兆仲：《前河湾村，新四军最后一个军部》，《沂蒙文史》，新星出版社，2010 年。

华东野战军纪念馆

华东军区华东野战军诞生地纪念馆，位于临沂市河东区九曲街道前河湾村，紧靠滨河大道，距市中心 5 公里，是华东野战军诞生地，同时也是目前全国唯一一个全面展示华东野战军光辉历史的场馆，现为全国爱国主义教育示范基地、全国重点文物保护单位、全国保密教育示范基地、全国红色旅游经典景区、国家 AAA 级景区、中国华侨国际文化交流基地、山东省党史教育基地、山东省关心下一代教育基地、山东省科普教育基地。

华东野战军诞生地纪念馆从 2013 年 9 月动工兴建，在新四军军部旧址纪念馆的基础上建设华东野战军总部旧址纪念馆项目，以打造全国红色教育基地、全国重点文物保护单位及城市休闲公园为理念。纪念馆占地 300 亩，总投资约 3 亿元，建筑面积 10000 平方米，项目主要分为以红色路径为主

要内容的红色文化区，以军部旧址、陈毅旧居和张云逸旧居为主要内容的旧址保护区，以华东野战军总部旧址纪念馆为主要内容的华野纪念馆区，以及崔家大院民俗和商用区。

建立华东野战军纪念馆，旨在反映其光辉历史和丰功伟绩，教育广大党员干部和群众缅怀革命先烈，牢记光荣传统，不忘初心，继续前进，为实现中华民族伟大复兴而努力奋斗。临沂市委、市政府高度重视该项目建设，2013 年 5 月 2 日，市委书记、市人大常委会主任张少军专程来河东区视察华东野战军总部旧址项目筹备工作。张少军指出，华东野战军总部旧址纪念馆是讲述华东野战军诞生历史的重要载体，充分体现华东野战军在解放战争时期对临沂做出的重要贡献，有利于进一步展示华东野战军将士风采，是临沂中心城区的红色旅游景点，也是我市新的党性教育基地，集中展现了解放战争时期沂蒙老区人民的沂蒙精神风貌。他要求，要加快推进华东野战军诞生地纪念馆各项工作。11 月 5 日，张少军再次来到河东区视察华东野战军总部旧址项目建设情况。

华东野战军纪念馆是目前全国唯一一所全面展示华东野战军光辉历史的展馆，以华东野战军发展史为主线，全面展示华东野战军的发展历史。馆内藏品 90 件，图片 1200 张，音像资料约 22 小时，以实物文献为主，还有场景还原、视频影像资料、图片、油画复原等多种呈现形式。纪念馆地面布展投影面积 4120m^2，墙面有效布展面积 3040m^2，根据场馆位置情况因地制宜，合理规划设计参观路线功能分区以及造型结构，结合华东野战军的不朽历史功绩，借助场景还原、视频影像资料、图片、油画复原等有形、有趣、大众喜闻乐见、能互动参与的形式，生动地、惟妙惟肖地再现了历史上的场景，让后人更加牢记他们的历史功绩，传承发扬他们的优良传统。馆内设有多处场景还原雕塑以及油画场面，创作者认真揣摩历史人物、事

件、故事的经过及发展历程，根据原事件的时间及节点用心制作，既求形似更求神似，精益求精，力求把最好的艺术效果呈现给观众。

临沂是著名革命老区，与井冈山、延安、西柏坡一起并称为中国革命战争时期最重要的四大革命老区。在抗日战争和解放战争时期，沂蒙人民为抗击外来侵略和中国革命的胜利做出了巨大的贡献和牺牲，三万多名沂蒙优秀儿女献身疆场，为共和国的建立做出了不可磨灭的贡献，临沂被后人誉为“两战圣地、红色沂蒙”。同时，沂蒙人民创造的“脚踏实地、勇往直前、永不服输、敢于胜利、爱党爱军、开拓奋进、艰苦创业、无私奉献”的沂蒙精神，与井冈山精神、长征精神、延安精神、西柏坡精神一样，成为中华民族宝贵的精神财富。2013 年 11 月 25 日习近平总书记来临沂视察时说：沂蒙精神要大力弘扬。

临沂市河东区九曲街道前河湾村作为新四军最后一个军部驻地和华东军区、华东野战军的诞生地、华东野战军总部旧址，在中国革命战争史上具有重大的历史价值。1946 年 6 月至 1947 年 2 月，陈毅同粟裕及张云逸等老一辈无产阶级革命家在该村运筹帷幄，指挥了著名的宿北战役、鲁南战役，召开了华野前委扩大会议，制定了莱芜战役的作战计划和策略，形成了孟良崮战役的战术思想。1947 年 1 月，遵照党中央、中央军委的指示，华东军区、华东野战军在前河湾村整编完成，当时的华东野战军总部旧址就设在这里。前河湾村也由此成为新四军最后一个军部驻地和华东军区、华东野战军诞生地、华东野战军总部驻地。

1946 年 12 月 25 日，中共中央决定：华东局与华中分局、山东军区与华中军区、山东野战军与华中野战军合并，对山东、华中两大解放区的党、政、军实行统一领导。鲁南战役结束后，山东野战军和华中野战军主力集中在临沂地区休整。为了便于统一指挥，更好地完成歼敌任务，遵照中共中央军委的指示，华东解放区调整党政领导机构，部队进行统一整编。1947 年 1 月 23 日，撤销新四军番号，山东野战军和华中野战军在鲁南地区合并组成华东野战军，成立中共华东野战军前线委员会，陈毅任司令员兼政委和前委书记，粟裕任副司令员，谭震林任副政治委员，陈士榘任参谋长，唐亮任政治部主任，下辖 11 个步兵纵队及 1 个特种兵纵队。除两个纵队分别留置苏中、苏北外，其余 9 个纵队均在山东解放区执行内线作战任务。其时，华东军区辖苏中、苏北、鲁南、鲁中、胶东、渤海 6 个军区，其指挥的各军区武装以及由广东撤到山东的东江纵队（后改为两广纵队）等部有 30 万人。与此同时，已转移到山东的中共中央华中分局并入中共中央华东局。

为了适应战略决战的形势，1948 年 11 月 1 日，中共中央军委颁发了中国人民解放军全军整编的命令，西北野战军整编为第一野战军，中原野战军整编为第二野战军，华东野战军整编为第三野战军，东北野战军整编为第四野战军，华北野战军番号不变。由新四军发展起来的部队，分属于第三野战军、第四野战军、第二野战军序列。华东野战军历经莱芜战役、孟良崮战役、豫东战役、济南战役、淮海战役、渡江战役、上海战役等著名战役，后改为第三野战军，是中国人民解放军四大野战军经历著名战役最多、战果最丰、编制最庞大的威猛之师，在中国军史乃至世界军史上都有其重要位置。1947 年 1 月 23 日，山东野战军、华中野战军和山东军区主力部队在此整编为华东野战军，到 1955 年重新划分军区时止，在其历时 9 年又 7 个月的光辉历程中，战斗足迹遍及山东、江苏、安徽、浙江、福建、上海等 8 个省市的广大地区，共进行了孟良崮战役、淮海战役、渡江战役等重要战役 134 起，共歼敌 247.6 万余人，为建立新中国和巩固新生人民政权做出了重要贡献。

陈毅（左 2）、粟裕（左 5）、谭震林（左 3）、刘瑞龙（左 4）、饶漱石（左 1）1946 年春在临沂

2017 年 7 月 28 日，纪念华东野战军成立 70 周年、新四军成立 80 周年、中国人民解放军建军 90 周年座谈研讨会暨华东野战军纪念馆开馆仪式在河东区举行。陈昊苏、丛军、粟戎生、粟寒生、张晓龙、邓小燕、刘延淮、胡鲁克、王小戬等将帅后代及

中央党史研究室、中央文献研究室、中国人民革命军事博物馆等单位部门专家学者，临沂市委常委、宣传部部长任刚，市人大常委会副主任、市总工会主席刘淑秀出席。

在华东野战军纪念馆开馆仪式上，丛军捐献了部分历史文物，陈昊苏、粟戎生、刘淑秀等领导共同为“华东野战军纪念馆”揭牌。开馆仪式结束后，全体来宾参观了华东野战军纪念馆。在座谈研讨会上，陈昊苏、粟戎生、张晓龙、邓小燕、刘延淮等将帅后代代表和徐红、姜廷玉等专家围绕华东野战军发展的历程、伟大成就和重大意义，华东野战军精神及其历史地位等重大问题进行了深入座谈交流。会议指出，此次座谈研讨会对于进一步铭记光辉历史、传承红色基因、弘扬华东野战军的革命历史和光荣传统、助推中国梦强军梦的实现，具有十分重要的意义。要不断深化党史研究，牢牢把握党史工作的正确方向，统筹推进党史研究全面发展，不断开创党史工作新局面；要大力弘扬沂蒙精神，以融入党的建设为主线，以深化研究、创新宣传、躬身践行为着力点，从沂蒙精神中汲取开拓前进的智慧，凝聚起经济社会发展的强大动力，不忘初心，砥砺前行，为“大美新”临沂建设贡献新的力量。

70 多年前的前河湾，以其独特的地理位置成为新四军最后一个军部驻地，也承载了一段难忘的岁月。新四军军部旧址被确定为全国爱国主义教育示范基地、全国重点文物保护单位，列入临沂市红色旅游专线的重要景点之一，吸引着全国各地的游客慕名前来瞻仰，汲取奋进的力量。

作为全国重点文物保护单位、全国爱国主义教育示范基地，近年来，河东区华东野战军总部旧址暨新四军军部旧址纪念馆，秉承让文物“活”起来的理念，认真落实“保护为主、抢救第一、合理利用、加强管理”的工作方针，切实加强革命文物

的抢救保护、挖掘整理、宣传展示工作，革命文物保护与爱国主义教育、党性教育和全域旅游相结合，使纪念馆文物保护和利用水平得到进一步提升。在免费开放的基础上，纪念馆充分挖掘革命文物和历史文化资源的丰富内涵，努力发掘每一张展品和图片背后的故事，让一个个鲜活的革命故事和壮烈的英雄事迹感染人、激励人，真正让革命文物“活”起来。重要节假日期间，纪念馆还开展缅怀祭扫、升国旗仪式、成人仪式、入队入团仪式，冬令营、夏令营、体验营等活动，不断提升教育的影响力和覆盖力。作为全市开展党性教育的重要平台，纪念馆加强基地共建，积极建立与周边党政机关、企事业单位、驻地部队、城乡社区的共建共享机制，有计划地组织党员干部、部队官兵来馆参观学习，同时与党校开展联合办班，承接好山东沂蒙党性教育基地教学任务。纪念馆还不断充实教学内容、完善教学形式，立足馆藏文物，深入挖掘展板和文物背后的“党性理念”“历史故事”，充实到讲解词中，并采用启发式教学模式，在参观前提出问题，在结束时给出答案，不断提升教学效果。纪念馆通过组织专题现场教学、“实境课堂”、事迹报告、情景体验等方式，提高党员干部的党性修养。同时，按照河东区全域旅游发展战略要求，纪念馆加大与周边旅游景点的联系，与立晨农庄、奥正假日农夫、凤凰欢乐大世界、观唐温泉和龙园等景区结合在一起，打造了以革命文物为支撑、集吃住玩和文化修养为一体的“红色 +”文化旅游精品线路。2017 年，纪念馆被评为国家 AAA 级景区。自开放以来，纪念馆已累计接待参观团体 2600 余场次，参加培训党员干部已达 31 万人次，社会各界参观群众达 200 万人次，其中未成年人约 65 万人次，取得了较好的社会效益。

参考资料：

1. 朱孔明：《华东野战军纪念馆开馆仪式举行　纪念华东野战军成立 70 周年、新四军成立 80 周年、中国人民解放军建军 90 周年座谈研讨会同时举行》，临沂文明网，2017-07-31。

2.《让红色基因代代传承——访华东野战军总部旧址暨新四军军部旧址纪念馆》，《临沂日报》，2019-09-29。

3.《让革命文物“活”起来——河东区华东野战军总部旧址暨新四军军部旧址纪念馆革命文物保护利用工作纪实》，《临沂日报》，2018-03-29。

4. 付茜、陆秋蒙：《河东投3亿建华东野战军总部旧址纪念馆》，临沂宣传网，2013-11-24。

5. 朱剑峰：《大型电视连续剧〈沂蒙〉昨开机，新四军军部旧址暨华东军区华东野战军诞生地纪念馆同日开馆》，《沂蒙晚报》，2008-12-05。

6. 张春华、张林振、苏劲：《传承红色文化 弘扬沂蒙精神——华东野战军总部旧址暨新四军军部旧址纪念馆现为全国爱国主义教育示范基地，临沂市党员教育基地》，山东红色旅游，2017-07-12。

7. 郭广阔：《陈毅在沂蒙》，山东友谊出版社，2014 年。

8. 丁肇铭：《新四军军部旧址与河湾丁氏》，《沂蒙党史史志》，2019-12-27。

9. 中国青年网：新四军军部旧址暨华东军区、华东野战军诞生地纪念馆。

10. 中国临沂市委党校：新四军军部旧址暨华东军区、华东野战军诞生地纪念馆教学科研基地简介。

11. 央视网：新四军军部旧址暨华东军区华东野战军诞生地纪念馆。

12. 中国共产党新闻网：新四军军部旧址暨华东军区、华东野战军诞生地纪念馆。

将帅林

将帅林是新四军军部旧址二期工程红色核心区的重要组成部分，位于九曲街道前河湾村的西北部，于 2009 年 5 月开工建设，7 月完工并对外开放。将帅林内设有两个功能区域：诗词碑廊和将帅雕塑园。

将帅雕塑园内用 16 组雕塑展示了 19 位革命先辈的文韬武略，其中有新四军和华东野战军开国上将以上将帅 15 位（其中元帅 1 人，大将 4 人，上将 10 人），以及未授衔的罗炳辉、谭震林、邓子恢和张鼎丞（按他们的资历和贡献，也应被授予上将军衔，罗炳辉于1946年病逝，未能参加授衔，谭、邓、张在新中国成立后从事了地方工作而未授衔）。

陈毅元帅：整组雕塑高2.5米，宽1.8米，该雕塑体现了他胸怀全局、决胜千里的风采。陈毅元帅是四川乐至县人，生于1901年，1923年加入中国共产党。1946年，新四军军部设在临沂前河湾村，陈毅任新四军军长兼山东军区司令员，1947年1月华东野战军在前河湾村组建完成，陈毅任华东军区司令员，华东野战军司令员兼政治委员。在新中国成立后，任华东军区司令员兼上海市市长，1954年任国务院副总理。1958年兼任外交部部长。1955年被授予元帅军衔。陈毅元帅是十大元帅中唯一没有参加过长征的（1934年10月，中共中央、中革军委在率红军主力8.6万人离开中央苏区、实行战略转移时，项英、陈毅负责领导留下的红军和游击队在掩护、策应红军主力转移后，就地或在邻近地区开展革命斗争），也是最具文人气质的儒帅，素有“元帅诗人”的美誉。

粟裕大将雕塑：湖南省会同县人，1927年加入中国共产党。1941年1月“皖南事变”后，粟裕任新四军第一师师长（后兼政治委员）。解放战争时期，历任华中军区副司令员、华中野战军司令员，华东野战军副司令员、代司令员、代政治委员，第三野战军副司令员。他被誉为“智如张良，才如韩信，义如关羽”，从普通士兵到共和国大将，从南昌起义到全国解放，粟裕身经百战，先后6次负伤，从战争中学习战争。毛主席不止一次在公开场合表达对粟裕的信任和赞赏：“我的这些战友中，数这个粟裕最会打仗。”在1955年授衔时，粟裕力辞元帅，从而成为共和国开国第一大将。

张云逸将军：海南省文昌县人，解放战争时期曾任山东军区司令员、华东军区副司令员、华东军政大学校长。1955 年被授予大将军衔。张云逸在十大大将中年龄最大，除了比徐海东大 8 岁以外，比其他大将都大 10 岁以上，因此毛泽东称其“老成持重，威望颇高”。历任广西省委书记，广西省政府主席，广西军区司令员兼政治委员，中共中央监察委员会副书记等职。1946 年，张云逸的次子张光东就出生在前河湾村。

罗炳辉军长：云南省南彝良县人，解放战争时期，任新四军第二副军长兼山东军区副司令员。他多年征战，积劳成疾，1946 年 6 月突发脑出血病逝于临沂兰陵，还未建国授勋他就故去，遗体安葬在临沂华东革命烈士陵园。罗炳辉是一位从奴隶成长为统率千军万马、屡建战功的杰出军事家，是中央军委认定的解放军 36 个军事家之一。

王建安和罗炳辉

黄克诚大将：湖南省永兴县人，1925 年加入中国共产党。解放战争时期任西满军区司令员，东北军区副司令员兼后勤司令员，天津市委书记，1955 年被授予大将军衔。黄克诚性格直爽、胸怀坦荡，不唯书也不唯上，是一位以“敢言”而著称的将军。历任湖南省委书记、省军区司令员，中央军委秘书长兼总参谋长，中共中央纪律检查委员会常委、第二书记等职。

徐海东大将：1900 年出生于湖北省大悟县一个六代窑工家庭，是出身最苦的大将。抗日战争时期任第一一五师三四四旅旅长，身经百战、功勋卓著，具有丰富的实战经验和高超的指挥艺术，毛泽东曾赞扬他是“对中国革命有大功的人”，是“工人阶级的一面旗帜”。1955 年被授予大将军衔，后任人民革命军事委员会委员。

许世友上将：许世友出生于一个贫困家庭，幼时曾在少林寺学习武术。解放战争时期历任华东野战军九纵司令、东线兵团司令员。后任志愿军兵团司令员，南京军区司令员，广州军区司令员，中央顾问委员会委员、常委、副主任等。

赖传珠将军：江西省赣县人，1927 年加入中国共产党。解放战争时期，任东北野战军第六纵队政治委员、第四野战军四十三军政治委员、第十五兵团政治委员。后任人民武装部部长、总参谋部顾问，第十三兵团政治委员、北京军区政治委员、沈阳军区政治委员。

傅秋涛将军：湖南省平江县人，1929 年加入中国共产党。在 1941 年的皖南事变中，傅秋涛任新四军一纵队的司令员兼政委，在国民党重重包围中，他是成功突围的新四军最高军事指挥官。解放战争时期，任鲁南军区政治委员、鲁南区党委书记、华东支前司令部司令员。后任人民武装部部长、总参谋部顾问。以上两位在 1955 年都被授予上将军衔。

王建安将军：湖南省红安县人，1927 年加入中国共产党，解放战争时期，任华东野战军第八纵队司令员兼政治委员， 1956 年被授予上将军衔（补授）。后任第八兵团司令员兼政治委员，志愿军第九兵团司令员兼政治委员，后历任沈阳军区副司令员、济南军区副司令员、福州军区副司令员，中央军委委员、顾问等职。解放战争时期，王建安与许世友号称“山东双雄”，参与指挥了鲁南、莱芜、孟良崮、淮海、渡江等战役。

韦国清将军：广西东兰县人，壮族，1931 年转入中国共产党。解放战争时期，任华东野战军第二纵队司令员兼政治委员，第三野战军十兵团政治委员，1955 年被授予上将军衔。他是我军从战士成长起来的优秀的军事指挥员和政治工作领导者，后任驻越南军事顾问团团长、广州军区第一政治委员、总政治部主任，第四至六届全国人大常委会副委员长，第四、五届全国政协副主席。

叶飞将军：福建省南安县人，1914 年出生于中菲（菲律宾）混合家庭。1932 年转入中国共产党。解放战争时期，任华东野战军第一纵队司令员兼政治委员，第三野战军十兵团司令员，1955 年被授予上将军衔。他被誉为“华侨将军”，后任福建军区司令员，福建省委第一书记，福州军区司令员，交通部部长，海军司令员，第六、七届全国人民代表大会常务委员会副委员长。

叶飞

张鼎丞：福建省永定县人，1927年加入中国共产党。抗日战争时期，任新四军第二支队司令员。解放战争时期，任华中军区司令员，在山东工作期间，任中共中央华东局常委、组织委员会书记等职。中华人民共和国成立后，任福建省委书记兼省人民政府主席等职。1954年起，任最高人民检察院检察长，第四、五届全国人大常委会副委员长等职，中共第七、八、九、十、十一届中央委员。

谭震林：湖南攸县人，1926年加入中国共产党。抗战爆发后，任新四军第三支队副司令员，参与指挥了莱芜、孟良崮、淮海、渡江等战役。后任华东军区副政治委员，国务院副总理。

邓子恢：福建省龙岩县人，1926年加入中国共产党。抗日战争时期任新四军政治部主任，解放战争时期任华中军区政治委员，参与领导了淮海、渡江等战役。后任中央农村工作部部长、国务院副总理，全国政协副主席，是我国农业工作的卓越领导人，农业改革的先驱者。

参考资料：

新四军军部旧址暨华东野战军纪念馆解说词文本。

新四军接待处

新四军接待处旧址位于将帅林暨陈毅旧居组团的陈毅旧居旧址保护区内。将帅林暨陈毅旧居是新四军军部旧址二期工程红色核心区的重要组成部分，位于九曲街道前河湾村的西北部，占地15亩，于2009年5月开工建设，（同年）7月完工并对外开放。将帅林内设有三个功能组团：诗词碑廊、将帅雕塑以及以前河湾陈毅旧居为主的旧址保护区等。

新四军接待处与军部办公室相距200多米，与陈毅的住处及其他军部中枢机关办公室紧挨着，这样便于暂住于此的领导与居住在隔壁的陈毅和相关部门及时沟通，分析形势，做出决策。在新四军军部驻扎前河湾村的不到一年时间里，刘少奇、罗荣桓、粟裕、谭震林等领导人都曾在这里停留、居住过。1946年12月，中共中央书记处书记和中央革命军事委员会副主席刘少奇到达前河湾传达中央关于撤销华中局并入华东中央局，成立华东军区、华东野战军的指示。刘少奇在此逗留三天，与陈毅、饶漱石、张云逸等新四军领导人探讨制定了我党今后在华东地区发展的战略方针，对整编合编之后的党政军领导工作等做了部署。

此外，新四军接待处还负责新四军及军部各类大型重要会议的与会主要领导的接待工作。如1947年1月底在前河湾召开的华东野战军前委扩大会议（亦称鲁南会议，陈毅代表前委在会上做了《一面打仗，一面建设》的重要报告），以及宿北战役、鲁南战役、临沂阻击战、莱芜战役、孟良崮战役“五大战役”的方案形成策划会，宿北战役、鲁南战役、临沂阻击战、莱芜战役“四大战役”的指挥部战前会议等等，重要党政军与会领导的接待工作，都是由接待处完成的，且每次都是高质量圆满完成接待任务，受到了各方面的一致好评。

参考资料：

1.《新四军接待处》，华东野战军纪念馆公众号展馆介绍。

2. 郭广阔：《陈毅在沂蒙》，山东友谊出版社，2014 年。

3. 潘兆仲：《前河湾村 新四军最后一个军部》，《沂蒙文史》，新星出版社，2010 年。

新四军民运处

新四军民运处旧址位于新四军军部旧址纪念馆二期工程红色核心区的以陈毅旧居为主的旧址保护区，为一处北方草房民居。当年的新四军民运处担负着宣传发动群众支援前线，随时吸纳新的群众参军入伍的重要任务。

时任华东野战军前委委员、第三野战军后勤司令员兼政治委员的刘瑞龙曾在此办公，同山东省党、政、群各级领导一起组织领导了动员群众参军，发动组织了宿北战役、鲁南战役、临沂阻击战、莱芜战役、孟良崮战役“五大战役”的民众支前工作。在解放战争时期，刘瑞龙历任中共中央华中分局民运部部长，华东北线后勤部政治委员，华东野战军副参谋长兼后勤司令部司令员，华东野战军前委委员，第三野战军后勤司令员兼政治委员等职，曾动员组织几百万民工支援淮海战役，为淮海战役取得胜利提供了强有力的后勤保障。

山东是解放战争的主要战场之一。自 1945 年 9 月到 1949 年 8 月，山东战场上进行了 20 余次比较著名的战役。这些战役的胜利，无一不是在山东人民的大力支援下完成的。

“兵马未动，粮草先行”，保证前方物资供应是支前工作的主要任务之一。

支前参战

在解放战争中，山东党组织和各级民主政府，发动广大群众，为前方筹集、运送各种军需物资，保证了部队的物资供应，从而保证了解放战争的胜利。在莱芜战役中，地处战区的莱芜县和临战区的周围几个县的人民群众，不仅主动把自家的粮食拿出来充作军粮，而且日夜不停地碾米、磨面，做成熟食，送往前线。为了保证部队的副食供应，各地普遍建立了以工商局为主的供应站。1947 年初，华东野战军后勤司令部与山东支前委员会抽调 100 余名干部，建立了华东野战军供应总站，并设立了直属分站、支站、小站，直接负责华野的副食供应。

为支援解放战争，山东广大妇女不仅担负着碾米、磨面、做饭的重任，而且还日夜不停地为部队缝制被服和鞋袜。山东解放区的夜晚，是不眠的夜晚，许多农村妇女三人一组，五人一伙，聚拢在油灯下，飞针走线，常常通宵达旦。许多妇女还在军鞋和袜底上绣上“将革命进行到底”“为人民立功杀敌”“立功光荣”等字样，鼓励前方将士奋勇杀敌。据部分资料记载，在 1948 年至 1949 年的两年中，山东解放区为前线做军鞋 760 余万双，军袜 220 余万双，军衣近 240 万套，军被近 180 万床。与此同时，在解放战争中，山东解放区发动了四次大参军热潮，青壮年踊跃参军入伍，补充了华东、中原、东北、西北四大野战军和华东、中原、华北和东北四大军区，先后组建了 9 个纵队和 1 个军，为保证和扩大人民解放军的战斗力，建设强大的人民军队做

沂蒙群众参军盛况

出了巨大的贡献。

据不完全统计，从 1945 年 9 月至 1949 年 10 月，山东先后动员 1106 万多民兵、民工，使用了 146.8 万辆大小车辆，76.5 万头大牲畜，出动了 43.5 万副担架；先后支援了华东、中原、东北、西北四大野战军作战，支援人民解放军进行了定陶、鲁南、莱芜、孟良崮、鲁西南、潍县、兖州、济南、淮海、平津、渡江等几十个著名战役；随军转战山东、江苏、河南、安徽、湖北、山西、河北、浙江、福建、江西、广东、广西、上海、贵州、辽宁、吉林、黑龙江 17 个省市；源源不断地将 11 亿余斤粮食和大批弹药、军需物资运往前线，把 20.3 万余名伤员转到后方，还担负了看押俘虏、打扫战场等各种战勤任务，广大民兵还担任了警戒放哨、搜集转送信息情报甚至参战等各种任务。同时，山东先后动员 95 万名青壮年参军入伍，保持了人民解放军充足的兵源补充。为了解放战争的胜利，经民政部门登记在册的 11.7 万名优秀儿女英勇献身，血洒疆场。在解放战争中，山东人民做到了全力支援，全面支援，全程支援，为战争胜利做出了巨大的贡献，建立了卓越的功勋，在中国人民革命战争史上写下了极其光辉的篇章。

参考资料：

1.《山东人民支援解放战争》，山东省情网，2012-04-05。

2.《新四军接待处》，华东野战军纪念馆公众号展馆介绍。

3. 郭广阔：《陈毅在沂蒙》，山东友谊出版社，2014 年。

4. 潘兆仲:《前河湾村 新四军最后一个军部》,《沂蒙文史》,新星出版社,2010 年。

5. 丁肇铭：《新四军军部旧址与河湾丁氏》，《沂蒙党史史志》，2019-12-27。

山东保密传统教育展览馆

2018 年 6 月 26 日，临沂市河东区前河湾村华东野战军纪念馆一侧，高大宽阔的门额上，悬挂上了一行手写体金色大字馆名：山东保密传统教育展览馆。这个从动议到建成历时数年、倾注无数心血的展览馆今天终于迎来了开馆日。该馆为全国保密教育示范基地，也是全国第一个经国家保密局正式确认的国家级保密教育示范基地。

开馆仪式上，中央保密办副主任、国家保密局副局长王言彬在致辞中指出，山东革命根据地有无数革命先烈用鲜血用生命保守秘密，铸就了伟大的胜利。坚定的理想信念和对党的绝对忠诚，是他们矢志不渝、奋斗牺牲的强大精神力量，是中国共产党安身立命之本，也是中国共产党历经风雨屹立不败的法宝，更是党的保密工作的优良传统。同时，他对保密传统教育展览馆建设的意义给予充分肯定和高度评价：以真实的史料、生动的故事，客观展示了保密工作在党发展壮大过程中的卓越功勋，真实还原了保密工作与我们党的生死存亡息息相关的历史场景，生动再现了革命战争年代在齐鲁大地、沂蒙山区所发生的那些可歌可泣的保密往事，突出展现了保密工作优良传统中的信念坚定、对党忠诚的本质特征；顺应党的宣传思想工作要坚持弘扬主旋律、传播正能量的号召，遵照习近平总书记“要加强领导干部的保密教育”“要把红色资源利用好、把红色传统发扬好、把红色基因传承好”的指示，实现保密宣传教育与对党忠诚教育、理想信念教育、革命传统教育的融合创新。

山东保密传统教育展览馆的建成开馆，书写了全国保密传统教育的新篇章，也历史性地掀开了全国保密教育的崭新一页。

为什么在山东、在临沂能够开创性地建成这样一座展览馆？

山东是全国最早建立党组织的省份之一，在中国革命各个历史时期都为党的发展和革命胜利做出过突出贡献。地处鲁中南的沂蒙山区，是中国革命战争时期最重要的老革命根据地之一。临沂是沂蒙山区的政治文化中心，从20世纪20年代起革命活动就风起云涌，特别是在抗日战争和解放战争时期，八路军山东纵队、第一一五师司令部、新四军军部、华东野战军总部及山东、华东党政军机关曾经先后长期驻扎于此。在长期的革命和建设实践中形成了伟大的沂蒙精神，与井冈山精神、延安精神、西柏坡精神和太行精神一脉相承，受到习近平总书记的盛赞。也因此，沂蒙的山山水水都留下了革命者奋斗的足迹，徜徉在这块红色的土地上，一不留神，就与红色历史故事撞个满怀。保密工作作为与沂蒙革命力量相伴相生、呵护其从弱小成长为一支令敌人胆寒的战略力量的“生存之盾”“胜利之盾”，其历史资源蕴藏也十分丰富。

原来，这些珍贵的保密史料一直在沂蒙红色史籍中“沉睡”，“唤醒”她是一项大工程。这项工程的建设过程，就是国家保密局、山东省市保密局在各方支持下不断挖掘红色保密历史资源的过程。而最早捅破这层“窗户纸”的人是杨大业。

杨大业原是临沂市保密局局长。他上任第二年即2011年，临沂市开展干部教育，本市及所属各县的多种主题红色纪念馆集中开馆。杨大业一路看展、听故事，走了好几个馆。他吃惊地发现，各纪念馆展出的资料中有很多生动感人的保密事例，但都湮没于“三史（党史、军史、革命史）”之中。他感到这是一个明显的缺憾，便萌生心愿：建一个传统教育纪念馆，专讲沂蒙保密故事。杨大业带着这个想法跟省保密局沟通，按省局要求拿出一个建馆规划方案，在沂南县要了一个100多平方米的小院子，征集、甄选保密史料，然后向省委保密委和国家保密局汇报。后因经费等问题，建馆工作一直搁置。

2014年夏秋，《胜利之盾》摄制组来到临沂。主创人员为沂蒙山区深厚的红色历史、丰富的保密史料所震撼，在临沂搜集史料、拍摄影像长达一周之久，大大超过原定3天的时间。《胜利之盾》摄制组在临沂的“惊奇”，点燃了在现场为摄制组提供保障的省保密局副局长王心红重启建馆事项的热情，并得到以慕京品为领头羊的省保密局新班子的大力支持。这一年，国家保密局下发《关于开展全国保密教育示范基地评选确认工作的通知》及相关管理办法。上级的明确部

开馆仪式

署与山东省的积极性两相配合，为重启建馆带来真正的转机。

2015年7月，经省保密局评选确认，沂蒙保密传统教育示范基地被列入山东省第一批保密教育示范基地名单。省保密局的想法是：以沂蒙为主体，内容扩大到全省。王心红说："山东是老区，红色历史长，内容丰富。"但这样一来，临沂市原来"圈"下的"百米小院"就显得局促了。经过协调，馆址迁到临沂市内的沂蒙革命纪念馆，占地600平方米。山东建馆一事引起国家保密局重视后，又增加了一部分全国保密史内容，选中不久的新馆址又"不敷使用"。按照国家局指导管理司的意见，在临沂市河东区的配合下，馆址再迁至临沂市华东野战军纪念馆，面积增加到1900平方米，满足了建馆需求。

国家保密局从始至终对山东保密传统教育展览馆建设给予高度重视，并多次派员来到临沂考察指导。中央保密办主任、国家保密局局长田静两次听取山东省保密局汇报，并指出，建设山东保密传统教育展览馆非常有教育意义，国家保密局非常重视，全力支持。省委保密委主要领导几次就展馆建设的有关问题做出批示，提出要求。省委副秘书长、保密委专职副主任孟向东数次来到临沂，就展馆建设推进情况进行实地调研，现场研究解决经费、场地等重大问题，并对展馆建设中的一些具体问题提出指导性意见。

临沂市委常委、秘书长、保密委主任范连生从展馆选址、表现形式、内容小样等都严格审核、认真把关，提出很多具体修改意见，积极争取展馆运行经费并出面邀请省市党史、档案、保密等方面专家组成工作组，为展馆建设提供了有力的组织和物质保障。此外，多位专家学者以及专业团队在展馆建设过程中给予了鼎力支持和协助。

2016年3月，就建馆事宜，山东省、临沂市的保密、党史研究、档案以及沂蒙党性教育基地管理办公室（以下简称基地办）等部门在临沂召开座谈会。会后，聘请临沂大学张学强教授撰写布展大纲和讲解词。7 月下旬至 8 月上旬，临沂市保密局携党史、基地办布展专家两赴省保密局进行专题汇报。2017 年 1 月，由慕京品带队赴国家保密局就大纲和陈展小样进行专题汇报。

由于展馆两次“扩容”，每次都要补充搜集史料，并通过座谈等方式研究调整大纲。大纲大改有 8 次，小修小改无数。2017 年底布展设计小样完成后，再一次对上墙版面文字进行反复斟酌修改，并与档案资料比对、校正，个别地方改了数十次。同时，还要对讲解员进行培训。一些专家学者深度参与到展馆建设中来，为保密史料以及生动呈现认真把关。省党史研究部门和省档案部门的专家为整个展馆史料的真实性、准确性把关。

布展中，山东保密传统教育展览馆坚持统筹规划，兼顾新四军军部旧址暨华东野战军纪念馆景区整体效果。在整体布局上，建一个保密传统教育主题展馆，与东西两条参观路线的其他 7 个沂蒙红色纪念馆相互配合，目的是充分利用全国唯此一处的展馆“群”，将主题馆和其他馆在内容上相互印证。展陈内容共分 5 部分：第一部分是“保密工作，功勋卓著”。在党中央的坚强领导下，山东各级党政军高度重视保密工作，形成了党管保密的组织网格和制度体系，为党在山东革命事业的广泛开展提供了坚强保障；第二部分是“保守机密，慎之又慎”。保密就是保生存，随着斗争的深入发展和保密意识的不断增强，各级党组织负责人往往伪装成各种人员开展工作，山东党政军群各级组织相继制定了保密守则、训令、条例等，成立专门的城市工作机构，秘密发展金融产业等，党的力量在巧妙伪装下获得很大发展；第三部分是“技术对抗，攸关生死”。长期的革命实践，使各级党组织掌握了一整套保密工作方法，为发展壮大根据地，夺取中国革命事业的胜利做出了重要贡献；第四部分是“忠诚无畏，勇于担当”。革命战争年代，无数共产党员和革命群众在艰

难险恶的斗争环境中，怀着对党的无限忠诚和坚定的理想信念，勇于担当，宁可牺牲生命，也要保守党的秘密，为夺取中国革命胜利铸就了铜墙铁壁；第五部分是“牢记使命，继往开来”。党的保密工作历史浸染着无数革命先烈的鲜血，经过历史凝聚和锤炼的保密工作光荣传统历久弥新，是留给后人的宝贵精神财富。

在具体布展方式上，用高度凝练的手法，5 个部分有机融合，主题鲜明，条理清晰，内容厚重，突出展现了保密工作优良传统中对党忠诚的本质特征。在做好用足传统展示方式的同时，注重创新，充分融合多媒体技术、全息成像技术、实物模型、微缩景观、场景复原等，使展示更加形象生动。展览馆共有展板 320 余块、展柜 25 个，展示图片 450 余幅、实物 100 余件，全面展现了我党保密工作的光辉发展历程，生动再现了革命战争时期沂蒙老区、山东地区保密工作的面貌和感人至深的保密历史。展览秉持“讲道理，不如说故事”的理念，在照片、实物介绍的基础上，讲解员化身“说书人”，通过对典型事件和人物进行生动细致描述，来加深受教育者对保密工作的力量之源、措施手段和重要意义的认识。

市场经济大潮、多元化思想冲击着人们的心灵，一些人失魂落魄，迷失其中。保密队伍这支国家的中坚力量，如果没有理想信念这个“总开关”“压舱石”，就难以独善其身。从这个意义上说，参观保密传统教育展览馆就是一场精神之旅，寻根之旅。

正义的事业，坚定的信仰，是任何力量都攻不破的。今天保密工作肩负保障中华民族伟大复兴的使命，依然需要一大批有坚定理想信念的人来承担。山东保密传统教育展览馆把理想信念作为出发点和落脚点，是一个非常有益的尝试，具有重要的启示意义和现实针对性。自开馆以来，展览馆认真做好理想信念教育、保密传统教育和群众路线教育等活动。截至目前，累计接待人数达 4 万人次。

参考资料：

1. 河东区基地办华东野战军纪念馆：《走进山东保密传统教育展览馆》，2019-04-17。

2. 满宁、魏玉鹏：《一个红色保密教育示范基地的诞生——山东保密传统教育展览馆建设侧记》，《保密工作》，2018-07-20。
3.《山东省保密传统教育展览馆正式开馆》，临沂市国家保密局网站，2018-06-29。
4.《让红色基因代代传承——访华东野战军总部旧址暨新四军军部旧址纪念馆》，《临沂日报》，2019-09-29。
5.《省保密传统教育展览馆在河东开馆》，河东区政府网，2018-06-27。

李家石河村烈士纪念亭

从烽火弥漫的抗日战争时期到改革开放日益深入的20世纪90年代，半个多世纪的时光岁月里，具有悠久革命历史传统的河东区芝麻墩街道办事处李家石河村先后涌现了16名革命烈士。为纪念和缅怀这些先烈们，激励后人不忘历史，2011年，李家石河村全体村民自发捐款6万元，建设了革命烈士纪念亭和纪念碑，并于党的90岁生日这天启用。

革命烈士纪念亭坐落在李家石河村东侧，纪念亭高约5米，是一座六角亭建筑。亭阁下方是用青石做成的纪念碑。纪念碑前方镌刻着“革命烈士纪念碑”七个大字，后方刻着从李家石河村走出的16名烈士的姓名和英雄事迹。这16名烈士大部分牺牲于革命年代，他们有干部，有战士，有支前民工，还有铁路民警。其中年龄最大的是1992年因公牺牲的43岁的铁路民警李小咪，年龄最小的是1941年牺牲的年仅18岁的支前民工朱绍续。

20世纪30年代，李家石河村有志青年们在本村创办了郯城第五区第一小学，成为当时临沂、郯城周围较早的抗日小学，为抗日战争培养出了一大批有志青年。李家石河村地理位置十分突出，沭河以东是解放区，沂河以西是国民党占领区，李家石河村就处在两个地区之间，对敌斗争十分尖锐。

1941年，李鸣嵩任中共沂滨分区区委副书记兼村支部书记，在这期间，他制作了一面党旗，发展和带领李士扬、孙秉声、王贞等十余名党员(现山东革命历史博物馆存有李鸣嵩制作的这面党旗和他刻写党员名单的文具盘)坚持对敌斗争，经常在晚上散发传单，鼓动、组织群众抗日。因此，从李家石河村走出了很多革命义士，他们为抗日救国、人民解放做出了突出贡献，并有十几人献出了宝贵的生命。从1941年到1992年，50年间李家石河村涌现出了16名革命烈士，在周边乡村绝无仅有。

2011年，经村民代表提议，村党支部发出倡议，决定建一座烈士纪念亭和纪念碑，以纪念全村16名为祖国和民族解放、为国家建设献身的革命烈士。村民们自发踊跃捐款6万余元，很快建起了一座庄严肃穆的六角型大理石烈士纪念亭。“七一”这天，纪念亭落成启用，多位当年的“老革命”和烈士遗属来到现场，和乡亲们共同缅怀先烈丰功伟绩，庆祝纪念塔落成。李鸣嵩烈士的女儿——是年71岁的李汉英也来了，她在纪念碑后面找到了父亲和姑姑李鸣华的名字。“李家石河村为国捐躯的先烈们的英魂有了落脚的地方，我们不能忘记先烈们为我们今天幸福生活所做的牺牲。”李汉英说，“建设烈士纪念亭激励和教育着后人，要继承先烈们的遗志，把我们的国家建设好，这也是缅怀革命烈士们最好的方式。”

据了解，如今的李家石河村已有党员百余名，在党员干部的带领下，村民们大多从事建筑、养殖、物流等行业，人均收入早就超过了万元，和谐幸福的小康生活是芝麻开花节节高。

观唐温泉红色记忆馆

沂蒙是一片红色的热土，革命战争年代，中国共产党在这里撒播革命火种，领导创建了沂蒙革命根据地。刘少奇、罗荣桓、徐向前、陈毅、粟裕等老一辈革命家曾在这里工作、战斗。抗日战争、解放战争时期，沂蒙是山东抗日根据地、华东解放区的政治和军事指挥中心，为中华民族解放事业和新中国建立做出了巨大贡献。

沂蒙是一块奉献的土地，在长期的革命战争中，沂蒙党政军一切为人民，沂蒙人民铁心跟党走，军民水乳交融，生死与共，谱写了军爱民、民拥军，军民并肩战斗的光辉篇章，铸就了弥足珍贵的沂蒙精神，与井冈山精神、延安精神、西柏坡精神一样，是我们党和国家的宝贵精神财富。

观唐温泉红色记忆馆建于2019年，坐落于观唐温泉南大门里侧的一栋南方徽派民俗古建筑里，是观唐温泉中国古建筑汤养文化园博物馆群中的一个重要馆舍，建筑面积400平方米，2020年元月1日启用。红色记忆馆共分四个部分，一、临沂阻击战、葛沟阻击战；二、开国元勋在沂蒙、葛沟党组织建立、公安岭村抗日自卫战、临沂战役；三、解放战争中的新四军军部、汤头轶事、汤头的革命精神代代传、战斗英雄张修海；四、过去年代红色画报展示等。馆内运用声、光、电多媒体技术，结合半景画和立体雕塑，还原了抗日战争和解放战争时期河东革命斗争的感人场景。此外，展馆还展示了战争年代的枪、炮、手榴弹、地雷等武器，支前手推车等100余件实物及复制文物，让人们能够从中感受到革命前辈的不屈与顽强，缅怀革命先烈的丰功伟绩，教育和引导广大党员干部牢记党的宗旨，践行群众路线，激励人们高举中国特色社会主义伟大旗帜，凝心聚力，奋发图强，为实现中华民族伟大复兴的中国梦而不懈奋斗！

第六章　万代敬仰的革命烈士墓、园

历史定格，英雄长眠。

追昔抚今，我们怎能忘记那一段段可歌可泣的悲壮史诗？抚今追昔，我们又怎能忘记那一张张曾经鲜活的面容？打开历史的记忆，一群群热血青年，一位位革命勇士，沂沭大地上勤劳勇敢的人们在中华民族生死危亡的紧要关头，高举救国大旗，紧挽着有力的臂膀，用自己的血肉之躯筑起一道坚不可摧的长城！这，就是我们民族的脊梁！

伟大的中国上下五千年，英雄万万千，沂沭河畔的不朽英烈便是其中一员；蒙山高沂水长，千百年沧桑，凝固了岁月不朽的痕迹，沂沭河两岸艰苦卓绝的革命斗争便是其中的一页。在祖国面临被瓜分灭亡的危急时刻，在国民党反动派独裁统治的阴霾笼罩下，中国人民从来没有屈服过，沂蒙人民从来就没有妥协过。像李克瑜、李鸣嵩一样的中华民族先烈、志士仁人们，为了救亡图存、振兴中华抛头颅、洒热血，舍身就义，谱写了一页页爱国的反帝反封建斗争的历史篇章，雕塑了一座革命历史丰碑。

历史不会忘记，他们用鲜血染红了国旗的颜色，他们用身躯筑起了万里长城，高矗的胜利丰碑是无数先烈用热血和头颅垒就的。时至今日，我们仍然能触摸到烈士们跳动的脉搏，仍然能感受到烈士们呼吸的频率。正是因为他们的伟大，中国巨龙飞腾于九霄之外，华夏巨人屹立于民族之林。正是因为他们的牺牲，一个古老民族书写下一篇新的乐章，一个泱泱大国崛起于世界的东方。

烈士们走了，在历史年轮里似乎淡隐了。不！我们分明看见，在烈士的墓碑上，在鲜艳的五星红旗下，英烈们的灵魂连同精神正熠熠生辉，他们坚定的信念，执着的追求，为真理而流的鲜血，为祖国解放事业而献身的民族精神，正激励着子孙后代去开拓更加美好的未来。请革命先烈们含笑九泉吧，你们的后代一定会一代代永远继承你们的遗志，把新中国建设得更加繁荣和富强，早日实现中华民族伟大复兴的中国梦！

河东区革命烈士陵园

河东区革命烈士陵园坐落于原临沂经济技术开发区公墓陵园内，位于梅家埠街道办事处南部，北面紧邻分沂入沭河，东、南、西三面与郯城县李庄镇相邻，占地13000多平方米，建筑面积为225平方米，为县级革命烈士纪念陵园。

自2006年启动建设以来，政府先后投资200多万元用于陵园的建设、维护和管理，陵园内绿化、美化、硬化齐全，环境优美，已建成烈士墓穴200个，朝阳、芝麻墩、梅家埠三街道办事处分散在各村的烈士墓葬已迁移进陵园108座。至1999年，陵园内庄严的革命烈士纪念塔和纪念碑一应俱全，交通便利，烈士纪念广场宽敞，能够保证烈士纪念专项活动正常开展，同时可容纳200余人瞻仰凭吊烈士，已成为广大青少年和干部职工接受革命传统教育和爱国主义教育的重点场所。

烈士陵园大门

为改变和提升烈士陵园存在的没有烈士纪念堂，缺少必要的档案和展示材料，无法呈现英烈的光荣事迹；墓穴结构不一，形式杂乱；烈士墓碑大小不统一，不够严肃等不足，根据《烈士褒扬条例》《烈士纪念设施保护管理办法》《山东省省级烈士纪念设施保护管理办法》和《关于进一步加强烈士纪念工作的实施意见》等规定，按照《临沂市市级烈士纪念设施保护管理办法》的要求，河东区从2019年开始，拨付专项资金对革命烈士陵园进行

烈士纪念塔

相关的维修和改造。对圆形的墓穴用水泥、沙、石子及青砖进行改造加固，对方形水泥盖板的墓穴进行拆除，在原地安装卧碑，园区内小路水泥覆盖，铺设花砖，对大门及围墙加固修缮翻新。新建烈士陈列馆及办公值班室225平方米，完成纪念堂建设，对墓碑、道路围墙等改造提升。配备专职工作人员用于日常巡查维护，建成拥有包括监控设备、宽带、办公室电话等在内的信息化办公设施。

参考资料：

1. 《关于开发区革命烈士陵园的情况说明》，临沂经济技术开发区社会福利中心科，2018-03-03。

2. 《关于开发区革命烈士陵园的汇报材料》，临沂经济技术开发区社会福利中心科，2018-03-03。

3.《临沂经济技术开发区革命烈士纪念设施情况汇总》，临沂经济技术开发区社会福利中心科，2019-03-10。

王疃村无名英烈墓

2019年4月4日上午，河东区八湖镇王疃村公墓区新落成的无名烈士陵园内，7位无名英烈墓落成暨祭扫仪式举行，区退役军人事务局、镇人武部等相关部门负责人及部分村民参加，在墓前共同缅怀革命先烈，寄托哀思。

王疃村是一片红色的热土，早在抗日战争初期的1938年，村

里就秘密建立了党的组织，发展抗日人民武装，发动群众跟定共产党，不屈不挠坚持抗日。全村1949年前入党的老党员有30多名，军工烈属41户。1938年12月，边区省委改为中共中央山东分局。27日，山东分局正式公布成立八路军山东纵队，以统一指挥山东各地（不含冀鲁边与鲁西北地区）共产党领导的抗日武装，张经武任指挥，黎玉任政治委员，同时将所属部队整编为10个支队又3个团，所属部队共25个团，2.45万人，所属地方武装1万余人。活动于鲁东南地区的八路军山东人民抗日游击队第二支队编为八路军山东纵队第二支队，刘涌任队长。1939年前后，山纵二支队下属一部就驻扎在交通便利、群众基础较好的王疃村。

据考证，这7名无名革命烈士都是牺牲在抗日战争和解放战争时期发生于王疃周围的几次对敌战斗中，因为当时环境恶劣，战斗频繁，很多区域性小战斗没有留下文字史料记载，加之年代久远，时至今日，这7名革命烈士的姓名及籍贯已无从查找。据村中多位老人回忆，1940年秋末冬初，驻王疃村的八路军山东纵队二支队一部奉命发起清剿白塔街一带盗匪的战斗，在攻打乡公所时，3名战士壮烈牺牲。战斗结束后，王疃村参加支前的村民将烈士遗体抬回村，乡亲们含泪和部队的官兵一道将烈士安葬于村西的公墓内。后来，直到解放战争时期，在王疃村周边又发生了大小数十次对敌战斗，乡亲们在冒着枪林弹雨支前的同时，先后又将4名牺牲的战士安葬于村内，并立碑纪念。转眼间，七十多个寒暑春秋过去了，7名革命烈士的事迹丝毫没有被久远的时光冲淡，逢年过节，村民们都要过来给他们烧上一沓草纸，祭上一杯酒，心里早已把他们当成了自己的亲人。

因为年代久远，王疃村7名无名烈士的坟墓历经风吹雨淋，亟待维护整修，加之墓葬分散，不便开展集体性的祭祀纪念活动，因此，2019年初，王疃村“两委”向镇、区相关部门打报告，申请为7名无名烈士迁墓立碑，立即得到了上级领导和相关部门的肯定和支持，区财政还专门拨出专款补助无名烈士墓迁墓立碑建设。3月末，村里从现村南公墓用地北侧，专门划出一片区域用于无名烈士墓建设。村里男女老少齐动手，就像当年支前上前线一样投入到为无名烈士迁墓立碑工作中去，几天时间就完成了任务。

河东区退役军人事务局局长潘增智精心写了《七英烈祭》的祭文，并为无名烈士墓揭碑。他表示，要通过这次整修无名英烈坟墓，加强爱国主义教育，让更多后人铭记吃水不忘挖井人，通过传承革命先烈的牺牲精神，把红色基因永远植根河东大地，使之成为奋进新时代、共圆中国梦的不竭动力。

参考资料：

1.《河东区为7名无名英烈迁墓立碑》，《沂蒙晚报》，2019-04-04。

2. 王广举：《王疃村：红色记忆》，2018年8月。

石家三烈士墓

河东区朝阳街道办事处的石家村是一个古老村落，自明朝嘉靖以来，乡亲们世代在此繁衍生息，勤劳艰辛地生活着。

在半封建、半殖民地的旧中国，石家村人和全国人民一样备受帝国主义、封建主义和官僚资本主义的压迫，过着饥寒交迫、暗无天日的生活。直到来了大救星中国共产党，石家村人跟着共产党闹翻身、求解放，他们义无反顾地走向血雨腥风、烽火连天的战场，抛头颅、洒热血，为新中国的革命事业做出了积极的贡献。抗战时期，石家村的石金鼎、石金芝、石金铎三兄弟相继参加革命队伍，把鲜血洒在抗日战场上。之后，石金芝的妹妹石健，石金鼎的儿子石明训、石庆升又先后加入革命阵营，石家成为当地著名的革命家庭。

石家三烈士中的大哥石金鼎（1905—1941），字象九，自幼入私塾苦读四书

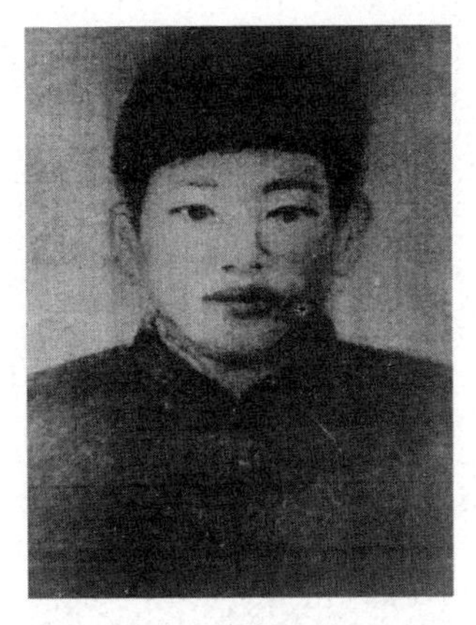
石金鼎画像

五经，忠厚老实，写得一手好字。17 岁时与乡邻李如珍成婚，生有四子三女。在家常被人请去帮助办理红白喜事，为乡邻写对联、写碑文，农忙时也很能干活，深受乡亲们的爱戴。1938 年 4 月 21 日，日寇侵占临沂城，在这民族危亡、国难当头的关头，石金鼎毅然变卖家资田产，购枪置械，组织乡亲，与儿子石明训一起拉起了抗日武装，不屈不挠地展开了抗日斗争。1939 年的秋天，石金鼎被推荐为苍马办事处联埠乡民主乡长。他日夜不停地动员乡亲们起来抗日，到地主家里动员出枪、出钱、出粮，为开辟沂沭抗日根据地做出了重要贡献。1941 年 4 月的一天夜间，苍马区 (今临沭县) 石埠村遭到伪军的袭击，那天正好二弟石金芝也在石埠，他们进行了顽强的抵抗。最后因为子弹打完了，石金鼎英勇牺牲，时年 36 岁。

石金芝画像

二弟石金芝（1914—1941），字涵九，性格刚强，爱交际，喜欢京戏。七岁在本村读私塾，少年后转入洋学堂上学，当时在校任教的杨绍老师是中共地下党员，他以教学为掩护，从事革命活动，在其引导下，石金芝于 1938 年初加入了共产党。受党组织委派，他到沭河两岸的南古庄、曹庄、重沟一带拉武装，和地伪顽以及土匪进行武装斗争。1989 年版的《中国共产党山东省临沭县组织史资料》对石金芝有这样的记载："1940 年 4 月，任中共苍马工委委员，军事部部长。""1941 年 5 月牺牲。"在短短的几年时间里，石金芝积极活动，为开辟沭河两岸的抗日根据地做出了积极贡献。1941 年 5 月，在临沭县西里庄战斗中，石金芝英勇牺牲，年仅 27 岁。石金芝的遇难在其大哥石金鼎牺牲之后仅仅 21 天，他牺牲后，家乡石家村的乡亲们含泪自发组织起"涵九复仇班"，奔赴前线投身抗日战斗。

三弟石金铎（1919—1940），化名"石平"，幼年在家读书，天资聪颖，成

石金铎画像

绩优良。1937年，石金铎考入郯城县立师范读书，未满一年，因“七七事变”抗战爆发，他决然休学回家，在家乡附近参加了抗日救国运动。1938年加入了共产党。这年的六七月份，新婚三天后他和组织上的几位同志到临沂的三重（后罗庄区付庄镇）、南头（后罗庄区册山镇）、褚墩（后郯城县褚墩镇）一带搞青年救国团，以后被组织委派到滕县(今天的滕州市)县委做宣传工作，不幸在1939年的冬天被滕县的汉奸逮捕入狱，1940年5月英勇就义，年仅21岁。

一门三英烈，满户革命人，石家三兄弟英名冠沂蒙。中华人民共和国成立后，地方人民政府先后将石家三兄弟烈士的遗骨从临沭、滕县迁回临沂县重沟乡石家村，并由人民政府支持召开了隆重的安葬追悼会。1990年4月5日，临沂市重沟乡人民政府又为三兄弟烈士重建了水泥结构永久性陵墓，并撰文立碑，铭记功绩。2005年8月，经地方政府批准，重沟镇人民政府专门为石金鼎、石金芝、石金铎在石家村立碑“著名三烈士墓址”，每年清明节等节日，周边的党员干部、学生和各界群众便会拥来瞻仰、敬拜、扫墓，倾听烈士故事，接受革命传统教育。2016年，在驻村“第一书记”的带领下，石家村又建起了“红色村史馆”，图文并茂地记述了抗日战争时期石家村的石金鼎、石金芝、石金铎三兄弟，石金芝之妹石健，石金鼎之子石明训和石庆升这“一门三烈士，抗日六英雄”可歌可泣、敢为人先的革命英雄事迹。

参考资料：

1.《石家，一门兄弟三英烈》，《沂蒙晚报》，2015-04-04。

2.《今天，我们缅怀革命先烈！》，搜狐网，2019-04-05 。

3.卢祥之、宋守高、马庆、杨邦名、黄耀华：《石家三兄弟》，《河东文史（第二辑）》，2000年。

汤山无名烈士墓

汤头温泉的汤山山顶有一座烈士墓，人们只知道这墓里安葬着 3 位烈士，但他们是谁，是怎么牺牲的？没人知道。为弄清 3 名烈士的姓名和事迹，当时已 53 岁的退伍兵郑沂家 20 多年痴心不改，足迹遍及全国十多个省市，倾其所有为这 3 位烈士树碑立传。

在临沂市河东区汤头街道办事处的汤山上，有三座无名烈士墓，是抗日战争时期留下来的红色遗址。1959 年，8 岁的郑沂家跟随父亲去汤头赶集，第一次见到这三座无名烈士墓，从此就留下了深刻的印象。当时坐在父亲推的独轮车上，他听了很多关于烈士的故事。从那个时候起，郑沂家开始牵挂长眠在村边的这些烈士。

1969 年，郑沂家参军入伍，加入原中国人民解放军三十八军一一三师三三七团“钢八连”。从那个时候起，他开始为老家村边的三位烈士寻名。在部队 11 年，他利用各种机会寻找知情人，走访经历过战争的退休老首长，去烈士陵园或者干休所，找了数百人，但都没有结果。

1980 年，郑沂家转业到临沂汽车修理厂，离开部队并没有改变郑沂家为烈士寻名的决心，相反他有了更多的时间，寻访当年的见证人和知情人。在此后的 20 多年间，他走遍了大半个中国，北到黑龙江，东到长白山，西到陕西，南到海南岛，都留下他的足迹。这期间，工厂破产，他下岗了，生活一度拮据不堪，可是他从来没有中断为烈士寻名进程，相反更加快了步伐。利用工余时间，郑

沂家寻访沂蒙山区老革命、老红军300多人，但仍一无所获。1998年“八一”建军节来临前，妻子交给他2000元钱，嘱咐他为家里添置台冰箱。可他转身就找了石匠，为汤山无名革命烈士立了碑。因为不知道烈士的真名，就暂用“魏中华、盛伟大、司光荣”作为3位烈士的名字，谐音为“为中华，生（得）伟大，死（得）光荣”。

1999年清明节，当看到汤头镇数千名中小学生、各界人士来到自己为3位革命烈士立的碑前，缅怀先烈，寄托哀思，他激动万分，写下了一首诗：“汤山上下人如潮，热泪纷飞溅九霄。烈士长眠五十载，一世英名功德高。亭亭一碑墓前立，松柏苍翠不弯腰。了却心事三十载，地下英魂应微笑。”面对媒体的探问，郑沂家说，他这么做一是想给革命烈士的后代来寻找亲人时提供方便，二是给今天只能在书本、电影上看到烈士形象的孩子们一块怀念追思烈士的地方，不忘幸福的根儿。

一个退伍军人为无名烈士立碑，许多人从媒体上了解到这一信息后，纷纷给郑沂家提供线索。

2000年的一天，一位叫马德水的德州人找到了郑沂家，说自己的哥哥马德山在解放战争中牺牲在临沂一带，希望郑沂家能帮忙找到牺牲的确切地点，并且提供了马德山当时所在部队的番号——三十八军。

循着这条线索，郑沂家一路找到了南京，找到原三十八军一位老首长。老首长回忆，当时部队确实有一位德州籍马姓战士，并清楚地记得他牺牲在当年的汤山战役中。离开南京，根据老首长提供的另一条线索，郑沂家又远赴北京，找到了原三十八军的另一位陈姓首长。这位80多岁高龄的老首长回忆，当时马德山确实牺牲在汤山战役中，同时还透露，与马德山一起牺牲的还有一位叫卢百胜的江苏籍战士，两人是一个班的战友，牺牲后就葬在了当地。

一下子找到两位烈士的姓名，郑沂家浑身充满了干劲，他有信心为最后一名烈士找到名字。2004年的一天，一位热心市民告诉郑沂家，江西南昌有个红军村，村里很多老人都是参加过抗日战争、解放战争的老革命。郑沂家立即赶往南昌。在那里，一位曾经在临沂干休所工作的老领导提供了一条重要线索：在抗日战争时期，部队曾经有一位刘姓的江西籍小通讯员牺牲在汤山。老领导告诉郑沂家，在李官镇夏村有一个姓李的老人，在当年战斗后曾经帮忙背过伤员，掩埋过烈士遗体。

几经周折，郑沂家在夏村见到了84岁的李姓老人。老人回忆，当年战役结束后，自己确实从战场上背下了一位受重伤的小通讯员，后来因为伤势太重牺牲了，之后就埋在了汤山。牺牲前他模糊地听到那个小战士说自己叫“英明”。前后一联系，郑沂家确定了这个通讯员的名字：刘英明。为了求证这个名字，郑沂家再次奔赴红军村，听到刘英明三个字，老领导立即认定他就是那位牺牲在汤山的战士，牺牲时年仅18岁。

参考资料：

1.《老人45年苦寻86名烈士 跋涉10万公里为英灵碑上有名》，中新网，2014-04-03。

2.林伟伟、罗志强：《“文明之星”临沂“谷子地”郑沂家》，《沂蒙党史史志》，2018-04-28。

3.《临沂老兵为烈士寻根 欲建英名塔祭三万忠魂》，琅琊新闻网，2014-04-04。

李克瑜烈士墓

在河东城区东部的李公河畔，一处原九曲街道办事处九曲店社区公墓地的一角，沂蒙革命烈十李克瑜就静静地长眠于此。正像河东区人民政府敬立的墓碑上篆刻的：先烈英灵为国捐躯，俊世楷模永垂不朽。在长期的无产阶级革命斗争中，一批又一批的共产党人为了民族的自由和独立，为了新中国的诞生，抛头颅、洒热血，流尽自己的最后一滴鲜血。临沂市河东区九曲店优秀共产党员李克瑜就是其中的一位。

李克瑜（右一）

李克瑜，临沂九曲店（今河东区九曲街道九曲店）人，1921 年 6 月 21 日出生在一个比较富裕的农民家庭。八岁在本村上初级小学，三年后考入山东省立临沂简易师范附属小学高级部，1935 年考入山东省立临沂简易师范学校。

在师范学校，李克瑜除了勤奋地学习课业知识外，在革命思潮的影响下，开始接受新思想。他铭记“九一八”这个国耻之日，发誓要与四万万同胞一起驱赶日本侵略者，铲除奸佞，把文明古老的中华民族建设成不受外敌欺凌的强盛国家。一本《共产党宣言》为李克瑜等进步青年指明了革命的道路，在同学王涛（中共党员）、乡邻张金龙等人的帮助下，李克瑜于 1939 年冬加入了中国共产党。

当时，李克瑜提出奔赴抗日前线，但党组织要求他在敌后开展抗日斗争。他先是在本村教私塾，后教本村一个复式班的修身、常识、体育和音乐课，借以开展革命活动。1940 年春天，李克瑜先后介绍了同事李茂俊、农民傅全文、孙培鹤等人党。此后，党员活动、传递情报主要在李克瑜家开设的炭场子里以联系买卖的方式进行。

1942 年暑假，李克瑜又到临沂城东的玉皇庙小学任教。玉皇庙小学当时是一所规模较大的农村学校，教职工比较多，李克瑜以他的友善好学，很快在同事间赢得了好感。同事中钱方达与日伪便衣特务关系密切；岳文秀当过王洪九的兵；李怀允则了解当地情况。为了开展工作的需要，李克瑜就与钱方达、岳文秀、李怀允结拜为“兄弟”。这样，李克瑜可以从容地在课余、假日往来于他们之间，通过闲聊有意识地了解日伪军及特务的行踪，以及其他军政信息，并及时报告党的上级组织。

为了加强临沂城里对敌斗争的领导工作，经滨海区党委批准，李克瑜打入临沂城敌特内部，范洪俊、朱华田二同志为秘密交通员与其配合，李克瑜任中共临沂城关特支书记。他通过那些平日结交的“朋友”的引荐和帮助，于 1943 年寒假来到了临沂城里的模范小学（今临沂第三小学），以教员身份开展工作。在模范小学，李克瑜担任三、四年级的音乐课和四年级一班的班主任，对待职业和生活，他一如既往，耐心辅导学生，经常家庭访问，写日记、写文章，与“朋友”往来……也很快在同学和同事中树立了威信。

每次获得重要情报，李克瑜总是按照组织纪律，先将情报交给秘密交通员范洪俊，再由范洪俊转交给朱华田，由朱送到沂河东岸的李石河村，然后送到李洪儒同志处。紧急情况下，李克瑜就直接与李洪儒联系。1944 年初，李克瑜得到日军要对滨海根据地进行大“扫荡”的情报后，立刻在第一时间向党组织做了汇报。由于时间紧迫，李洪儒找李克瑜接头后，连夜把情报送到滨海区党委，使我滨海抗日根据地免受一次浩劫。事后，军区党委对敌工部的同志进行表彰奖励，称李克瑜很好，为抗日立了大功。

1944 年农历三月二十九日，李克瑜不幸被日本宪兵队逮捕。在日本人的监狱里，恶魔般的日寇宪兵对李克瑜连续审问，惨无人道地使用了各种酷刑，用木柴打、坐老虎凳、灌辣椒水、用烙铁燎胸口、过电等等。李克瑜被打得遍体鳞伤，一次次昏死过去，又一次次被凉水浇醒，继续被施以酷刑，两个胳膊被火燎得露出骨头……但敌人始终没能从他嘴里得到一点有用的东西，回答敌人的始终就是一句话：中国人是治不服的，我死也不屈服。

李克瑜被捕后，党组织曾想尽一切办法营救，李克瑜的哥哥也多方奔走，但这些努力都失败了。

1944 年 5 月 2 日上午，天昏地暗，大地垂泪，李克瑜戴着手铐脚镣被押出监狱。此刻，李克瑜知道自己为祖国献身的时候到了，但他依然微笑着。铁门前，他回过头来向难友们微笑告别；去刑场的路上，师生们含着热泪默默向李克瑜老师鞠躬告别。李克瑜微笑着向师生们颔首致意，在场的群众无不泪流满面、泣不成声。

临沂城南的金雀山下，随着几声罪恶的枪响，党的好儿子李克瑜英勇就义了，年仅 23 岁。他穿着他一直喜爱的那件咖啡色“派尔斯”大褂，整齐地扣着纽扣，领口处残留着血水和辣椒面子，破旧的裤子下面，裸露着被打断的双腿……

当天，哥哥接到通知，领回了李克瑜的尸体，在乡亲们的帮助下，简单地将烈士遗体安葬在了沂河边。2004 年，因城市规划建设需要，李克瑜烈士墓随全村公墓一起搬迁到了现址，2006 年清明节，河东区人民政府敬立“李克瑜烈士之墓”纪念墓碑一块。

参考资料：

1.《两本烈士遗稿 一片铁骨柔情》，《齐鲁晚报》，2009-08-27。

2.《烈士李克瑜，“血染”金雀山》，《沂蒙晚报》，2015-02-07。

3. 刘夫同：《李克瑜烈士》，《河东文史（第二辑）》，河东区政协文史资料委员会编，2000 年。

李鸣嵩烈士墓

1940 年 10 月，根据抗日斗争形势的需要，中共在苍马地区成立了沂滨区，区划范围东至沭河，西至沂河，北到临沂城，向南延伸至李庄镇。在这个方圆十几公里的地方活跃着一支武装力量，他们掐电线、打伏击，搞得敌人晕头转向。这支武装的领导者名叫李鸣嵩 (1920—1947)，今河东区芝麻墩街道办事处李家石河村人。

李鸣嵩的父亲李卓，字云章，毕业于沈阳高等师范学校，他是李家石河村第一位大学生。后来，因身体不适回到临沂，在临沂老五中（现临沂第一中学）教书，长期从事教育工作。李卓深受新文化运动、五四运动影响，具有强烈的忧国忧民意识，就是这样一位父亲，对自己的儿女从小就进行启蒙思想教育。此外，当时毕业于省立第五中学的李家石河村进步人士，为了铲除民族劣根，产生了在家乡办学的想法。当时沂滨区相比其他地区，教育比较发达，几乎各个村庄都设有初级小学，李家石河村设县办完小，马石河小学是临沂乡村师范的实验区，知识青年比较多，抗战初期参加革命的青年比较多。1936 年的夏天，李鸣嵩进入本村小学高级第四班学习，当时，全校师生在党的领导下，抗日救国，破除迷信，革命活动开展得轰轰烈烈。在这样一个家庭环境和社会环境下，李鸣嵩逐渐形成了坚定的革命信仰。

查阅党史资料可知，1939 年 2 月，经党员李士奇和马思孔二人介绍，李鸣嵩光荣地加入了中国共产党。1939 年 4 月，李石河村党支部成立，李鸣嵩任支部书记。当时他根据上级指示，领导全村党员积极从事党的地下工作，在家乡组织农救会等群众组织，广泛发动各阶层群众开展抗日活动和斗争。

纵观 20 世纪 30 年代末期李家石河村地理位置，沭河以东是解放区，沂河以西是国民党占领区，李家石河村就处在两个地区之间，对敌斗争十分尖锐。当时，沂滨区在沭河西岸郯城县第五区的石河乡尚未建立联络站，李鸣嵩就把自己家当成了联络地点。李家石河村北侧一里开外马家石河村是敌人的公所，李鸣嵩经常将革命宣传单团成纸团，用弹弓打到公所去，做敌人的思想工作。后来，为深入开展党的地下情报工作，李鸣嵩多方活动潜入敌公所，名为帮助保长当账房先生，实为搜集敌情，如发现敌人扫荡或外出催粮抓夫等情报，便及时派人向沂滨区送信，让我方早做准备，避免牺牲和损失。

在斗争尖锐地区坚持抗战斗争，在血与火的战场上考验磨炼，使李鸣嵩迅速成长为一名坚定的共产主义战士。1941 年，李鸣嵩被上级任命中共沂滨分区区委副书记兼村支部书记。在这期间，他制作了一面党旗，发展和带领李士扬、孙秉声、王贞等十余名党员（现山东革命历史博物馆存有李鸣嵩制作的这面党旗和他刻写党员名单的文具盘）坚持对敌斗争，经常在晚上散发传单，鼓动、组织群众开展抗日活动和斗争，成为一方党组织和抗日民众的“主心骨”。

《临沂百年大事记》中记载，“1946年12月12日至20日，国民党军进犯临沂。鲁南国民党部队二十六师、七十七师、五十九师一部，分路向临沂进犯”，“1947年1月28日，国民党空军飞机沿曲阜、费县、临沂一线实施轰炸。”1947年春，李鸣嵩担任临沂县艾山区委副书记，长期在艾山工作，很少回家。这一年冬天，李鸣嵩的妻子姚一鑫携家中老小躲避国民党的重点进攻，一路向莒南大店方向躲避。据李鸣嵩的大女儿李汉英回忆说，途经沭河，天降大雪，全家人都穿着薄棉袄，寒冬腊月为了避雪，她们就用筐篮子、草席遮挡。当时避难时脚下穿的都是“油鞋”，定做的帆布鞋子外层用柿子刷，鞋帮硬如铁，就是穿着这样的鞋子她们一路上过沙河、穿马路、爬山岗。最艰苦的时候一连二十多天没吃上一粒米，全靠地瓜干、野菜充饥。在外避难近两年，走过了20多个村庄，李鸣嵩一直和家里人没有任何联系。

当时的艾山区是王洪九的久居要地，伪、顽和地方恶霸势力盘踞，斗争十分残酷。攻打临沂城以后不久，李鸣嵩便主动请缨调任艾山区，这个时间恰逢李鸣嵩的家人外出避难之时。临沂城解放后不久，王洪九退居今兰山区汪沟镇王庄、枣沟头镇花园等一带，并煞费苦心经营了结构复杂、坚固的工事，既有坚实的围墙，又有围壕、鹿寨、地道、暗堡、炮楼、碉堡，层层设防。围墙外的壕沟非常深，足有三米深，宽度也有三米，壕沟里灌入了水。非但如此，围墙外侧墙壁上还挖有“倒坐观音洞”，里面安插上红缨枪，以防备偷袭爬墙的人。暗堡里面还装配有机关枪，一旦发现有人进攻就向外扫射。

王洪九残余势力的据点距离当时的艾山区较近，为了开展工作，李鸣嵩经常是几天吃不上一顿饱饭，有时一天要突破敌人的几次包围。在1947年鲁南“六八”突围前，李鸣嵩坚持留下来开展地下斗争，不幸被叛徒告密。敌人当即组织90余人对其进行包围，李鸣嵩隐蔽在一处很小的房子里，很快就被敌人搜索到了。他大喊一声“八路军！”英勇地冲杀出来，在院子里打死敌人一名、打伤敌人一名，随即勇猛突围。跑到无梁殿附近，又被敌人包围，他用匣子枪向敌人扫射，毙伤敌人数名，最后壮烈牺牲，时年27岁。

1947年10月，中共滨海地委做出决定，追认李鸣嵩为“模范共产党员”。决定中指出：“地委号召每个党员，要学习李鸣嵩同志的优良革命品质，把仇恨变成力量，更勇敢地斗争……”

临沂解放后，他的家人到艾山寻墓。从乡邻那里得知，李鸣嵩牺牲后被当地人就地掩埋。幸亏时日尚短，在当地老乡的帮助指认下，很快在一片乱坟岗上找到了李鸣嵩的坟头，家人决定，把烈士的遗骨移回老家安葬。起坟时，发现李鸣嵩少了一条右腿，家人含泪用草席子裹着烈士的尸骨，运回李家石河村老林内安葬，让烈士魂归故里，长眠在家乡的怀抱里。

参考资料：

1. 马思孔、马邦隆：《沂滨区革命斗争片段》，烽火网站，2019-08-12。

2. 张笃：《抗日战争时期武工队在沂滨区坚持斗争情况的回忆》，《临沭县党史资料》第三辑，中共临沭县委党史资料征集委员会，1985 年。

3. 李浩源、李鹏程：《马家石河村的抗日斗争》，《河东红色文化》，济南出版社，2019 年。

4. 马邦隆口述，马玲整理：《马家石河村抗日斗争》，《河东文史（第一辑）》，临沂市政协供稿。

乔洪玉烈士墓

乔洪玉，女，1944 年 2 月参加革命，1946 年 1 月光荣入党，1948 年被敌人杀害，时年 20 岁，为党的解放事业献出了年轻宝贵的生命。

1928 年 1 月，乔洪玉出生在苍山县（今兰陵县）乔家庄，1932 年父亲带着

全家逃荒来到临沂县彭家道口村（今河东区梅家埠街道办事处前道口村）定居生活。1944 年 2 月，16 岁的乔洪玉被推选为村里识字班队长，1945 年 11 月，乔洪玉嫁到本村以东 5 公里的梅家埠村，与当时在滨海区中队工作的王杰三结为革命伉俪。在日常生活中，乔洪玉为人贤能聪慧，做事敏捷稳重，工作中处处舍小家、顾大家，具有巾帼不让须眉的组织能力和胆识，于 1946 年 1 月光荣加入中国共产党。抗战刚刚胜利后的 1947 年 2 月，国民党“还乡团”卷土重来，对沂蒙解放区进行疯狂的反攻围剿，乔洪玉随沂滨区家属大队撤离家乡转移至莒南、临沭、莒县一带，继续做敌后宣传发动工作。

翌年（1948 年）5 月 11 日，受党组织的委派，乔洪玉带着不满周岁的孩子秘密回到梅家埠村，与该村村长王升平 (中共党员) 取得联系，打算秘密为前线部队筹集粮食。次日早晨，她不幸被还乡团告密，尾随而至的敌人将其抓捕。在狱中，敌人妄图威逼她供出党组织的情况和未撤出的积极参加土改人员的名单。但是，乔洪玉意志坚定，和敌人斗智斗勇。敌人先后对她用拉梁头、割手指、灌辣椒水、坐老虎凳等种种酷刑进行折磨，但她始终咬紧牙关坚守信念，为严守党的机密而只字未吐。

1948 年 5 月 24 日早晨，凶神恶煞的敌人将乔洪玉连同她襁褓中的女儿押至庄家店老村以西沂河沙滩里，以活埋对其母女进行恐吓威胁。面对死亡，乔洪玉毫不畏惧，依然守口如瓶。气急败坏的敌人在河床靠东岸的沙滩中一边挖坑一边咬牙切齿地威胁说：如不赶快交代就立即活埋你。乔洪玉闻听嗤之以鼻，横眉冷对。敌人用烟头之火烧其不满周岁的女儿，妄图以母女之情动摇其革命意志。乔洪玉已经被折磨得遍体鳞伤、死去活来，渐渐苏醒后闻听孩子撕心裂肺的哭叫声，摇摇晃晃、十分艰难地站起身，强忍住泪水，决然咬破嘴唇，将几滴唇血滴入已

经奄奄一息的孩子的嘴里，让孩子感受自己深深的母爱。然后她喝退敌人，整理了一下被风吹乱的一头秀发，昂首挺胸，大义凛然地跳入深坑中，紧紧搂抱着孩子。丧尽天良的敌人挥起了铁锨，一铲一铲向她们母女二人扬起罪恶的沙土，视死如归的乔洪玉心中燃烧起本能的深深母爱，用颤抖的手掀起褂子盖住幼小孩子的脸蛋。敌人很快将乔洪玉母女活埋了。此时，阴云密布的天空响起阵阵沉闷的雷声，就像大地的哀鸣……

几天后的一个夜晚，乡亲们含泪将乔洪玉母女的遗体从河滩中挖出来，抬回村里安葬了。

1982 年 5 月，根据《革命烈士褒扬条例》的有关规定，乔洪玉被省政府批准追任为革命烈士，予以褒扬。2009 年清明节，乔洪玉烈士墓迁进位于梅埠街道办事处的烈士陵园，子孙们为其敬立“革命烈士乔洪玉”墓碑一块。

参考资料：

王现成：《巾帼烈士乔洪玉》，《凤凰乡韵》，济南出版社，2019 年。

后 记

河东是一个历史文化底蕴十分丰厚的地方，更是一片红色的热土，在波澜壮阔的抗日战争和解放战争中，沂河东岸人民不畏强暴，奋起抗争，保家卫国，震惊中外的临沂保卫战中，十几场最惨烈、最关键的恶战都发生在河东。十四年浴血抗战，河东大地上涌现出了以李克瑜、李鸣嵩、石家三兄弟、乔洪玉等英烈为代表的英雄和革命先烈。1946 年 6 月，新四军军部北移进驻前河湾村，华东野战军在这里诞生，陈毅、张云逸、罗炳辉、粟裕等老一辈无产阶级革命家在此运筹帷幄，指挥、谋划了改变中国现代历史进程和决定中国命运的苏中、宿北、鲁南、莱芜、孟良崮等战役，为中华民族的最后解放和新中国的诞生立下了汗马功劳。

2020 年新春伊始，在全国人民众志成城共同抗击新冠肺炎疫情的特殊日子里，河东区委宣传部决定创作出版《沂沭烽火》一书，向伟大的中国共产党和人民军队的百年华诞献礼。区委常委、宣传部部长李鲁同志对本书的创作高度重视，多次做出具体指示。部里成立由主要领导及相关负责同志参加的编委会，对创作工作给予指导，协调各乡镇街道和相关部门，以方便深入红色遗址所在地采访、写作，以及资料、图文的搜集和创作。本书在采编创作过程中，先后得到了区委党史委、区档案局、基地办和各乡镇（街道）的大力支持和帮助，在此一并致谢！

由于创作水平不够、资料局限和时间仓促等诸多因素制约，实难做到十全十美，书中难免存在一些缺点和不足，敬请方家批评指正。

作者

2020.10